W0067459

BASTEI
LÜBBE
TASCHENBUCH

Inhalt

Viel zu spät begreifen viele die versäumten Lebensziele:
Freude, Schönheit der Natur, Gesundheit, Reisen und Kultur.
Darum, Mensch, sei zeitig weise!
Höchste Zeit ist's! Reise, reise!

Wilhelm Busch &
Hugo Hartung

Leinen los

Ein Vorwort

Ich stand an Deck der MS Vespucci und klammerte mich an die Reling. Wir lagen vor der mexikanischen Küste im Pazifischen Ozean und hatten zwar nicht die Pest an Bord, dafür aber fünf Meter hohe Wellen, die mit lautem Krachen über dem Pooldeck zusammenbrachen. Für einen Mediziner vielleicht sogar das größere Problem. Der Tropensturm blies uns immerhin mit Orkanstärke entgegen.

»Fünf Meter hohe Wellen?«, hörte ich meine liebe Gerdi schon lästern, die sich wieder einmal dafür entschieden hatte, lieber daheim zu bleiben und den Reifeprozess der Tomaten mit Argusaugen zu überwachen, anstatt mich auf diese Reise nach Mittelamerika zu begleiten. »Was sind schon fünf Meter? Selbst meine Gurken ranken höher!«

Für jemanden, der noch nie zur See gefahren ist, hören sich fünf Meter vielleicht nicht viel an. Aber wenn Sie das nächste Mal im Schwimmbad sind, klettern Sie doch mal auf das Fünf-Meter-Brett. Stellen Sie sich an die Kante des Sprungbretts und stellen Sie sich vor, dass Sie alle zehn Sekunden wie von Geisterhand rüde ins Wasser geschubst und nach dem Eintauchen sofort wieder hoch aufs Brett gezogen werden. Ich verspreche Ihnen, »fünf Meter« haben dann eine ganz andere Wirkung auf Sie. Dazu schüttete es wie aus Eimern, und mein gelber Friesennerz hatte den Kampf gegen die Gezeiten schon vor Stunden aufgegeben.

»Wärst du mit deinem Hintern mal besser zu Hause geblieben«, würde meine liebe Gattin jetzt sagen. »Da kann einem höchstens mal ein Apfel auf den Kopf fallen.«

Ich konnte mir ihren Gesichtsausdruck schon vorstellen, den sie aufsetzen würde, wenn ich ihr von dieser Berg- und Talfahrt erzählen würde.

»Wieso nicht mal nach Mallorca? Oder in die Steiermark? Wir könnten ja auch mal da Urlaub machen, wo andere Leute hinfahren. *Normale* Leute.«

Am besten erfuhr sie niemals von diesem kleinen Zwischenfall. Solange Wind und Wellen keinen von uns über Bord stießen, war auch keine Gefahr in Verzug. Sah man einmal davon ab, was sich im Inneren des Schiffes zusammenbraute: Die meisten Gäste und sogar einige der erfahrenen Besatzungsmitglieder reagierten gar nicht gut auf das ständige Auf und Ab, das uns seit mehreren Stunden quälte. Eigentlich gab es fast niemanden mehr, der die letzte Mahlzeit, das Frühstück vor ein paar Stunden, noch bei sich behalten hatte. Was wiederum zu einem ganz anderen Problem führte: Übelkeit und Erbrechen mündeten langfristig in Dehydration, besonders bei älteren Menschen. Und von denen gab es an Bord der MS Vespucci reichlich.

Wie sollte ich die Situation in den Griff bekommen? Von medizinischer Seite aus wäre es dringend nötig gewesen, die Schwächsten der heftig unter der Seekrankheit Leidenden an einen Tropf anzuschließen und ihnen so Flüssigkeit zuzuführen. Aber wie sollte ich bei dem Wellengang in die Kabinen gelangen? Geschweige denn die Venen treffen? Dabei bedeutete es mir alles, jeden Einzelnen meiner Mitreisenden wohlbehalten zum Zielhafen zu bringen.

Ich sah zum Himmel. Dunkle Wolken türmten sich dort auf, Blitze zuckten hinab aufs Meer. Durch die schwarzen Ungetüme, die sich am Horizont ballten, schob sich Gerdis Gesicht. »Unmöglich, dieser Mann!«, schimpfte sie. »Lässt sich lieber an der Reling bis auf die Unterhose aufweichen, anstatt sich drinnen aufzuwärmen. Jetzt geh endlich wieder rein. Oder wie soll ich deinen Töchtern erklären, dass du als ausgebildeter Allgemeinarzt bei einem deiner wilden Abenteuer wegen einer Lungenentzündung ins Gras gebissen hast?«

Manchmal war es vielleicht doch nicht so schlecht, allein zu verreisen. Die Vorstellung, dass mir Gerdi mit ihren Vorwürfen, ich würde mich nicht genug um mich selbst kümmern, in den Ohren lag, ließ mich sauer aufstoßen. Na gut, vielleicht war dies auch dem letzten Kaventsmann geschuldet, der unser Schiff gerade durchgeschüttelt hatte.

»Doc!«, rief da eine Stimme von hinten. »Sie sollen sofort auf die Brücke kommen. Der Kapitän …« Der Matrose verstummte.

Na wunderbar. Der Erste Offizier und der Chefingenieur hatten sich vor Stunden würgend in ihre Kabinen verabschiedet, der Hotelmanager war seit dem Morgen außer Gefecht gesetzt. Fast die Hälfte der Crew litt unter heftiger Seekrankheit – wie viele Passagiere betroffen waren, war nicht mehr zu ermitteln. Vermutlich alle, denn die Reisenden waren nun wirklich nicht an das Rollen und Stampfen des Schiffes gewöhnt und litten schon bei spiegelglatter See unter Symptomen.

Mit aller Kraft schob ich mich Wind und Regenfluten trotzend an der Reling entlang, um dem Matrosen zur Brücke zu folgen. Ich praktiziere auf meinen Berufsreisen schließlich nach dem Motto: Solange der Schiffsarzt noch aufrecht steht, geht hier keiner mit den Füßen voran von Bord – und bislang war ich damit sehr gut gefahren.

Kurz vor der Brücke erstarrte der Matrose plötzlich. Dann wandte er sich langsam zu mir um. »Das ist Montezumas Rache, Doc!«, rief er gegen den Sturm an und sah dabei ganz grün im Gesicht aus. Zwei Sekunden später übergab er seinen Mageninhalt den Naturgewalten.

Das war der Moment, in dem ich mich fragte: Wie zum Teufel bin ich eigentlich hierhergekommen?

Der Fluch des Pharao

Eine Nil-Kreuzfahrt geht
im wahrsten Sinne des Wortes in die Hose

In meiner Familie gibt es keine Seebären, keine Kapitäne, keine Matrosen, ja nicht einmal Bootsbesitzer. Meine Vorfahren kommen vom Land und haben die sanften Hügel des Pfälzer Waldes, das satte Grün der Weinberge und die weit auslaufenden Äcker der Rheinebene immer geliebt. Mit Wasser kamen sie höchstens in Berührung, wenn sie ihren großen Zeh in den Berghäuser Altrhein tauchten oder eine Angel in eines der zahllosen Bächlein, die sich in meiner Heimat ihren Weg durchs Land suchen.

Was also zieht eine Landratte wie mich, noch dazu süddeutsch bis in die Haarspitzen, an Bord eines Kreuzfahrtschiffes? Was gefällt mir daran, unter Deck zu praktizieren, tagelang keine Küste zu sehen, nur das unendliche Blau des Ozeans und des Himmels? Was reizt mich an der schnurgeraden Linie am Horizont, die nie näher kommt, aber auch nie verschwindet?

Meine Liebe zum Reisen ist an allem schuld, und das Fernweh, das mich alle paar Monate packt und aus der beschaulichen Kleinstadt in der Pfalz hinaus auf die sieben Weltmeere treibt.

Seit mittlerweile dreißig Jahren praktiziere ich als niedergelassener Hausarzt. Mit Husten, Schnupfen und Heiserkeit bin ich ebenso vertraut wie mit Herzrhythmusstörungen, Potenzproblemen und den vielen seelischen Wehwehchen, mit denen sich meine Patienten Tag für Tag herumschlagen. Ich übe meinen Beruf gern aus, auch weil ich meine, in ihm meine Berufung gefunden zu haben – Menschen heilen, Schmerzen lindern und die Welt, zumindest im Kleinen, ein bisschen besser machen. Nichtsdestotrotz kommt im Leben eines jeden irgendwann der Zeitpunkt, an dem er sich fragt: War das alles?

Eines Tages, als mich die Frage nach dem, was noch in meinem Leben passieren sollte, wieder mal umtrieb, fischte ich ein Schreiben aus dem Briefkasten. Ärzte und Apotheker wurden in den Achtzigern und Neunzigern des letzten Jahrhunderts immerfort zu allerlei Ausflügen eingeladen. Egal, ob die Pharmaindustrie zum Tanz in den Mai lud, die apoBank zur Fort- und Weiterbildung in Sachen Paragliding aufforderte oder das Deutsche Rote Kreuz zur Benefizgala in den Mannheimer Rosengarten bat: Es war stets lohnenswert, die zahlreichen Infobriefe und Werbeprospekte genau zu studieren, denn in vielen Fällen warteten tolle Sachpreise auf diejenigen, die die bereits frankierte Postkarte mit den Teilnehmerdaten zuerst zurücksendeten.

Mithilfe des Hartmannbundes, einer Ärztevereinigung, die sich insbesondere im politischen Bereich engagiert und dort Lobbyarbeit für Ärzte betreibt, gelangte ich Anfang der Neunzigerjahre mit meiner Frau zu Supersonderkonditionen auf eine zehntägige Nil-Kreuzfahrt – nicht als begleitender Schiffsarzt und auch ohne irgendwelche Auflagen, wie zum Beispiel Unmengen eines bestimmten Präparates im Anschluss an die Reise bei einem Pharmaunternehmen ordern zu müssen, sondern als ordentlicher Passagier. Wir waren etwa dreißig Ärzte verschiedenster Fachrichtungen, außerdem eine Handvoll Apotheker und Physiotherapeuten, und wir fuhren auf einem Flussdampfer im historischen Stil von Luxor am Westufer des Nils entlang ins südlich gelegene Assuan. Während unserer Fahrt würden wir die großen Sehenswürdigkeiten der ägyptischen Antike besichtigen, den Tempel von Luxor, das Tal der Könige, den Staudamm von Assuan und die Pyramiden von Gizeh. Wir würden am Morgen vom Ruf des Muezzin aufgeweckt werden und auf dem Oberdeck beim Frühstück dabei zusehen, wie die Hafenstädte langsam erwachten. Kleine Boote beobachten, die vom Fischen zurückkamen, den Marktschreiern lauschen, den über uns kreisenden Möwen hinterhersehen und diese fremde, ganz andersartige Welt bestaunen, die sich vor uns auftat. Denn für alle Sinne gab es hier Neues zu entdecken. Der in Ägypten allgegenwärtige Duft der exotischen Gewürze, wie Zimt, Harissa und Kreuzkümmel, vermischte sich mit dem Geruch von frischem Kamelmist, der ebenfalls in der Luft lag.

Es war eine herrliche Reise. Die Ausflüge waren spannend, das Essen reichlich, besonders Obst und Gemüse gab es dank des fruchtbaren Bodens der Region im Überfluss. Allerdings hatte die Nähe zum Nil, der Lebensader des Landes, einen Haken: Heute mag es anders sein, in den Neunzigerjahren jedoch war das Gewässer eine einzige Kloake. Der Fluss gilt bis heute als die Mutter Ägyptens, denn aus dem Nil versorgen die Ägypter Haushalt und Felder mit Wasser – geben jedoch andererseits auch alle Ausscheidungen von Mensch, Tier und Industrie ungeklärt wieder zurück. Die Folge: Das Nilwasser ist reich an Escherichia-coli-Keimen, besser in der Kurzform E. coli bekannt, auf die wir Europäer äußerst empfindlich reagieren. Darüber hinaus dümpelt in dem Wasser auch das ganze Spektrum der sonstigen Magen-Darm-Erreger herum, wie auch Hepatitis-Viren, darunter vor allem Hepatitis A (das eine infektiöse Gelbsucht auslöst) und Giftstoffe aller Couleur. Selbstverständlich trinkt der Otto Normaltourist nicht gerade pures Nilwasser, aber damit werden eben auch die Hände gewaschen, die Lebensmittel gesäubert und so weiter. Den daran gewöhnten Einheimischen kann das kaum etwas anhaben, aber wir Europäer müssen vorsichtig sein, wenn wir die »ägyptische Kunst« nicht auch auf der Toilette erleben wollen.

Meine Frau und ich hatten deswegen beschlossen, das knackige Obst und Gemüse auf dem Büfett, auch wenn es uns noch so anlachte, links liegen zu lassen, und auch um offene Getränke, Eiswürfel und Speiseeis einen großen Bogen zu machen. Wir hatten uns außerdem mit ausreichend Magen-Darm-Präparaten eingedeckt, die wir prophylaktisch zu jeder Mahlzeit einnahmen, darunter einem Medikament, das die Darmschleimhaut gewissermaßen »gerbt« und so einen übermäßigen Wasseraustritt aus dem Darm verhindert.

Natürlich fiel es uns schwer, die prallen Tomaten und die taubenetzten Trauben zu ignorieren. Aber ich erinnerte mich jedes Mal, wenn ich am Morgen das Frischobstbüfett oder am Mittag die Salatbar passierte, an das oberste Gebot der Reisemedizin, das in fernen Ländern für rohe Nahrungsmittel gilt: *Cook it, boil it, peel it or forget it*, zu Deutsch: Koch es, brat es, schäl es oder vergiss es! Nicht nur dank der schlechten Wasserqualität, sondern auch aufgrund der tropischen Temperaturen bilden sich auf der Oberfläche der frischen Waren schnell Krankheitserreger, insbesondere diejenigen, die im Verdauungsapparat Unheil anrichten wollen. Deshalb aßen meine Frau und ich vom ersten Tag an nur Bananen (*Peel it!*) oder gegartes Gemüse und vergaßen nie, nach Art der britischen Kolonialzeit, einen anständigen Cognac hinterherzukippen. Natürlich als vorbeugende Maßnahme.

Am ersten Abend nahmen wir die uns zugewiesenen Plätze

neben einem etwa fünfzigjährigen Apothekerehepaar aus Bad Kreuznach, einem verwitweten Orthopäden aus Basel und einer Hamburger Physiotherapeutin ein, die ebenfalls allein reiste. Wir alle waren guter Dinge und tauschten uns über die Stadt Luxor aus, die wir nach unserer Ankunft am Flughafen kurz besichtigt hatten.

Als der erste Gang des Menüs aufgetragen wurde (ein Feldsalat mit Speckwürfelchen und Brot-Croutons), signalisierte ich dem Kellner, dass meine Gattin und ich diese Runde aussetzen würden.

»Nanu?«, fragte die Physiotherapeutin. »Wenn Sie auf Diät sind, sollten Sie aber lieber die anderen Gänge sein lassen.«

»Nein, nein«, versuchte ich mich zu erklären, »das ist wegen der Keime. In diesen Ländern soll man ja nichts Rohes zu sich nehmen.«

»So ein Quatsch!«, ereiferte sich der Schweizer Orthopäde, der bekanntermaßen mit Magen und Darm am wenigsten zu tun hat. »Das ist nur Panikmache.«

»Und außerdem«, fiel die Apothekergattin ein, »sind wir hier doch in bester Gesellschaft! Wenn wir tatsächlich krank werden sollten, sind wir optimal versorgt.«

Daraufhin lachten all diejenigen am Tisch, die sich gegen die Vorsichtsmaßnahme entschieden hatten, und fingen mit dem Essen an, während meine Frau und ich mit leeren, knurrenden Mägen an einer trockenen Scheibe Brot knabberten.

Zwei Abende später, am dritten Tag der Reise, fehlte der Orthopäde am Tisch.

»Der hat vielleicht einen Sonnenstich«, witzelte der Apotheker aus Bad Kreuznach und versenkte die Gabel in einer Portion Rohkostsalat, die gerade gebracht worden war.

»Oder er hat es am Magen«, vermutete meine Frau. »Heute Nachmittag habe ich ihn an Deck getroffen, und da sah er ziemlich blass aus.«

»Unsinn, wir sehen alle blass aus«, rief die Physiotherapeutin amüsiert und tätschelte mit der Hand ihr krebsrotes Dekolleté, das sie sich ganz offensichtlich beim Besuch des Horus-Tempels von Edfu verbrannt hatte.

Meine Frau und ich schwiegen und öffneten die Pillendosen.

Am darauffolgenden Tag waren wir nur noch zu viert beim Abendessen.

»Was ist mit Ihrer Frau?«, fragte ich den Apotheker.

»Nur ein leichtes Unwohlsein«, wich er mit müdem Lächeln und glasigen Augen aus und ließ zum ersten Mal seit Beginn der Reise den Salatgang aus.

»Ich weiß gar nicht, was alle haben«, rief die Physiotherapeutin da belustigt, »jeden Tag einer weniger! Das ist ja wie bei Agatha Christie.«

»Sie meinen *Zehn kleine Negerlein*?«, wollte Gerdi, meine Frau, wissen.

»Ich dachte eher an *Tod auf dem Nil*«, sagte die Physiotherapeutin und brach anschließend in lautes Lachen aus. »Und nicht nur bei uns. Schauen Sie sich doch mal um!«

Mit bedeutungsschwangerem Blick wies sie auf die verwaisten Tische. Überall saßen höchstens noch zwei bis drei Leute an den großen Tischen. Dann zupfte sie sich eine der Trauben, die zur Dekoration in der Mitte des Tisches lagen, vom Stängel und kicherte: »Ich hab offensichtlich einen ganz unempfindlichen Magen. Ich kann futtern, was ich will, und werde trotzdem nicht krank.«

Am fünften Abend der Schifffahrt beschlossen die wenigen Gesunden, die sich am Abend zum Essen im Bordrestaurant trafen, dass man sich ja nicht auf die sechs Tische verteilen müsse, sondern viel praktischer an nur zwei Tafeln speise – dafür aber mit Tischnachbarn an beiden Seiten. Der Apotheker war an diesem Tag nicht aus der Kabine gekommen und hatte sich somit den herrlichen Assuan-Staudamm entgehen lassen.

»Immerhin hatten wir so genügend Kamele beim Ausritt«, kicherte die Physiotherapeutin, die offensichtlich weder krank noch still zu kriegen war.

»Was meinen Sie«, fragte ich sie, »ob ich vielleicht mal einen kleinen Kabinenbesuch anbieten soll?«

»Wieso? Wenn ein Apotheker keine Medikamente dabeihat, wer dann?«

Als wir tags darauf wieder in Edfu ankamen, schien das Schlimmste in Sachen Magen-Darm überstanden, denn wie die Erdmännchen nach dem Winterschlaf kamen nach und nach die Passagiere zurück ins Bordrestaurant. Alle recht käsig noch und mit ungesund eingefallenen, grauen Gesichtern, aber immerhin am Stück und zumindest in der Lage, sich an ein paar Krumen Weißbrot und einer dünnen Brühe zu verkösten, die der Smutje auf Empfehlung des Kapitäns eigens für die Erkrankten gekocht hatte. Um das Salatbüfett machten alle Beteiligten nun einen großen Bogen. Bis auf die Physiotherapeutin, die es einfach nicht lassen konnte und jedem, der es wissen wollte, die Legende ihres unglaublichen Immunsystems aufs unbelegte Brot schmieren musste.

Als ich am siebten Tag an ihrer Seite durch die beeindruckende Tempelanlage von Karnak schritt, war sie ungewöhnlich ruhig – was keineswegs an dem beeindruckenden Bauwerk liegen konnte, das wir besichtigten. Die Hamburgerin hatte sich mir und meiner Frau in den letzten Tagen angeschlossen und als absolutes Plappermaul präsentiert, was kein religiöses Heiligtum dieser Welt, kein Schweigekloster und kein romantischer Sonnenuntergang mit Aussicht auf eines der Sieben Weltwunder stoppen konnte.

Man muss dazu wissen, dass es in Ägypten eigentlich niemals leise ist. Wenn wir Europäer Bilder von den Pyramiden von Gizeh sehen, denken wir an die Wüste, an die Stille der Einöde – die Wirklichkeit hat damit wenig zu tun. Direkt neben den Wüsten liegt nämlich die Millionenstadt Gizeh, die bis an den Rand der historischen Erde reicht. Während man also so dasteht und dieses Weltwunder bestaunt, hört man im Hintergrund immer das Rauschen der Stadt. Oder die Hupen der Reisebusse, die sich zu Hunderten auf einem Parkplatz sammeln, der beinahe so groß ist wie das Areal, auf dem man Sphinx und Pyramiden findet. Eine Art Dauerbeschallung ist dieses Ägypten, und nach spätestens drei Tagen hat man sich so sehr daran gewöhnt, dass einem die Stille fast schon merkwürdig vorkommt.

Umso skeptischer machte mich die plötzliche Mundfaulheit der Physiotherapeutin, die sich in den ersten Tagen der Reise sehr »landestypisch« präsentiert hatte. Mit offensichtlich schweren Füßen schleppte sie sich neben mir her und ignorierte die bauliche Pracht, die sich rings um uns erhob.

»Alles in Ordnung?«, wollte ich wissen, aber anstatt einer Antwort seufzte sie nur schwer – und brach einen Moment später auf dem sandigen Boden zusammen.

Zum Glück war Gerdi nicht weit, und noch während der herbeieilende Reiseführer den zuständigen Tempelvorsteher benachrichtigen konnte, hatten wir die Physiotherapeutin zumindest so weit stabilisiert, dass sie wieder bei Bewusstsein war und ein paar Schlucke des eilig gereichten Wassers zu sich nehmen konnte.

Gestützt vom Reisebegleiter und mir brachten wir die Hamburger Quasselstrippe, die eine erstaunlich angenehme Zeitgenossin war, wenn sie erst einmal den Mund hielt, zurück an Bord. In ihrer Kabine verabreichte ich ihr intravenös einen halben Liter Kochsalzlösung aus der erstaunlich gut ausgestatteten Bordapotheke und ein sehr starkes Antibiotikum, mit dem ich die Magen-Darm-Erkrankung, die sie sich zweifelsfrei zugezogen hatte, in den Griff zu bekommen hoffte.

Nach zwei Tagen, mittlerweile hatten wir Kairo erreicht, saß die junge Dame wieder bei uns am Tisch – deutlich blasser und schmaler als bei ihrer Ankunft und, wie sie uns verriet, um mindestens drei Kilo leichter.

In der Zwischenzeit hatten sich auch die meisten anderen Herrschaften wieder im Bordrestaurant eingefunden. Interessanterweise sprach keiner der Anwesenden die plötzliche »Unpässlichkeit«, die wie ein Sommergewitter über unsere kleine Gesellschaft hereingebrochen war, an. Stattdessen wurden die Magen-Darm-Infekte genau wie die Salat- und Obstauslage weiträumig umschifft, und niemand reagierte, als die kesse Hamburgerin ihren letzten Knüller brachte: »Was soll's? Ich hab mich geirrt. Es war kein Quatsch, auf Frischobst und Gemüse aus der Region zu verzichten – hätte ich stattdessen mal lieber auf Sie gehört und ein paar bunte Pillen gefuttert. Aber Hochmut kommt ja bekanntlich vor dem Durchfall!«

Tatsächlich waren es nur meine Frau und ich, die über ihren Witz lachten.

Gut gekaut ist halb verdaut

Mit deutscher Esskultur dem Himmel gefährlich nah

Der Anfang war gemacht. Ich hatte zwar kein Nilwasser, aber Blut geleckt und wollte nun endlich auf große Reise gehen. Nach meiner ersten privaten Fahrt stellte ich einige Nachforschungen an und erfuhr, dass es für einen niedergelassenen Humanmediziner kein Ding der Unmöglichkeit war, an Bord eines Kreuzfahrtschiffes anzuheuern und da zu arbeiten, wo andere Urlaub machten.

Etwa ein Jahr nach meiner Reise auf dem Nil war es dann endlich so weit: Ich heuerte als Arzt an Bord eines Flussdampfers an, der vom niederländischen Arnheim quer durchs ganze Ruhrgebiet, vorbei an Köln, dem schönen Koblenz und der sagenumwobenen Loreley, bis nach Rüdesheim fuhr. Eine ideale Bewährungsprobe für mich, und meine Jungferntaufe als Schiffsdoktor. Und das Beste: Gerdi durfte mich begleiten.

In meiner hausärztlichen Allgemeinarztpraxis wurde ich in dieser Zeit von einem Kollegen vertreten, der vor ein paar Jahren pensioniert worden war und seine eigene Praxis verkauft hatte. Seitdem verdiente er sich von Zeit zu Zeit, insbesondere dann, wenn ich selbst auf Reisen ging, ein bisschen was bei mir dazu. Eine Win-win-Situation, denn ich musste die Praxis während meiner Abwesenheit nicht schließen, und er besserte seine Rente auf. Das klappte ganz hervorragend, die Patienten mochten den älteren Kollegen, und wenn sie doch einmal unbedingt zu mir in Behandlung wollten, geduldeten sie sich eben ein paar Wochen und bekamen dann nach meiner Rückkehr wieder einen Termin. Die Praxis also konnte ich problemlos für einige Zeit sich selbst und meinen tüchtigen Helferinnen überlassen.

Viel problematischer waren da meine drei Töchter, Carolin, die Älteste, das Sandwichkind Juliane und Anne, die Jüngste, die sich allesamt in den Zwanzigern befanden. Bei denen wusste man nie, was sie in der Abwesenheit des Familienoberhaupts »anstellten«, obwohl sie ja eigentlich schon erwachsen waren. (Und obwohl Gerdi steif und fest behauptet, ein Familienoberhaupt wäre bei uns überflüssig, da die Wittmanns ein matriarchalisches System seien … Na ja.) Aber wehe, man drehte den jungen Damen auch nur einen Moment den Rücken zu, schon wechselten sie die Studienfächer, wie es ihnen gefiel, meldeten sich für ein unbezahltes Praktikum in einer europäischen Großstadt mit horrenden Mieten an oder schleppten irgendwelche Typen nach Hause, die man als Vater unmöglich gutheißen konnte. Mal abgesehen von den Geschichten über die Partys, die in meinen eigenen vier Wänden offenbar stiegen, sobald ich mit dem Fuß aus der Haustür trat. Es gab also genug Grund, nervös zu sein – einerseits das Trio infernal allein zu Hause. Andererseits meine Premiere als Schiffsarzt.

Immerhin waren rund einhundertachtzig Passagiere und vierzig Crewmitglieder an Bord, für die ich in den kommenden sieben Tagen verantwortlich war. Unter den Gästen befand sich neben den unvermeidlichen deutschen Senioren in ihrer typischen sand- und asphaltfarbenen Kleidung auch eine Gruppe von Amerikanern, die gerade durch Europa tourten.

Im Ausland hört man ja oft, dass andere Nationen die Deutschen zehn Meter gegen den Wind erkennen würden. Und auch ich muss zugegeben, dass ich mich in meiner Einschätzung, welcher Tourist welchem Land angehört, selten irre. Natürlich wäre es dumm, sich blind jedes Klischee zu eigen zu machen, das einem im Laufe der Zeit über den Weg läuft. Nichtsdestotrotz liegt in jedem Vorurteil ein wahrer Kern, und wenn ich schon mit knirschenden Zähnen bestätigen muss, dass sich die meisten meiner Landsleute in der Fremde durch ihre Kleidung und ihr Verhalten enttarnen, ohne auch nur ein Wort Deutsch gesprochen zu haben, dann sei es doch erlaubt festzuhalten, dass ich einen Amerikaner schon an seinem Gang erkennen kann. Warum? Weil Amerikaner fußfaul sind. Selbst wenn man sie nach Europa verfrachtet und mit bedeutenden Sehenswürdigkeiten lockt, setzen sie sich nur widerwillig in Bewegung. Und dann sieht es so aus, als würden sie zum ersten Mal in ihrem Leben ihre Füße benutzen – sie eiern und watscheln schnaufend vor sich hin und schieben sich so in einer Seelenruhe durch die Lande. Unfassbar, dass die meisten Leichtathletik-Olympiasieger der Welt aus den Vereinigten Staaten kommen sollen.

Auf dieser Reise machte ich zum ersten Mal eine Erfahrung, die sich später noch öfter wiederholen sollte: Die Amis haben während ihres aktiven Arbeitslebens meistens mehrere Jobs, weniger Urlaub als wir und arbeiten bis zum Umfallen. Oder eben bis zur bescheidenen Rente, da die sogenannten Sozialleistungen im jahrzehntelang gepriesenen »Weltwirtschaftswunderland« denen eines Schwellenlandes schon immer sehr nah kamen. Das Reisen fangen die Amis somit also erst am Ende ihrer beruflichen Laufbahn an, dann holen sie jedoch in wenigen Jahren alles nach, was sie in den Jahrzehnten des Malochens zuvor versäumt haben – egal zu welchem Preis und in welchem Gesundheitszustand. Hauptsache, möglichst weit weg und möglichst extraordinär, zum Beispiel Ozeanüberquerungen, Pferdesafaris durch die Wüste, Himalaya-Expeditionen, Besuche bei den Pinguinen in der Antarktis und den Eisbären in der Arktis – sie schrecken, gleichgültig in welchem gesundheitlichen Zustand, vor nichts zurück.

Wir waren am Morgen in Köln angekommen und hatten den Tag in der Domstadt verbracht. Zusammen mit der amerikanischen Reisegruppe und den Deutschen hatten wir uns über die Hohenzollernbrücke geschoben, waren am Kennedy-Ufer entlang und durch den Rheinpark spaziert und hatten, sehr zum Amüsement der staunenden Amerikaner, den Rhein mit einer Seilbahn überquert. Danach besichtigten wir den Dom und die Altstadt und tranken ein Kölsch in einem der alteingesessenen rheinischen Traditionslokale, auch Brauhaus genannt.

Der Nachmittag war ohne nennenswerte Zwischenfälle vonstattengegangen, und gegen fünf Uhr machte sich die gesamte Truppe wieder auf den Weg in Richtung Flussufer, wo die MS Brentano ankerte und ein typisch rheinischer Abend mit allerlei regionalen Spezialitäten auf uns wartete. Es würde unter anderem Sauerbraten, Reibekuchen, Rheinisches Durcheinander – ein Kartoffelstampf mit knusprigem Speck, Eiern und Salat vermischt –, Himmel un Ääd, also Himmel und Erde aus Kartoffel- und Apfelstücken gekocht, dazu gebratene Blutwurst, und ein Parfait aus Aachener Printen geben, wie der Bordrestaurantkarte am Morgen zu entnehmen gewesen war. Runtergespült wurde das gute Essen mit Kölsch frei Haus. Danach würde ein Alleinunterhalter für Kurzweil sorgen und alle Hits von BAP bis Bläck Fööss spielen – kurz, es würde ein Abend werden, wie er auf Flusskreuzfahrten zu erwarten war.

Dachte ich.

In unserer Kabine angekommen, nahm ich zuerst eine heiße Dusche. Ein ganzer Tag in einer Millionenstadt, selbst wenn es nur knapp über den sieben Stellen war, konnte verdammt anstrengend sein, wenn man einhundertfünfzig Senioren und Amerikaner im Schlepptau hatte – selbst wenn das so nicht in der Jobbeschreibung gestanden hatte.

Dennoch: Es wird von der Admiralität und auch der Reederei gern gesehen, wenn sich der Schiffsarzt auf den Landgängen der Passagiere oder Paxe, wie es im maritimen Slang heißt, blicken lässt. Und zwar nicht nur, weil es für den Bordarzt quasi nichts zu tun gibt, wenn die Passagiere erst mal an Land sind. In der Regel sind die sogenannten Landausflüge nicht im Preis inbegriffen, sondern müssen vorab im Reisebüro oder spätestens an Bord zusätzlich gebucht werden. Das heißt: Extrakosten. Da kommt es immer gut, wenn der Schiffsarzt persönlich in einem der am Kai wartenden Reisebusse Platz nimmt und die Leutchen eskortiert.

Außerdem ist es an Bord, wenn niemand mehr da ist, beinahe schon beängstigend langweilig. Wenn sich alle Passagiere auf und an Land machen, bleibt einem als Schiffsarzt nicht mehr, als im Hospital zu bleiben und dort die Medikamente neu zu sortieren. Oder die Abrechnung zu machen. Oder die Apotheke aufzufüllen. Oder eine Patience zu legen. Da ist es doch besser, wenn man sich für ein paar Stunden die Beine vertritt und dabei noch einen wohltemperierten Ausflug durch die jeweilige Stadt unternimmt, in der man vor Anker liegt.

Allerdings muss ich zu meiner eigenen Schande gestehen, dass es mittlerweile einige Orte gibt, bei denen ich nicht mehr aussteige. Stockholm etwa habe ich schon so oft besichtigt, dass ich mich dort besser auskenne als König Carl Gustav persönlich. Oslo und Kopenhagen gehören ebenfalls zu den Evergreens, genau wie Nizza und Venedig. Ich möchte damit nicht sagen, dass diese Städte nicht auch einen zweiten, dritten, vielleicht sogar vierten Besuch wert sind, das nicht, nein. Aber nach der x-ten Touritour, bei der in aller gebotenen Eile die wichtigsten Sehenswürdigkeiten abgeklappert werden, ist es dann irgendwann des Guten zu viel.

Auf einigen Schiffen werden während der Landgänge Übungen durchgeführt, die die Sicherheit an Bord betreffen, darunter verschiedene Szenarien der Seerettung – und eben auch den medizinischen Notfall. Für mich als Schiffsarzt ist es wichtig, dass ich mich auf meine Leute verlassen kann, selbst wenn wir den Ernstfall nur einmal theoretisch durchgespielt haben und keiner der Anwesenden vom sogenannten Hospitalteam vom Fach ist. Aber dass es einen Defibrillator inklusive Anleitung sowie mehrere Erste-Hilfe-Kästen auf jedem Deck gibt, kann schneller das Leben eines Passagiers retten, als man denkt. Die Chance, einen Herzinfarkt zu überleben, ist damit auf jeden Fall besser als zu Hause oder in einem x-beliebigen Hotel.

Obwohl wir Köln schon ein paar Mal privat besucht hatten, waren Gerdi und ich an diesem Tag mit zum Ausflug gekommen – immerhin war es die erste berufliche Flussfahrt, und ich hatte einen guten Eindruck hinterlassen wollen. Und zwar nicht nur bei der Schiffsleitung, sondern vor allem bei den Passagieren.

Nach der Dusche zog ich mir private Kleidung an – im Gegensatz zu Schiffsreisen auf dem Meer ist man auf Flussreisen nicht dazu verpflichtet, Uniform zu tragen. Das hat Vor-, aber auch Nachteile. Einer der vielen Vorzüge der Uniform ist sicher, dass man zu jedem Zeitpunkt als Mitglied des Stabs wahrgenommen und dementsprechend angesprochen wird. Gleichzeitig kann aber auch genau das anstrengend werden, denn nicht selten wollen die Patienten nach einem Besuch im Hospital auch in den folgenden Tagen jedes Detail ihrer Erkrankung mit dem Doc besprechen, am liebsten direkt am Frühstücksbüfett. Da braucht man nicht nur einen gesunden Appetit und Magen, sondern auch Nerven wie Drahtseile.

Auf der MS Brentano ging es da wesentlich gemächlicher zu. Meine liebe Gattin und ich betraten das Restaurant, ließen uns von einer der Servicekräfte einen freien Tisch zuweisen und statteten dann dem rheinischen Büfett einen Besuch ab.

Ich hatte mir gerade zwei Reibekuchen aufgelegt, da rief eine Stimme im hinteren Teil des Restaurants: »*Doctor! Where is the doctor?*«

Doctor? Das war dann wohl ich.

Sofort nahm Gerdi den Teller, den ich ihr entgegenstreckte, und ich eilte in den hinteren Bereich im Saal, wo sich bereits einige Schaulustige versammelt hatten.

Bei einem medizinischen Notfall ist es doch jedes Mal das Gleiche: Alle stehen rum, und keiner macht was – deswegen nennen wir das in der Familie auch politisch inkorrekt »italienische Baustelle«. Natürlich ist mir klar, wie viel Hemmungen man als Nicht-Fachmann überwinden muss, um jemand Fremden eine Mund-zu-Mund-Beatmung zu geben. Dennoch frage ich mich manchmal, was alles vermieden werden könnte, wenn es mehr beherzte statt schaulustige Menschen gäbe.

»Entschuldigung? Ich müsste mal durch. Ich bin der Schiffsarzt.«

Obwohl mein Puls vor Aufregung hüpfte: Jetzt musste ich die Ruhe bewahren. Wenn der Schiffsarzt in Panik verfiel, war ja niemandem geholfen, und meinen ersten richtigen Einsatz wollte ich nicht versaubeuteln. Glücklicherweise stellte sich bei mir, während ich mich durch die Menschentraube drückte, ein Effekt ein, den ich immer wieder erstaunt beobachte: Ich wurde ganz ruhig. Wie in einem Tunnel blendete ich alle äußerlichen Einflüsse aus und konzentrierte mich nur auf den Patienten.

Der Mann, der auf dem Schiffsparkett lag und von einer Traube von Neugierigen umringt war, kam mir bekannt vor. Dann fiel mir ein, wo ich sein mit großen hawaiianischen Blumen übersätes Hemd im XXL-Format schon einmal gesehen hatte. Heute, tagsüber, irgendwo auf der Domplatte, in der Nähe von einem mobilen Hotdog-Stand. Offenbar einer der Amerikaner.

»Können Sie mich hören?«, fragte ich ihn auf Englisch, nachdem ich neben dem hektisch um Luft ringenden und zuckenden Körper auf die Knie gesunken war. Das Gesicht des Mannes war aufgedunsen und schon blau angelaufen.

Er japste mich an. In seinen Augen stand pure Verzweiflung.

»Was ist passiert?«, fragte ich die Frau, die wimmernd neben ihm kniete. Dem Muster ihrer Bluse nach schien sie zu ihm zu gehören.

»Er ist vom Stuhl gefallen!«, rief sie hysterisch in amerikanischem Englisch.

Der Mann auf dem Boden keuchte. Ich legte ihm eine Hand auf die Schulter und sah ihn eindringlich an. »Ich bin der Schiffsarzt«, erklärte ich. »Ich werde mich um Sie kümmern.« Dann wandte ich mich wieder an die Frau. »Wie heißt er?«

Sie sah mich aus weit geöffneten Augen an. »Henry.«

»Und Sie heißen …?«

»Kelly-Ann.«

»Schatz?« Meine Gattin hatte sich durch die Umstehenden hindurchgedrängt. »Kann ich helfen?«

»Ja, hol den Notfallkoffer, Gerdi! Er steht im Hospital direkt neben dem Schreibtisch.«

Gerdi flitzte umgehend zum Behandlungszimmer.

27

Ich sah der Amerikanerin mit festem Blick in die Augen. »Kelly-Ann, ich muss wissen, was passiert ist.«

Sie schien zuerst nicht zu verstehen, was ich von ihr wollte, dann berappelte sie sich und erklärte, dass ihr Mann sich wohl verschluckt habe. Er habe gerade angefangen, eine zweite Portion vom Büfett zu essen …

»Ich glaube, es war die deutsche Wurst«, heulte sie auf.

Nun denn – das war nun wirklich keine große Überraschung. Amerikaner essen ja bekanntlich nicht mit Messer und Gabel, sondern schneiden erst alles auf dem Teller klein und schaufeln dann mit einer Hand das Essen in sich rein. Doch leider war in diesem Fall der Blutwurstbrocken zu groß gewesen und hatte zu allem Überfluss die falsche Abzweigung genommen. Nun blieb er vermutlich im Schlund oberhalb des Kehlkopfes stecken. Wenn Henry wirklich ein Stück der gebratenen Wurst dort sitzen hatte, war es höchste Eisenbahn, ihn aus seiner misslichen Lage zu befreien – ansonsten wäre es bald Himmel und End.

Wo Gerdi nur blieb? Der Amerikaner keuchte und hechelte wie verrückt, und sein Gesicht wurde von Sekunde zu Sekunde blauer. Ich hatte keine Zeit mehr!

Mit der Hilfe des Restaurantleiters bugsierte ich Henry in eine Sitzposition – was ganz schön schweißtreibend war, denn Henry wog geschätzte einhundertfünfzig Kilo. Als wir ihn endlich aufgerichtet hatten, kniete ich mich hinter ihn, holte weit aus und donnerte ihm mit der flachen Hand ein paar Mal beherzt zwischen die Schulterblätter.

Henry hustete zweimal, mehr passierte aber nicht.

»*What do you do to him?* – Was tun Sie da?« Kelly-Anns Stimme wechselte von nackter Panik zu blanker Hysterie. »Haben Sie das gesehen?« Sie wandte sich den Schaulustigen zu. »*He hurted my husband!* – Er tut ihm weh!«

Unbeeindruckt von ihrem Gezeter setzte ich zum zweiten Teil des sogenannten Heimlich-Manövers an, einer lebensrettenden Sofortmaßnahme bei drohender Erstickung. Ich umschlang Henrys gewaltigen Oberkörper vor seinem unteren Rippenbogen mit meinen Armen. Die linke Hand ballte ich zur Faust, mit der rechten umfasste ich mein Handgelenk. Dann zog ich die Arme ruckartig und fest nach hinten in Richtung meines Körpers, in der Hoffnung, durch die Erhöhung des Drucks in der Lunge den Fremdkörper, in unserem Fall die Wurst, aus der Luftröhre zu drücken.

Kelly-Ann schrie auf. »*Stop him! Stop him!*«

Glücklicherweise fühlte sich keiner der Anwesenden dazu verpflichtet, ihrem Flehen nachzukommen.

Von Henry blieb die erhoffte Reaktion allerdings ebenfalls aus. Er sog immer noch wie verrückt die Luft ein und hatte mittlerweile die Gesichtsfarbe einer überreifen Aubergine angenommen.

Ich hatte keine Wahl. Ich musste es auf einen weiteren Versuch ankommen lassen. So gut das Heimlich-Manöver auch war, es barg immer das Risiko innerer Verletzungen – was jedoch in Anbetracht des nahenden Erstickungstodes das geringere Problem war. Dennoch, ich konnte es nur so lange auf diese Weise versuchen, wie Henry bei Bewusstsein war. Danach würde ich mit der Herzmassage und der Mund-zu-Mund-Beatmung loslegen müssen, und das war inmitten eines voll besetzten Schiffsrestaurants nicht unbedingt die beste Idee. Denn das Ganze konnte schiefgehen. Henry konnte ersticken. Es sei denn, ich würde einen Luftröhrenschnitt durchführen – aber sowas kam eigentlich nur in schlechten Hollywoodfilmen vor, nicht in der Realität. Und was würde dann erst Kelly-Ann mit mir anstellen, die zwar in Tränen aufgelöst, aber dennoch angriffsbereit vor mir stand, um wie eine Löwin über mich herzufallen und mich in Fetzen zu reißen, wenn ich ihrem geliebten Henry auch nur ein Haar krümmte?

Ich umschlang den massiven Leib des Amerikaners erneut und drückte mit der Faust gegen seinen Oberbauch. Er hustete, diesmal stärker als vorher, aber der rheinische Fremdkörper kam immer noch nicht zum Vorschein. Und auch nach dem dritten Versuch hielt die Atemnot des Mannes hörbar an.

Wo blieb nur Gerdi?

»Hier bin ich!«, rief da die beste Ehefrau von allen, als könnte sie Gedanken lesen, und quetschte sich zwischen den Neugierigen hindurch. Sie stellte den Notfallkoffer neben mir ab. »Und dann hab ich noch das hier mitgebracht«, sagte sie und streckte mir einen Gegenstand hin, der mit etwas Fantasie an eine Schere mit zwei abgewinkelten, stumpfen Schneiden erinnerte. Eine Magill-Zange! Genau das richtige Gerät, um in den Mund- und Rachenraum einzudringen und dem unliebsamen Untermieter auf den Leib zu rücken.

Ich wies zwei der herumlungernden Zaungäste an mit anzupacken, und mit vereinten Kräften hievten wir den Berg von einem Mann in eine ruhigere Nische.

Als ich dem Amerikaner Sekunden später wieder ins Gesicht blickte, war er bewusstlos. Verdammter Mist! Jetzt musste ich den Fremdkörper so schnell wie möglich aus dem Schlund holen.

Auch Kelly-Ann begriff, dass es wirklich nicht gut um ihren Henry stand. Sie zeterte und keifte wie eine Horde wild gewordener Affen und beschimpfte mich nach allen Regeln der Kunst, ich würde ihren Darling um die Ecke bringen. Wenn nicht Gerdi gewesen wäre, die sich schützend vor mich gestellt hätte, wäre mir die Amerikanerin vermutlich an die Gurgel gegangen.

Genau das hatte ich jetzt auch mit ihrem Ehemann vor. Er

lag wieder auf dem Rücken, sofort streckte ich seinen Kopf nach hinten über, und schon hatte ich freie Fahrt in Richtung Kehle. Ich drückte seine schlaffe Zunge nach unten und führte mit der rechten Hand langsam und sehr vorsichtig die stumpfe Metallspitze der Magill-Zange durch die Mundhöhle in den Hals des Patienten ein. Gerdi leuchtete mir mit einer Taschenlampe. Ich kämpfte mich mit der Zange vorwärts, bis ich auf einen Widerstand stieß und in der Tiefe des Rachens den obersten Teil eines schmutzig-grauen Fremdkörpers erkennen konnte, der den Schlund wie ein Pfropf verschloss. Ich öffnete die Zange, schob sie etwas vor und drückte zu – hoffentlich hatte ich auch wirklich den Fremdkörper und nicht den Zungengrund, den Kehldeckel oder etwas Ähnliches erwischt! Als ich der Meinung war, die Wurst am Wickel zu haben, zog ich die Magill-Zange mit einer fließenden Bewegung aus dem Hals von Henry. An der Spitze steckte ein etwa bonbongroßes Stück Blutwurst.

Der Teil war erledigt. Aber der Amerikaner atmete immer noch nicht. Mittlerweile dürfte er etwa dreißig Sekunden ohne Bewusstsein sein – also nichts wie los mit der Herz-Lungen-Wiederbelebung, jetzt, wo die Atemwege frei waren.

Ich warf mich auf seinen Brustkorb, wobei es verdächtig knackte. Kelly-Ann sah mich an, als hätte ich ihrem Liebsten ein Messer zwischen die Rippen gerammt. Dabei war es normal, dass die eine oder andere Rippe unter dem gewaltigen Druck der Herzmassage einknickte.

»*You murdered him!* – Sie haben ihn umgebracht!«, schrie Kelly-Ann wie von Sinnen.

Hoffentlich hatte ich das nicht. Das wäre nämlich gar kein schöner Einstand bei meiner ersten offiziellen Fahrt als Schiffsarzt gewesen, noch dazu in unmittelbarer Entfernung zu zahllosen Krankenhäusern.

Ich begann derweil mit der Wiederbelebung: erst dreißigmal pumpen. Dann, nach einigen Sekunden, beugte ich mich über den geöffneten Mund von Henry und pustete ihm zweimal eine Portion Luft in die Lungen. Das Ganze wiederholte ich mehrere Male, und siehe da, plötzlich seufzte Henry, dann sog er so tief die Luft ein, dass ich meinte, er würde noch das letzte Staubkorn in einem Umkreis von fünf Metern einatmen wollen.

Nach einigen Sekunden der Benommenheit schlug er die Augen auf. »*What happened …?*«

Kelly-Ann stieß mich zur Seite und brach wie auf Knopfdruck über ihrem Mann zusammen. »*Oh Darling, oh Darling!* Ich dachte, du bist tot!«

Ich gönnte mir einen Moment der Entspannung und ließ mich, völlig außer Atem, gegen einen Tisch sinken. Das war Rettung im letzten Moment gewesen. Gerdi hatte keine Sekunde zu spät die Magill-Zange gebracht.

»Komm, wir bringen das wieder ins Behandlungszimmer«, sagte sie und nickte mit dem Kopf in Richtung Notfallkoffer. »Und du kannst ein frisches Hemd vertragen, was?«

Ich sah an mir runter. Ich war klatschnass geschwitzt, der Stoff klebte mir am Oberkörper.

»Nur einen Moment noch.« Ich beugte mich zu Henry vor, der schon wieder aufgerichtet auf dem Boden saß und verständnislos den Kopf schüttelte. »Sind Sie in Ordnung?«, fragte ich ihn.

»*Yes … I think so.*« Er sah mich an. »Haben Sie mir das Leben gerettet?«

Ich winkte ab und fragte, ob er sich gut genug fühle, um wieder aufzustehen.

»Natürlich.« Mit der Hilfe einiger anderer Passagiere kam Henry wieder auf die Beine.

Ich sagte ihm, dass ich ihn in ein paar Minuten gern noch

einmal untersuchen würde – allerdings erst, wenn ich mir das Hemd gewechselt hätte.

»Okay. Ich komme dann nach dem Essen«, sagte er.

»Wie bitte?«

»Ich schaue bei Ihnen vorbei, wenn ich zu Ende gegessen habe.«

Ich konnte es nicht fassen. Der Kerl, der gerade eben noch mehr oder weniger halbtot auf dem Boden gelegen und um sein Leben gekämpft hatte, wollte *weiteressen*?

»*I like the German Wurst*«, beantwortete er meine Sprachlosigkeit mit einem breiten Grinsen und wankte zurück zur gedeckten Tafel. Kelly-Ann stützte ihn von der Seite und warf mir zum Abschied noch einmal einen vernichtenden Blick zu.

»Ist es die Möglichkeit?« Ich schüttelte den Kopf.

»Die spinnen, die Amis«, knurrte Gerdi und marschierte durch das Bordrestaurant davon in Richtung Behandlungszimmer.

Nicht weniger als Gerdis Tatkraft und ihren Sachverstand schätze ich ihre mitunter bissigen Kommentare, die eine Sache meist erst auf den Punkt bringen. Wenn ich meine liebe Frau nicht schon längst geheiratet hätte, ich würde es glatt wieder tun.

Keinen Herzschlag zu spät

Atemlos an der norwegischen Küste

Nachdem ich mich auf einer Handvoll Flussreisen durch Europa bewiesen hatte, war es endlich an der Zeit für meine erste Fahrt auf der Nordsee. Ich übergab die Praxis an meinen pensionierten Kollegen, packte die Uniform und meine Gerdi ein, dann machten wir uns auf den langen Weg bis an die Waterkant, denn in Kiel würde das Abenteuer beginnen.

Die Nord- und die Ostsee zählen (neben dem Mittelmeer und den Routen rund um England) zu den beliebtesten Gewässern für Kreuzfahrtschiffe, zumindest im europäischen Raum. Die Vorteile liegen auf der Hand: vergleichsweise kurze Anreise (zumindest für alle nördlich des Weißwurstäquators), meist ruhige See mit wenig Wellengang, viele verschiedene Länder und Metropolen in kurzer Entfernung zu erreichen, außerdem nicht zu viele reine Seetage, die man naturgemäß ausschließlich an Bord verbringen muss. Eine durchschnittliche Ostseekreuzfahrt dauert sieben Tage und man fährt mindestens vier europäische Hauptstädte an, darunter Kopenhagen, Stockholm, Oslo, Helsinki, Tallinn und Riga. Nicht zu vergessen die zahlreichen anderen Sehenswürdigkeiten dieser Region in Visby auf Gotland, Sankt Petersburg, Kaliningrad (das frühere Königsberg) und

Danzig. Man bekommt also eine Menge zu sehen, während man da über diesen Teich schippert, dazu wird viermal am Tag warmes und kaltes Essen gereicht. Vor allem Kuchen.

Kuchen ist der überhaupt allerwichtigste kulinarische Grund, warum ich gern auf Kreuzfahrtschiffen arbeite. Ich handhabe das wie Marie Antoinette, bevor sie den Kopf verlor: Ich könnte nach dem Frühstück auf jede andere Mahlzeit des Tages verzichten, wenn ich am Nachmittag nur ein süßes Teilchen auf meinem Teller wiederfinde. Was soll ich mit Brot, wenn ich Kuchen haben kann?

Damit die kalorische Kost nicht gleich zum Rettungsring der besonderen Art wird, gibt es an Bord ein abwechslungsreiches Sport- und Unterhaltungsprogramm. Wenn man sich nicht blöd anstellt, kommt in einer Woche auf einer Ost- oder Nordseefahrt also kaum Langeweile auf.

Wir fuhren auf den sogenannten Hurtigruten, das bedeutete »die schnelle Route«, entlang der Westküste Norwegens. Vor langer Zeit, etwa ab dem Ende des 19. Jahrhunderts, waren die Hurtigruten die Linien, die norwegische Postschiffe nahmen, um bis hoch ans Nordkap ihre Fracht auszutragen. Die Fahrt hatte uns zunächst nach Rotterdam geführt, und nach einem Tag Erholung auf See waren wir erstmals in Hellesylt an Land gegangen, das wir über den Geirangerfjord erreicht hatten.

Norwegens Küste ist, ähnlich wie die Landschaft vor Stockholm, von Abertausenden von Schären und Fjorden geschmückt – auf die erste Attraktion der Reise mussten Gerdi und ich also nicht lange warten. Es ist wirklich sehenswert, wenn sich ein so riesiges Kreuzfahrtschiff durch schmale Passagen hindurchschiebt, wie zum Beispiel durch die Dardanellen, die die griechische Ägäis mit dem Marmarameer verbinden, den Bosporus oder den Kanal von Korinth, der auf der Wasserlinie gerade einmal 24,6 Meter breit ist.

Am dritten Tag verließen wir in Alesund das Schiff und kamen in den Genuss der norwegischen Mittsommer-Vorbereitungen. Es wurde schon viel über das wichtigste skandinavische Fest erzählt. Aber nichts beschreibt die unglaubliche Schönheit, die mit einer geradezu überwältigenden Kraft auf den Reisenden einwirkt, wenn er zu Mittsommer in einem der nordeuropäischen Länder Urlaub macht. In Dänemark und Südschweden ist der Juni warm und sonnig. Je höher man kommt, desto karger wird die Landschaft, aber auch desto atemberaubender die Natur, besonders in der kalten Jahreszeit. Wer jemals ein Polarlicht über sich hat leuchten sehen, der weiß, wovon ich rede.

Im Sommer gibt es in Norwegen keine Polarlichter, dennoch ist die Landschaft einfach umwerfend. In der Nacht wird es nicht dunkel, lediglich ein mildes Dämmern kommt zwischen zwei und vier in der Früh auf. Das sind die »Weißen Nächte«, die Dostojewski in einer gleichnamigen Novelle besungen hat. Vermutlich denken deswegen die meisten, dass es die »Weißen Nächte« nur in Sankt Petersburg gibt – in der Tat kommen sie an allen Orten vor, die zwischen 57° nördlicher Breite und dem Nordpol beziehungsweise 57° südlicher Breite und dem Südpol liegen – aber nur im Winter, beziehungsweise auf der Südhalbkugel: im Sommer.

Wir waren zur Zeit der Sommersonnenwende auf den Hurtigruten unterwegs, das Wetter war gut und die Temperaturen mild. Alles in allem eine ruhige Fahrt mit kaum Seekranken, einer leichten Mittelohrentzündung und einem verstauchten Fuß – allerdings war dieser »Unfall« noch nicht einmal bei einem Landausflug passiert, sondern unter der Dusche. Ich wähnte mich also in der Hoffnung, dass auch diese Reise ohne nennenswerte Zwischenfälle vorübergehen würde. Bislang war mit mir als Schiffsarzt noch niemand gestorben – ein gutes Omen, die Götter des Meeres waren mir offenbar wohlgesonnen.

Aber wie so oft, wenn man sich allzu sicher fühlt, kam alles anders als gedacht.

Am vierten Tag lagen wir im Hafen von Trondheim. Das ist ein schmuckes kleines Städtchen, das an der Mündung des Flusses Nidelva in der Provinz Sør-Trøndelag liegt, von der vermutlich nur die Norweger wissen, wie man sie ausspricht. Aus der Karibik kennt man ja Fotos von bonbonfarbenen Häusern, die sich entlang des Hafens oder zum offenen Meer hin nebeneinander aufreihen. Nun, wem die zehn Stunden Flug zu lang und die klimatischen Bedingungen einer Insel wie Curaçao oder Anguilla zu heftig sind, der soll es doch einfach mal in Norwegen probieren. Die Nidelva teilt Trondheim in zwei Hälften, und die Ufer säumen hoch aufragende und eben knallbunte Speicherhäuser in Rot, Gelb und Weiß. Das Wasser, das die beiden Ufer voneinander trennt, liegt wie ein glitzernder, ruhiger Spiegel dazwischen und erinnerte mich an das Speyerer Freibad kurz nach Sonnenaufgang, wenn sich noch niemand dorthin verirrt hatte und ich in Ruhe ein paar Bahnen ziehen konnte.

Nach einem gemütlichen Tagesausflug zu Fuß durch die hübschen Gassen der Innenstadt, zum Stiftsgården und der alten Stadtbrücke und einem weiteren Ausflug auf die Insel Munkholmen waren wir am späten Nachmittag auf die MS Costa Skandinavia zurückgekehrt. Ich hatte das Hospital zwischen fünf und sieben geöffnet, ein paar leichte Erkältungen sowie einen heftigen Migräneanfall behandelt und saß nun mit Gerdi im exquisiten Waldorf-Bordrestaurant. Hier ließen wir uns den ersten Gang des typisch norwegischen Menüs mit warmer Räucherlachstorte, eingelegtem Hering, Rømmekartoffeln mit Dill und dem sogenannten Fårikål, dem Nationalgericht der Norweger, ein Eintopf aus Lamm und Kohl, schmecken.

Bei uns am Tisch saß ein Mann, den wir auf dieser Reise kennengelernt hatten – ein Kerl mit der Statur eines Wikingers. Eigentlich hieß er Hans-Joachim, aber sein gewaltiger Körper wollte nicht recht zu seinem ungelenken Doppelnamen passen. Deswegen ließ er sich Hajo nennen, was ihm auch viel besser zu Gesicht stand, denn er war nicht nur körperlich eine echte Erscheinung, sondern auch sehr lustig, besaß ausgesprochenes Sitzfleisch und konnte bechern, bis der Morgen anbrach, was in Skandinavien im Sommer zuweilen dauern konnte.

Da Hajo nie geheiratet hatte, fehlte ihm im Alter nun die richtige Begleitung. Er reiste allein und war froh über unsere Gesellschaft.

Mehr aus Zufall waren Hajo und ich bei der Einschiffung, also dem An-Bord-Gehen, ins Gespräch gekommen, denn wir hatten uns gemeinsam über die Raucher ausgelassen, die sich bei eisigen Temperaturen und Dauernieselregen an Deck stellten und eine Zigarette nach der anderen qualmten. Was bei jungen Menschen schon nicht gerade kleidsam ist, lässt die älteren Semester alles andere als weise erscheinen. Und entgegen der landläufigen Meinung finde ich es nicht richtig, wenn ein Altbundeskanzler im Fernsehstudio rauchen darf, nur weil er der Altbundeskanzler ist.

Wir hatten also in der kuschligen Wärme der Lobby gestanden und durch das Panoramafenster nach draußen zu einem Grüppchen von Damen geguckt, allesamt über sechzig, die sich in den blauen Dunst hüllten, und gelästert, was das Zeug hielt.

Ich über die gesundheitlichen Risiken, denen sich Raucher aussetzten. Hajo über die mangelnde Attraktivität paffender Mitfahrerinnen.

»Stell dir mal vor, die nähert sich dir mit spitzen Lippen und riecht dann wie ein Aschenbecher.«

Eine der besonders netten Eigenschaften von Hajo war, dass er jeden duzte, mit dem er mehr als drei Sätze gewechselt hatte, unabhängig von Rang und Namen.

»Da bleib ich lieber Single«, sagte er und reckte das Kinn nach vorn, »bevor ich mich mit einem dürren Schornstein wie der da anlege.« Ich kicherte. Er war wirklich herrlich unkorrekt.

»Was ist mit dir?«, fragte Hajo. »So ein schmucker Kerl wie du wird doch nicht etwa solo sein?«

Ich erzählte ihm von Gerdi und lud ihn ein, sich am heutigen Abend zu uns an den Tisch zu setzen. Wie wir bald darauf schon herausfanden, konnte Hajo Seegarn spinnen wie ein echter Seebär, und wenn er lachte, hielten Gerdi und ich unbemerkt die Gläser fest, damit sie nicht umfielen.

Wir waren gerade beim zweiten Gang angekommen, als es ein paar Tische weiter unruhig wurde. Ich sah von meinem wirklich vorzüglichen gebeizten Lachs auf und erspähte in unmittelbarer Entfernung zu unserem Tisch eine Dame, die mir irgendwie bekannt vorkam. Für genaueres Erinnern war jedoch keine Zeit, die Frau war kalkweiß im Gesicht, zitterte und fasste sich mit schmerzverzerrtem Blick an die Brust. Ich sprang auf, da brach sie aber auch schon in sich zusammen und sackte leblos vom Stuhl auf den Boden.

Obwohl ich die Patientin noch nicht einmal aus nächster Nähe begutachtet hatte, kam nur eine Diagnose infrage: Herzstillstand.

Ich rief meiner Frau zu: »Gerdi, ruf auf der Brücke an, die

sollen den Notruf auslösen! Code Blue. Und besorg ein paar Tischdecken!«

»Und ich? Was soll ich tun?«, fragte Hajo aufgeregt.

»Äh … du hältst die Stellung und passt auf den Wein auf«, sagte ich und hastete zu der nur wenige Meter von uns entfernt liegenden Frau. Über sie beugte sich einer der Kellner, den ich als Rashid erkannte.

Gott sei Dank. Rashid war nicht nur ein cleveres Kerlchen, er gehörte auch zu unserem Hospital-Team. Das heißt, er hatte eine Grundausbildung in der Notfallmedizin genossen und war in der Lage, eine Reanimation mit Herzmassage korrekt durchzuführen. Er wusste außerdem, wie man einen Patienten in die stabile Seitenlage beförderte, und brach nicht weinend zusammen, wenn irgendwo Blut zum Vorschein kam. Er war also besser ausgebildet als die meisten anderen vor Ort und stellte direkt unter Beweis, dass man sich auf ihn verlassen konnte: Weil er zufällig am Tisch gestanden hatte, als die Frau kollabiert war, hatte er verhindert, dass sie sich beim Sturz vom Stuhl verletzt hatte, sie aufgefangen und vorsichtig auf den Boden gelegt. Dann hatte er ihr die Bluse aufgerissen und sofort mit der Herzmassage begonnen. Das bedeutete: dreißig Mal im Sekundenrhythmus auf den unteren Teil des Brustbeins drücken. Hört sich leicht an, ist aber ein Knochenjob, weshalb es gut ist, wenn man sich bei der Massage abwechseln kann. Rashid zählte bei seinen Bewegungen laut mit, sodass ich, als ich bei den beiden ankam, wusste, dass ich gleich mit der Mund-zu-Mund-Beatmung dran war.

In jedem Raum des Schiffes gibt es kleine, meist unsichtbare Lautsprecher, und bei einem Notfall benutzt man bestimmte Kommandos, die über die Brücke bis in die kleinste Ecke des Kahns gefunkt werden können. Ähnlich wie in einem Kaufhaus, in dem es immer mal wieder zu seltsamen Durchsagen kommt, die für den normalen Besucher vollkommen unverständlich sind (»456 für 13, bitte!«), ist es in einigen Fällen auch auf dem Schiff. Ich habe schon von anderen Schiffsärzten gehört, dass bei bestimmten Vorfällen, die über das Public Announcement gemacht werden, nicht immer offen kommuniziert wird, sondern mit verschlüsselten Meldungen. Auf den Disney Cruises zum Beispiel wird »*Red Parties!*« ausgerufen, gefolgt vom Ort des Geschehens, und es bedeutet, dass ein mögliches Feuer an Bord gesichtet wurde. »*Mr. Mob*« heißt auf einigen anderen Kähnen nicht mehr als »Mann über Bord« – warum, das weiß nur Gott allein. Grund für die seltsamen Codes ist normalerweise, dass man sich dadurch die Schaulustigen vom Hals halten kann – oder auch eine Massenpanik verhindert, die zum Beispiel dann ausbrechen kann, wenn ein Feuer an Bord ausgerufen wird.

Auf der MS Costa Skandinavia gab es derlei verschlüsselte Botschaften nicht. Deshalb erklang nun die unmissverständliche Stimme des Kapitäns durch die Lautsprecher: »Mike-Mike, Waldorf! Mike-Mike, Waldorf! Code Blue! Code Blue!« Das war eindeutig: Herzalarm im Bordrestaurant.

Bei diesem Notruf geht es um Sekunden. Das Hospital-Team, also der Doc und die Nurse, lassen sofort alles stehen und liegen und eilen zum Notfallpatienten. Ein anderes Crewmitglied holt in derselben Zeit einen der Defibrillatoren, das ist das Gerät, mit dem man einen Herzstillstand oder Kammerflimmern mithilfe von Elektroschocks behandeln kann. Jemand anderes nimmt die Trage. Dann wird alles, inklusive des Notfallkoffers, zum ausgerufenen Ort gebracht.

Ein Kreuzfahrtschiff ist wirklich groß, die Korridore unter Deck sind lang, und die gesamte Architektur ist mehr als verwirrend. Trotzdem: Beim Code Blue sind innerhalb von drei bis maximal fünf Minuten alle medizinischen Crewmitglieder mit dem gesamten Equipment vor Ort und unterstützen den Arzt und die Nurse bei der Behandlung des Notfalls.

Dreimal hatten wir die Herzmassage und die Beatmung bei der Patientin nun schon durchgeführt. Knapp zwei Minuten waren seit dem Zusammenbruch der älteren Dame vergangen.

»Das ist ja eine von den Raucherinnen!«, rief da eine Stimme von hinten, die mir sehr bekannt vorkam. »Und sie ist ja ganz blau.«

Hajo. Hatte er es doch nicht lassen können …

Ich warf einen Blick auf das Gesicht der Patientin. Obwohl wir uns redlich bemühten, war ihre Haut vom Sauerstoffmangel blau angelaufen. Ich löste den erschöpften Rashid bei der Herzmassage ab. Da kam auch schon Nurse Linda mit dem Notfallkoffer ins Restaurant gestürmt.

Dicht hinter ihr lief meine Frau Gerdi mit einem Stapel Tischdecken in der Hand. »Was soll ich damit?«, rief sie mir zu.

»Die Kellner sollen sie um uns herum ausbreiten«, wies ich an. »Damit wir Sichtschutz haben.«

Gerdi gab meine Order an die Kellner weiter, und es war gut, dass wir schon wenige Sekunden später mehr Privatsphäre hatten, denn natürlich waren die obligatorischen Schaulustigen nicht weit. Einigen hingen sogar noch die Stoffservietten im Kragen, so eilig waren sie zu uns gekommen, um zu sehen, welches Unglück sich direkt vor ihrer Nase abspielte.

Irgendjemand stellte den Defibrillator neben mir ab. Linda kniete sich neben mich und klebte die etwa handflächengroßen Pflaster mit den Elektroden im rechten oberen Brustbereich und auf der gegenüberliegenden Seite auf die Haut der immer noch Bewusstlosen. Dann schaltete sie das Gerät an.

Was viele nicht wissen: Der Defibrillator übernimmt bei einem Herzstillstand oder Kammerflimmern beinahe den gesamten Job.

Deswegen ist es auch wirklich kein Kunststück, ihn zu benutzen, weil man dem Patienten keinen Schaden zufügen kann. Nur wenn der Defibrillator einen Herzstillstand misst, lässt sich ein elektronischer Impuls auslösen. Man muss also nicht mehr tun, als die Pflaster mit den Elektroden auf den Oberkörper zu kleben (wo genau, steht in der sehr gut verständlichen Anleitung, die meist auf dem Koffer des Defis angebracht ist), das Gerät einzuschalten und zu warten. Dann schaut man auf dem kleinen Display nach. Wenn dort steht »Kammerflimmern« (auf Englisch: *Ventricular fibrillation*) oder Asystolie (gleichbedeutend mit einem Herzstillstand), erklingt ein schriller Ton, der die Erste-Hilfe-Leistenden warnt. In diesem Fall muss man sofort die Hände vom Patienten nehmen, da man sonst unfreiwillig »mitdefibrilliert« wird, was für den gesunden Helfer, ähnlich wie bei einem herkömmlichen starken Stromschlag, zur ernsthaften Gefahr werden kann.

Die künstliche Stimme des Defibrillators meldete: »Keep away from patient and start defibrillation.« Rashid, Linda und ich nahmen die Hände von der Frau, und ich drückte den rot blinkenden Knopf des Defis. Sofort zog sich die Oberkörpermuskulatur der Frau kräftig zusammen, und der bewusstlose Körper hob sich unter Wucht des elektrischen Impulses kurz vom Boden ab.

»Ach, du lieber Himmel!«, rief Hajo, der sich eine der Tischdecken geschnappt hatte und sie pro forma hochhielt – natürlich nur, um ganz vorn mit dabei zu sein. »Bist du sicher, dass das hilft?«

Auf dem Display des Defibrillators erschien die Anweisung »*Heart Massage continue*«, und ich fing wieder an zu pumpen.

Nach einer halben Minute piepte das Gerät erneut, wir nahmen die Hände von der Patientin und warteten auf das Messergebnis. Zum Glück kam die erlösende Nachricht, dass der Herzrhythmus wieder regelrecht und keine weitere Defibrillation mehr nötig war.

Dass es der Patientin wieder besser ging, sah man ihr deutlich an. Obwohl sie immer noch nicht zu sich gekommen war, ging die Blauverfärbung ihrer Haut langsam wieder zurück. Und sie atmete auch wieder selbstständig – was immer besser ist als die Beutelatmung.

Wir versorgten die ältere Dame gerade mit einer Atemmaske und Sauerstoff, als zwei Männer das Restaurant betraten, die wie Sanitäter aussahen. Die mussten von der Hafenrettung sein – ansonsten wären die niemals so schnell da gewesen.

Ich schilderte den beiden auf Englisch kurz, was passiert war, als ich bemerkte, dass mich der Kleinere der beiden mit zusammengekniffenen Augen musterte. »Sie san do a Deitscher, oder?«, sprach er mich in breitestem bayerischem Dialekt an.

»Beim Klaubautermann!«, entfuhr es Hajo, und er ließ die Tischdecke sinken.

»Ja, do schau her!«, sagte der Sani. »Hob i mas do 'dacht! Woins mit ins Krangahaus?«

Das musste ich sogar, denn ich hatte dafür zu sorgen, dass die Patienten auch am Festland die beste medizinische Versorgung bekamen.

Also übergab ich Linda die medizinische Verantwortung für die Zeit, in der ich nicht an Bord war. Dann begleitete ich die Sanitäter in den am Pier stehenden Rettungswagen, und mit Blaulicht fuhren wir in die nahegelegene Klinik von Trondheim.

»Leben Sie hier in Norwegen?«, fragte ich den bayerischen Sani während der Fahrt.

»Joa. Oar Drittel mehra Lohn bei fuil mehra Urlaub. Und fuil mehra Verantwortung! Aber de Berg genga ma fei scho ab.«

»Wo kommen Sie denn ursprünglich her?«

»Oideeding.«

»Von wo?«

Der Bayer schmunzelte und machte einen ganz spitzen Mund, als er auf Hochdeutsch sagte: »Für Preißn: Altötting.«

»Ein weiter Weg bis nach Trondheim.«

Er lachte. »Scho, aber i bin do in bester G'sellschaft.«

»Wieso?«

»Was moanst, wia vui Deitsche hier herom arbeiten? Mir san a richt'ge Invasion!« Er lachte wieder.

Als wir im Krankenhaus ankamen, wusste ich plötzlich, was er mit »Invasion« gemeint hatte. Jeder dritte Mitarbeiter, der uns begegnete, egal ob Krankenschwester, Pfleger oder Arzt, begrüßte meinen Sani auf Deutsch. Kein Wunder, dass unser Gesundheitssystem vor die Hunde ging, wenn all die gut ausgebildeten, aber schlecht bezahlten (oder: behandelten) Leute in das europäische Ausland abwanderten.

Auf dem Weg in die kardiologische Abteilung begegneten wir einer gut aussehenden Frau in den Vierzigern, die ihr langes blondes Haar zu einem Pferdeschwanz gebunden hatte, der beim Laufen nach links und rechts wippte. Ja, so sah die typische Norwegerin aus! Blaue Augen, hohe Wangenknochen und eine kühle, aber sehr sympathische Ausstrahlung.

»Ah, der Kollege vom Schiff«, begrüßte sie mich in akzentfreiem Deutsch.

Es war doch zum Elche melken.

»Sind Sie auch …?«

»Deutsche, ja. Bin vor drei Jahren hierhergekommen. Besseres Gehalt und mehr Urlaub. Außerdem ein Leben am Meer.«

Okay, okay. Ich hatte genug gehört. Wo war eigentlich der Gesundheitsminister, wenn man ihn mal brauchte, um ihm ein paar dringende Fragen zu stellen?

Als ich eine knappe Stunde später wieder auf dem Schiff angekommen war, bekam ich gerade noch das Dessert mit, auf das ich mich hungrig stürzte. Meine Patientin war stabilisiert und bei Bewusstsein im Krankenhaus auf der Intensivstation geblieben, wo ich sie mit bestem Gewissen in die Hände der hiesigen Ärzte übergeben hatte. Da sie allein gereist war, gab es keinen Ehemann, den es auszuschiffen galt, und der Hotelmanager kümmerte sich bereits darum, dass noch bevor wir den Hafen von Trondheim wieder verlassen würden, ihre Sachen zu ihr ins Krankenhaus gebracht werden würden. Nach ein paar Tagen der Genesung und wenn sie fit genug war, um transportiert zu werden, würde sie nach Deutschland gebracht werden. Für sie würde die Reise zwar schon nach vier Tagen vorbei sein – dennoch konnten wir alle froh sein, dass Rashid, der aufmerksame Kellner, erste Hilfe geleistet hatte und ich in unmittelbarer Nähe gewesen war. Wenn ich mir vorstelle, die Frau wäre an einem anderen Ort des Schiffes zusammengebrochen und ich hätte mehrere Minuten gebraucht, um dorthin zu gelangen, und wenn ich mir weiter vorstelle, dass nicht Rashid, sondern irgendjemand anderes in ihrer Nähe gewesen wäre, der sich nicht getraut hätte, mit der Reanimation zu starten … Es wäre womöglich nicht ganz so glimpflich ausgegangen. Von dem absoluten Super-GAU eines totalen Herzstillstands mal abgesehen.

»Heiliges Kanonenrohr«, staunte Hajo. »Wenn ich gewusst hätte, wie aufregend der Job ist, wäre ich vielleicht doch Arzt geworden. Aber meine Nerven!«

»Wie geht es der Patientin?«, fragte Gerdi und schob mir den Brotkorb hin.

Ich griff gierig zu und erzählte ihr von dem Krankenhaus in Trondheim und seiner quasi-deutschen Belegschaft. »Und was ist hier passiert?«

Meine Frau sah Hajo an, beide zuckten mit den Schultern. »Nichts. Als du weg warst, ging alles weiter wie vorher. Lediglich der Zeitplan des Menüs wurde ein wenig verschoben … Na ja, und dann war da natürlich noch das Übliche.«

»Gerede?«

Sie nickte, dann wies sie beinahe unmerklich mit dem Kopf in Richtung der beiden Ehepaare, die am Nebentisch saßen und sich allem Anschein nach immer noch das Maul über die Ereignisse des Abends zerrissen. Ich schnappte ein paar Wortfetzen auf.

»… kann man ja wohl erwarten bei so einem Preis«, sagte einer der Männer gerade. »Ich meine, wir greifen hier alle ziemlich tief in die Tasche, da ist es ja wohl das Mindeste, dass das medizinische Personal brauchbar ist.«

Ich knirschte mit den Zähnen, sagte jedoch nichts.

Hajo zwinkerte mir zu: »Ehre, wem Ehre gebührt.«

Als ich nach einigen Wochen auf See wieder zu Hause angekommen war und mein E-Mail-Postfach öffnete, fand ich eine Nachricht der Patientin. Sie habe in Trondheim noch am gleichen Tag einen Stent gesetzt bekommen, das ist ein kleines Kunststoffröhrchen, welches zum Offenhalten einer Herzkranzarterie via Katheter eingeführt und genau an der Verengung der Arterie platziert wird. Nach wenigen Tagen sei sie dann entlassen worden und nach Hause zurückgereist. Jetzt befinde sie sich gerade in einer stationären Reha-Einrichtung und fühle sich sehr gut. Sie wolle bald wieder eine Kreuzfahrt machen, auf jeden Fall auch die zum Nordkap, welches sie ja nun leider nicht erreicht habe.

Ihre Nachricht schloss mit den Worten: »Lieber Herr Wittmann, vielen Dank für Ihren Einsatz. Ich wünschte mir, immer eine so gute ärztliche Betreuung wie auf der MS Costa Scandinavia zu haben. Wie Sie nicht wissen können, war ich bis zu meinem Zusammenbruch im Bordrestaurant eine starke Raucherin. Aber diesem Laster habe ich nun endlich abgeschworen.«

Wo viele Worte nichts nützen, braucht es eben manchmal einen kräftigen Tritt in den Hintern.

Rette sich, wer kann

*Eine ziemlich mobile Lady bringt
den Schiffsdoktor ins Schwitzen*

Drei Monate nach meinem ersten »Schockmoment« in Norwegen packte ich wieder meine Koffer. Ich würde dieses Mal auf einem der mittelgroßen Kreuzfahrtschiffe zwei Wochen über die Ostsee schippern, durch den Ärmelkanal und entlang der französischen Atlantikküste bis nach Portugal fahren, dann durch die Straße von Gibraltar weiter ins Mittelmeer. Nach einer weiteren Woche mit den Stationen Algier, Tunis, Palermo und Rom würden wir in Monaco anlegen. Dort stieg ich dann aus, und das Schiff brach zu einer fünf Monate dauernden Weltreise auf.

Die Liste der Destinationen las sich für mich wie mein ganz persönlicher Wunschzettel, und ich bedauerte es sehr, nicht die ganze Reise mitmachen zu können. Aber noch war ich nicht so weit, und es gab, neben der nicht unerheblichen Tatsache, dass meine Frau mich zwar dann und wann auf einer Fahrt begleitete, aber nicht im Traum auf die Idee kam, sich in Frührente zu begeben und meine »Nanny« zu spielen, ja auch noch meine Praxis.

Weil mein pensionierter Kollege den Ansturm auf die Praxis nicht hatte allein bewältigen können, kümmerte sich eine junge Ärztin, die vor ein paar Jahren erst ihre Ausbildung abgeschlossen hatte, mit ihm um die Praxis. Ich hatte sie vor einigen Monaten eingestellt und war froh, dass sie sich bereit erklärte, in meiner Abwesenheit und im Beisein des erfahrenen Arztes auch allein zu praktizieren. Nur deswegen war es mir überhaupt möglich, bis zu drei Monate im Jahr in »bezahltem Urlaub« zu sein, wie meine stets spöttische Tochter Carolin es nannte. Eine bewusst gewählte Formulierung, die natürlich total übersah, dass ich hier wirklich arbeiten musste – von wegen, Ferien für lau! Aber davon wollte meine Familie natürlich nichts wissen.

Drei Wochen war ich diesmal also unterwegs – so lang wie noch nie zuvor. Zumindest auf einem Schiff. Vor ein paar Jahren hatte ich noch an Bergexpeditionen im Himalaya und den Anden teilgenommen, da war ich zum Teil mehr als zwei Monate weg gewesen. Was zu Hause aber niemanden so recht zu kümmern schien. Nun ja, es ist halt ein Kreuz mit der Verwandtschaft.

Meine Frau jedenfalls hatte nur müde abgewinkt, als ich sie gefragt hatte, ob sie mich begleiten wolle, denn es war Spätsommer, und gerade verbrachte sie mehr Zeit auf ihrer Streuobstwiese als im eigenen Bett. Wie ich interessiert sie sich zwar fürs Reisen und die große weite Welt, findet aber im Gegensatz zu mir mindestens ebenso viel Gefallen daran, Zucchini zu ziehen, Himbeeren zu ernten und den Kampf gegen die hundsgemeine Kirschfruchtfliege aufzunehmen. Im Anschluss an eine ertragreiche Saison kocht sie dann mit Hingabe tagelang Obst ein und stopft den Gefrierschrank bis oben hin voll mit Gemüse, damit wir bloß über die kalte Jahreszeit kommen.

Es gibt eine Fabel von einer Grille, die den ganzen Sommer über nur musiziert und dann, als der Winter kommt, keine Vorräte angelegt hat. Sie geht zu einer Ameise und bittet um Almosen – und weil die Ameise ein Herz hat, lässt sie die Grille bei sich einziehen, wenn sie ihr nur den ganzen Winter über auf ihrer Geige etwas vorspielt. Ganz offensichtlich ist Gerdi mehr Ameise und ich mehr Grille. Auch wenn ich miserabel Geige spiele. Aber Gegensätze ziehen sich bekanntlich an.

Außerdem hatte sie nach der letzten Reise ein wenig den Gefallen an Schiffsreisen verloren. Als wir zum Nordkap hochgefahren waren, hatten wir ein paar Tage lang heftigen Seegang gehabt. Gerdi ging eine Woche vor mir wieder an Land, doch das Schwanken wollte auch dort gar nicht mehr aufhören – was in der ersten Zeit nach einer Seefahrt durchaus normal ist. Doch auch einige Tage später torkelte sie an der Leine des Hundes wie mit 2,5 Promille durch den Park, wie sie mir in einer E-Mail mitgeteilt hatte. »Die Nachbarn gucken schon komisch«, schrieb sie, und erst die Untersuchung eines HNO-Arztes brachte die auch mir bis dato nicht bekannte Erkenntnis, dass in Gerdis Innenohr durch den wilden Seegang einige winzige Ohrkristalle, Otokonien genannt, verrutscht waren, hinein in die Bogengänge des Gleichgewichtsorgans, wo sie eigentlich nichts zu suchen hatten. So war es zum gutartigen Lagerungsschwindel gekommen, dem man nur mit einem Befreiungsmanöver, also ganz speziellen Bewegungsübungen, beikommen konnte. Gerdi wurde zu zweimal täglichem Trampolinspringen verdonnert, und ich musste mir für eine beachtliche Zeit ihr Gejammer anhören – denn selbstverständlich war ich an allem schuld.

In Kiel stand ich neben dem Kapitän und begrüßte die Neuankömmlinge. Das kommt bei den Passagieren immer besonders gut an, wenn der erste Mann an Bord und der Schiffsarzt persönlich die Einschiffung betreuen. Es wird von mir nicht unbedingt erwartet, aber natürlich ist es eine gute Gelegenheit für mich, die Reisenden einer ersten oberflächlichen Untersuchung zu unterziehen – von der sie selbstverständlich nichts mitbekommen. Wer kommt im Rollstuhl? Wer humpelt? Wer hat schon bei der Anreise eine käsige Gesichtsfarbe? Und mal abgesehen von meinem beruflichen Interesse: Ist es nicht nett, in einer mit dickem Teppich gepolsterten Lobby zu stehen und die Passagiere an sich vorbeidefilieren zu sehen? Fast wie im *Café de Paris* an der Côte d'Azur, nur ohne Secco und Austern …

Neben den sechshundertfünfzig Passagieren war auch eine ältere Dame an Bord gegangen. Sie musste die siebzig schon weit überschritten haben, wirkte äußerst gepflegt und wohlhabend – das heißt noch wohlhabender als die anderen wohlhabenden Passagiere. An ihren Ohrläppchen und um ihren Hals baumelten dicke Klunker. Begleitet wurde Frau Helena Goldstein, die im Sommer in einer Fünf-Sterne-Seniorenresidenz in der Nähe von Bonn lebte, von ihrem Chauffeur, der sie am Arm über die Gangway an Bord führte. Er sah genauso aus, wie man sich einen Chauffeur vorzustellen hat: livriert, mit einer adretten und standesgemäßen Chauffeursmütze auf dem Kopf und den obligatorischen weißen Handschuhen.

»Fährt er mit?«, raunte ich dem Kapitän zu.

Er schüttelte den Kopf. »Nein, nein. Er hat sie nur hierhergebracht. Sie wird auf dem Schiff überwintern.«

»*Bitte was?*«

»Überwintern. Sie entflieht dem kalten deutschen Winter und bleibt fünf Monate an Bord. Sie macht die komplette Weltreise mit.«

»Ist nicht wahr!«

»Doch. Sie hat eine Einzelsuite. Mit Balkon.«

Ich war baff. »Aber warum so umständlich?« Und so teuer – aber das sagte ich lieber nicht laut. »Wenn sie in der Wärme und nah am Wasser überwintern will, kann sie das doch leichter und billiger auf Madeira haben, den Kanaren, meinetwegen auch an der Küste Floridas.«

»Ja, aber da hat sie nicht den vollen Service. Sehen Sie mal«, er nahm seine linke Hand und zählte mit der rechten die Finger daran ab, »die gastronomische Versorgung ist hier viel besser als im Altersheim. Zwei- bis dreimal täglich wird die Kabine gemacht, es gibt jeden Tag frische Handtücher, einen Reinigungsdienst für die Kleidung und ein abwechslungsreiches Ausflugsprogramm.« Er nahm die andere Hand dazu. »Außerdem Vorträge, Tanzveranstaltungen, ein umfangreiches Abendprogramm, Kapitänsempfänge, Captains Table, und nicht zuletzt den Arzt im Haus und zu jeder Zeit erreichbar.«

Was er nicht erwähnte: Es gibt an Bord jeden Tag frisches Obst auf der Kabine, eine Frisör- und Wellness-Abteilung, Massage, ein umfangreiches Sportprogramm und sogar einen ganz besonderen Hostessdienst, bei dem distinguierte Herren zur Unterhaltung von ebenso gepflegten allein reisenden Damen angeheuert werden, gemeinsames Essen, Small Talk, Tanzen … na ja, weiter war ich in die Materie nie vorgedrungen.

Wo der Kapitän recht hatte, hatte er recht – ein Schiff war allemal besser als ein Altersheim. Da gab es keine Herren zum Diner, soviel ich wusste. Natürlich hatte der Spaß seinen Preis.

Doch der Kapitän lächelte nur müde. »Was meinen Sie denn, was so eine Luxus-Seniorenresidenz im Monat kostet? Da haben Sie den Preis für eine fünfmonatige Weltreise aber locker drin! Nicht umsonst höre ich immer wieder: Lieber Kreuzfahrt statt Altersheim.«

So hatte ich die ganze Sache noch nie betrachtet. Aber je länger ich darüber nachdachte, desto mehr leuchtete mir ein, dass sich die rüstigen Rentner von heute nicht mehr in trostlosen Heimen abschieben lassen wollten, sondern ihr Geld lieber unter die Leute brachten. Und warum auch nicht? So sahen sie immerhin noch etwas von der Welt und wurden für das arbeitsreiche und mühevolle Leben, das sie vermutlich geführt hatten, zumindest in Teilen wieder entlohnt.

Wir verließen an diesem Nachmittag Kiel und steuerten Stralsund an, unseren ersten Zwischenstopp. Danach würde es über Danzig, Riga und Stockholm nach Kopenhagen gehen, und von dort in Richtung Norden weiter.

Beim Start eines jeden Kreuzfahrtschiffs wird in den ersten Tagen, meistens direkt nach dem Verlassen des Hafens, eine für alle Passagiere und die Crew verbindliche Rettungsübung durchgeführt, damit im schlimmsten Fall alle an Bord wissen, was zu tun ist. Für mich als Schiffsarzt sind diese Trainings sehr wichtig, weil ich damit einschätzen kann, ob sich mein Notfallteam so verhält, wie wir es bei den verschiedenen Drills vorab geübt haben.

Für die Passagiere hingegen ist eine Rettungsübung eher mit der Feueralarmprobe in der Schule zu vergleichen, wie sie nach den großen Ferien jedes Jahr stattfindet. Die meisten sind deswegen auch mehr gelangweilt denn interessiert, hören sich mit leeren Gesichtern die Ausführungen des Safety Officers an und spielen an ihren Rettungswesten herum. Das Interesse für die Übung ist in etwa so groß wie bei den Sicherheitshinweisen im Flugzeug, bei denen ja auch nie jemand hinschaut. Und dann, wenn es hart auf hart kommt, findet keiner die Kotztüte. Kein Wunder, dass bei den zum Glück zwar seltenen, aber dennoch stattfindenden Katastrophen, wie beispielsweise dem Untergang der Costa Concordia, dann alles drunter und drüber geht – das hatte jedoch wohl auch noch andere Gründe.

Bei dieser Rettungsübung wurde ich zufällig in die Gruppe

eingeteilt, in der auch Frau Goldstein war. Sie stand in meiner Nähe, als der Instructor, der in unserer Gruppe für die Rettungsübung verantwortlich war, erklärte, dass man beim sogenannten Abandon Ship Alarm so rasch wie möglich in seine Kabine gehen und von dort warme Kleidung und (falls nötig) notwendige Medikamente holen müsse. Dann war man dazu angehalten, die sich ebenfalls in der Kabine befindliche Rettungsweste mitzunehmen und sich umgehend an seinen jeweiligen Sammelplatz zu begeben. Diesen erfuhr man von einem kleinen Anhänger an der Rettungsweste. Der Instructor zeigte den etwa zwanzig Leuten, die sich um ihn geschart hatten, die Aufbewahrungsorte der Life Vests an Deck und versprach, dass man auf direktem Weg in die Hölle kam, wenn man, ohne dazu aufgefordert zu werden, in eines der Rettungsboote an Bord stieg.

Frau Goldstein, hübsch gekleidet in ein sehr adrettes Kostüm, das ich, obwohl ich keine Ahnung von Mode hatte, einem der großen französischen Modehäuser zuordnete, hatte den Kopf schief gelegt und sah unseren Instructor interessiert an.

»Ist das der Koch?«, fragte sie niemand Bestimmten.

Da ich aber der Einzige war, der ihre Frage gehört hatte, fühlte ich mich angesprochen.

»Nein, das ist ein Crewmitglied, das uns gerade den Gebrauch der Rettungsweste erklärt.«

»Ich denke, er ist einer der Köche.«

Bevor ich reagieren konnte, forderte uns der Instructor dazu auf, uns die mitgebrachte Life Vest um den Hals zu hängen und ordnungsgemäß anzulegen.

Frau Goldstein starrte auf die rote Weste, die sie in den Händen hielt. »Ich kann Hummer nicht ausstehen.«

Ich war ein bisschen verwundert. Kriegte sie gerade mit, was hier passierte? »Soll ich Ihnen helfen?«

»Nein, Herbert, das kann ich allein!« Sprach's und warf die Rettungsweste kurzerhand über Bord.

»Was machen Sie da?«, rief der Instructor aufgebracht. »Wissen Sie, wie viel so ein Ding kostet?«

»Ich habe den Hummer ins Meer zurückgeworfen«, erklärte Frau Goldstein, machte auf dem Absatz kehrt und stolzierte zurück unter Deck.

Der Hotelmanager forderte mich auf, als er von dem Zwischenfall erfuhr, Helena Goldstein auf den Zahn zu fühlen. Ich bat sie also am darauffolgenden Tag ins Hospital und besprach mit ihr die Szene vom Vortag. Zuerst stritt sie alles ab, dann jedoch zeigte sie sich einsichtig und gestand ein, sich einen kleinen Spaß erlaubt zu haben. Die Rettungsweste werde sie natürlich umgehend ersetzen, und ja, sie sei sich im Klaren darüber, dass ihr Verhalten auf den ein oder anderen befremdlich gewirkt haben mochte. Nichtsdestotrotz bat sie mich darum, dem Vorkommnis keine allzu große Bedeutung beizumessen.

Es kam mir trotzdem spanisch vor. Wie wir so zusammensaßen und uns unterhielten, wirkte sie ein bisschen merkwürdig. Zwar »aufgeräumt«, aber irgendwie doch mehr so, als wäre es nur Fassade. Dennoch entschied ich, ihrem Wunsch zu entsprechen, und hakte die ganze Sache unter »harmlose dementielle Entwicklung« und einem sehr wunderlichen Verständnis von Humor ab, auch wenn ein seltsamer Nachgeschmack blieb.

Der Vollständigkeit halber sei gesagt: Wenn ich jedes Mal, wenn sich an Bord eines Kreuzfahrtschiffes jemand seltsam verhielt, Alarm schlagen würde, würde vermutlich kein Schiff, auf dem ich fuhr, mehr seinen Heimathafen verlassen. Ich weiß nicht, warum, aber nirgends in meinem Leben habe ich so viele merkwürdige Personen getroffen wie auf Kreuzfahrtschiffen. Vielleicht liegt es an dem speziellen Klientel, das sich diese Reisen und damit auch die Schrullen leisten kann. Ich nahm mir auf jeden Fall vor, ein Auge auf die ältere Dame zu haben. Jetzt, wo der Posten des Chauffeurs freigeworden war, konnte sie sicher jemanden brauchen, der sich ein bisschen um sie kümmerte.

In den folgenden Tagen suchte ich ihre Nähe, wenn ich sie im Bordrestaurant sitzen sah, verwickelte sie in Gespräche und war ihr eine helfende Hand, wenn es an die Landausflüge ging. Ich erfuhr, dass sie die steinreiche Witwe eines Bonner Hoteliers und Exbörsenmaklers war, der bereits im zarten Alter von dreiundzwanzig nach Amerika ausgewandert war und sein Glück an der New Yorker Wall Street gemacht hatte. Später, als das nötige Kleingeld beisammen war, um sich mit knapp fünfundvierzig aus dem Börsengeschäft zurückzuziehen, steckte er seine Millionen in eine Hotelkette, die auf der ganzen Welt Anlagen vorweisen konnte. Der Name Goldstein war in diesem Fall also Programm.

Helena hatte ihren zukünftigen Mann in New York kennengelernt, wo sie als polnisches Kindermädchen bei einer reichen Familie gearbeitet hatte. Die Goldsteins waren zweiundvierzig Jahre miteinander verheiratet gewesen, als er schließlich gestorben war, und da die Ehe kinderlos geblieben war, saß die gute Helena seitdem auf einem unbegreiflich großen Vermögen und wusste nicht, wohin mit ihrem vielen Geld.

Während unserer gemeinsamen Zeit fiel mir immer wieder auf, dass sie zwischenzeitlich, teilweise sogar mitten im Gespräch, regelrechte Aussetzer hatte. Sie wirkte bisweilen etwas orientierungslos und abwesend, doch eine Sekunde später war sie wieder so glasklar wie der Verdauungsschnaps, den sie sich nach jedem Mittagessen gönnte. Auch wenn sie sich des Problems nicht bewusst zu sein schien, beschloss ich, die Sache noch weiter zu beobachten, denn bis auf die erwähnten »Absencen« gab es an ihrem Verhalten nichts zu beanstanden.

Das alles änderte sich, als wir nach fünf Tagen an Kopenhagen vorbei in Richtung offenes Meer hinausfuhren. In den frühen Morgenstunden klopfte es an meiner Kabinentür. Draußen stand Sarah, meine Nurse, eine junge und tüchtige Frau aus dem Erzgebirge, die zupacken konnte, wenn Not am Mann war, und immer einen flotten Spruch auf den Lippen hatte.

»Es gibt einen Zwischenfall auf Deck 6«, sagte sie mit Blick auf das Funkgerät in ihrer Hand. »Ich weiß nicht viel, aber das, was ich weiß, klingt echt mysteriös. In einer der Suiten ist es offenbar zu einer Schlägerei gekommen.«

Sechstes Deck? In einer der Suiten? Das klang in der Tat sehr merkwürdig. Ich zog mir schnell etwas an, dann hasteten Sarah und ich hinauf in den Bereich, in dem sich die größeren und teureren Luxuskabinen befanden.

Ich konnte mir gar nicht vorstellen, dass es hier auf der Etage zu Schlägereien kam – das konnte vielleicht einmal in den Kabinen der unteren Etagen passieren, wo die Crew lebte. Dort rumste es immer mal wieder zwischen den zahlreichen Ukrainern, die im Maschinendeck malochten, oder aber es gab Streit unter den schwulen Stewards, weil einer von ihnen seine Nase (und andere Körperteile) in Angelegenheiten gesteckt hatte, die ihn eigentlich nichts angingen. Zugegeben, wirklich gefährlich wurde es dann nicht – aber immerhin laut.

Vor der geschlossenen Tür der Vivaldi-Suite wartete einer der Butler auf uns. Auch dieser Service, eine vierundzwanzigstündige Rundumbetreuung der Suitengäste durch in England ausgebildetes Personal, gehörte zum Angebot des Schiffes – allerdings nur auf diesem Deck.

»Da sind Sie ja!« Erleichterung war seinem Gesicht abzulesen.

Aus der Kabine erklang ein erstickter Schrei. »Nein!«

Der Ruf ging durch Mark und Bein.

Ein Schlag erklang, dann wurde irgendwas umgestoßen. Es klirrte. »Geh weg, du ...!«

»Was ist passiert?«

Der Butler sah betreten auf den dicken Teppich, mit dem der Flur ausgelegt war. »Ich habe versucht, das Schlimmste zu verhindern, aber ...«

In der Kabine wurde es schlagartig still. Dann plötzlich erklang ein Trappeln, und etwas wurde gegen die Tür geworfen, so fest, dass der Butler, Sarah und ich instinktiv zurückwichen.

Ich rüttelte am Türknauf. »Abgeschlossen, verdammt. Wie kommen wir da rein?«

Der Butler hob eine Plastikkarte in die Luft. »Hiermit. Ich war schon drin und habe versucht sie zu stoppen, musste aber um meine eigene Gesundheit fürchten ... Deswegen habe ich hier auf Sie gewartet. Ich muss Sie aber warnen!«

Hinter der Tür war wieder Geraschel zu hören, dann klang es erneut so, als würden Gegenstände durch die Kabine geworfen. Fand da drinnen ein Kampf statt? Oder, wie zuerst vermutet, eine Schlägerei? War der Bewohner der Suite vielleicht von einem anderen Passagier oder einem Mitglied der Crew überfallen worden?

Eine Gänsehaut kroch mir den Nacken hoch. Keines der angedachten Szenarios gefiel mir.

»Nein! Verschwinde!«, drang es da zu uns auf den Flur. Dann fiel etwas sehr Schweres auf den Boden hinter der Kabinentür.

In einigen Metern Entfernung wurde eine andere Tür geöffnet, und ein Mann in seidenem Schlafanzug und zerdrückter Frisur trat auf den Gang. »Alles in Ordnung?«

»Nein. Ja«, gab ich zurück. »Alles in Ordnung, bitte gehen Sie wieder hinein.«

Der Mann starrte mich noch einen Moment an, dann tat er, worum ich ihn gebeten hatte.

In der Vivaldi-Suite ging erneut etwas zu Bruch. Dann schrie eine Frau wie am Spieß, langanhaltend und schrill, und plötzlich wurden noch viel mehr Türen, die an den Flur grenzten, aufgerissen. Im Nullkommanichts hatten wir mehr Zuschauer, als uns lieb war.

In der Kabine vor uns wurde es still.

Zu still, wie ich fand.

»Bitte, öffnen Sie die Tür!«, forderte ich den Butler auf, der die Plastikkarte in den Schlitz des Türknaufs steckte und die Tür entriegelte. Ich drängte mich an ihm vorbei, stieß das Türblatt auf – und fand mich im totalen Chaos wieder.

Die Suite war groß, und dennoch stand kein Stein mehr auf dem anderen. Zerbrochene Stehlampen und Vasen lagen auf dem Boden, Stühle waren umgekippt, Schubladen aus ihren Halterungen gerissen worden. Es sah aus, als hätte eine Bombe eingeschlagen, und ich brauchte einen Moment, um mich in dem Wirrwarr aus Toilettenpapier, Kleidung und Daunenfedern zurechtzufinden. An der Wand flackerte eine Lampe.

Dann sah ich sie. Helena Goldstein. Eingerollt wie ein Hund lag sie neben dem Bett auf dem Boden.

War sie verletzt? Eilig hastete ich zu ihr und maß den Puls. Er war ganz normal, sogar etwas zu niedrig für meinen Geschmack. Ich rüttelte vorsichtig an ihrer Schulter, während der Butler und Sarah das Zimmer auf einen möglichen Eindringling überprüften.

»Frau Goldstein?«

Nichts, außer einem Schnarchen. Ich fühlte erneut ihren Herzschlag. Regelmäßig und ruhig. Seltsam.

»Frau Goldstein?« Ich wurde etwas lauter.

Da endlich hob sie ein Augenlid. »Ah, Herr Doktor!«

»Frau Goldstein – geht es Ihnen gut?«

»Was? Mir?« Sie sah sich verwirrt um, und an ihrem Gesichtsausdruck konnte ich ablesen, dass ihr die Situation genauso wenig geheuer war wie uns.

»Ist jemand in Ihrem Zimmer gewesen?«, fragte ich sie.

»Hier? Nein.« Sie schüttelte den Kopf. »Ein schlechter Traum, mehr nicht.«

Ich fing den Blick des Hotelmanagers auf, der gerade bei uns angekommen war und mit hochgezogenen Augenbrauen eine in den Angeln baumelnde Schranktür begutachtete.

Ein Alptraum? Der so eine Verwüstung anstellte?

Nur über meine Leiche.

Mir war bewusst, dass es Demenzerkrankungen gibt, die eine massive Störung der REM-Tiefschlafphase hervorrufen. Infolge einer fehlenden motorischen Hemmung leben die Patienten ihre sehr lebendigen Träume, in denen sie häufig angegriffen oder verfolgt werden, am eigenen Leib aus und toben durchs Zimmer, ohne auch nur eine Sekunde davon bewusst wahrzunehmen. In einigen Fällen ist es sogar möglich, dass die Betroffenen sprechen und schreien. Im Gegensatz zum Schlafwandeln, das in der Medizin lediglich als Störung des Aufwachmechanismus verstanden wird, liegen bei Menschen mit Demenzerkrankungen Verhaltensstörungen im Traumschlaf neurologische Schädigungen zugrunde. Die heutige Nacht und die geistigen Aussetzer der letzten Tage ließen nur einen Schluss zu: Unsere freundliche Frau Helena Goldstein hatte ein wirklich ernstes Problem.

Am kommenden Morgen bat ich sie erneut in das Hospital und besprach mit ihr meinen Verdacht. Diesmal ließ ich sie unbarmherzig an meinen Vermutungen teilhaben – was Frau Goldstein jedoch eher amüsant zu finden schien.

»Herr Doktor, Ihre Sorge in allen Ehren – aber wie kommen Sie darauf, dass ich dement sein könnte? Es ist doch alles in bester Ordnung. Ich bin fit wie ein Turnschuh, vor allem da oben.« Sie tippte sich gegen die Schläfe.

»Was für einen Tag haben wir heute?«, fragte ich sie unvermittelt.

»Donnerstag, den 15. September.«

Das stimmte. »Und unsere Position?«

»Immer noch in der Nordsee. Morgen werden wir Edinburgh erreichen.«

Das stimmte schon wieder. Mist.

»Frau Goldstein, ich denke, dass Sie am sogenannten Durchgangssyndrom erkrankt sind. Das betrifft vor allem ältere Menschen.«

Sie hüstelte, was mich jedoch nicht weiter beeindruckte.

»Ältere Menschen, die aus ihrem gewohnten Rhythmus gebracht und entweder örtlich, zeitlich oder sozial neuen Begebenheiten ausgesetzt werden. Das kann zu Verwirrung führen, teilweise wird das Verhalten auch aggressiv oder psycho…«

Sie fiel mir ins Wort. »Ich bin doch nicht aggressiv, Herr Doktor!«

»Auslegungssache.« Ich dachte an die verwüstete Suite. »Vielleicht nicht gegen andere, aber definitiv gegen sich selbst. Ich würde Ihnen gern ein niedrig dosiertes Neuroleptikum verabreichen, das beruhigend wirkt. Sind Sie damit einverstanden?«

Sie seufzte theatralisch. »Habe ich eine andere Wahl?«

Ich entgegnete nichts, maß noch einmal den Blutdruck, der in Ordnung, wenn auch immer noch etwas zu niedrig war. Dann verabreichte ich ihr eine Handvoll der besagten Neuroleptika und beschwor sie, die Tabletten genau nach Anweisung zu nehmen.

Genauso gut hätte ich auch mit mir selbst sprechen können.

Die Tage, in denen wir durch den Ärmelkanal und dann an der portugiesischen Küste entlang in Richtung Straße von Gibraltar fuhren, verliefen ruhig. Frau Goldstein schien ihre Medikamente zu nehmen – jedenfalls hatte es seit unserer kleinen nächtlichen Episode keinen weiteren Zwischenfall mehr gegeben, und auch die neue Suite, die man ihr zugewiesen hatte, war noch intakt. Nicht mal ein Wasserglas sei darin zu Bruch gegangen, erzählte mir das Zimmermädchen auf Nachfrage, und der Kapitän schien zufrieden mit sich und seiner Entscheidung, Frau Goldstein nicht vorzeitig ausgeschifft zu haben.

Dann jedoch, am Sonntagabend, ich befand mich gerade auf einer Buchlesung, trippelte Frau Goldstein an meinem Tisch vorbei in Richtung Bühne, allem Anschein nach tief in ein Gespräch versunken. Offenbar schien sie sich über irgendetwas zu ärgern, denn sie schüttelte immer wieder den Kopf, machte wegwerfende Handbewegungen und keifte: »Nein, Herbert, das werde ich nicht tun. Da kannst du dir aber sicher sein. Nein!«

Der auf der Bühne sitzende Autor, der gerade aus seinem sehr kurzweiligen Roman vorlas, hielt in seinem Vortrag inne. Alle Anwesenden drehten sich zu Frau Goldstein um, die unbeirrt ihren Weg zur Bühne fortsetzte. Niemand hielt sie auf. Auch ich nicht. Ich wollte endlich Gewissheit haben.

Helena Goldstein hielt vor der Bühne an, rief ein letztes Mal: »Nein!«, dann klarte sich ihr Blick plötzlich auf. Verwirrt sah sie sich um. Ganz offensichtlich hatte sie die Orientierung oder Contenance (oder beides?) verloren. Als sie mich erkannte, lief sie rot an und stolperte, ohne ein weiteres Wort zu verlieren, aus dem Saal.

Ich hingegen marschierte schnurstracks zum Kapitän und machte meine Meldung – Petzen ist zwar kein Kavaliersdelikt, aber manchmal eben notwendig.

»Aber Doc, was sollen wir denn machen? Sie in ihrer Kabine einschließen?«

»Sie ist eine Gefahr für sich und für andere«, wetterte ich. »Das wird kein gutes Ende nehmen, glauben Sie mir!«

»Beruhigen Sie sich, Doc. Jetzt warten wir noch ein paar Tage ab und beobachten die Situation, und dann entscheiden wir neu, bevor wir den Atlantik überqueren. Ist das für Sie in Ordnung?«

Es musste für mich in Ordnung sein, selbst wenn ich mich ärgerte. Außer Frau Goldstein gab es noch mehr als sechshundert andere Passagiere, und ich war als Schiffsarzt an Bord gekommen, nicht als Kindermädchen. Dennoch sollte ich die Füße stillhalten – wenn auch viel kürzer als gedacht.

Denn schon in der nächsten Nacht wurde ich wieder aus dem Schlaf gerissen, diesmal jedoch mit einem Notruf, der über das Funkgerät direkt in meine Kabine kam: »Mike, Mike! Pooldeck!«

Ich sprang aus dem Bett, warf mir etwas über und riss die Kabinentür auf. Da stand schon Sarah, die eine Hand zum Klopfen erhoben, in der anderen den medizinischen Notfallkoffer. Wir rasten nach oben und stießen, als wir nach draußen aufs Deck traten, fast mit dem Kapitän zusammen. Neben ihm stand einer der philippinischen Matrosen. Er war weiß wie die Wand.

»Was ist passiert? Ist er verletzt?« Ich ging einen Schritt auf den Matrosen zu und maß seinen Puls.

»Nein, er ist unverletzt, aber er hat einen Geist im Morgenrock gesehen!« Der Kapitän klang panisch.

»Wie bitte?«

»Er sagt, sie sei in eines der Rettungsboote gestiegen – wir wollten sie gerade suchen gehen.«

Sie? Mir schwante Böses.

Mit einer Taschenlampe bewaffnet liefen wir zu den Rettungsbooten, die außerhalb der Schiffswand in etwa ein Meter

Höhe in speziellen Halterungen hingen und so erlaubten, dass man sie mithilfe eines Flaschenzuges zu Wasser lassen konnte. Im ersten Boot sahen wir niemanden, da erklang ein wütender Schrei.

»Herbert!«

Oh nein. Frau Goldstein!

»Herbert, lass mich endlich in Frieden!«

Wir rannten in die Richtung, aus der Frau Goldsteins Stimme gekommen war. Dann sahen wir sie. Sie saß in einem der Rettungsboote. Mein Gott, das war doch fürchterlich gefährlich! Immerhin hingen die Boote im luftleeren Raum – nur ein falscher Fußtritt während der waghalsigen Kletterpartie, und man landete fünfzehn Meter weiter unten im eiskalten Wasser des Atlantischen Ozeans.

»Frau Goldstein!« Ich rief ihren Namen, um sie von weiteren Dummheiten abzuhalten. »Was machen Sie denn da?!«

»Das Schiff!«, rief sie mir entgegen. »Es wird untergehen. Frauen und Kinder zuerst!«

Mit diesen Worten griff sie nach einer Rettungsweste und stülpte sie sich über den Kopf. Dann nahm sie die daran baumelnde Pfeife in die Hand, steckte sie sich in den Mund und pustete, was das Zeug hielt.

»Herbert, zurück auf das Schiff. Du hast hier nichts zu suchen. Frauen und Kinder zuerst!« Sie pfiff erneut.

Wir hielten uns die Ohren zu und traten näher an das Rettungsboot heran.

»Wie zum Teufel ist sie dorthin gekommen?«, staunte der Kapitän.

»Und wie kriegen wir sie wieder runter?«

Zum Glück hatte der Matrose, der immer noch neben uns stand, schnell seine sieben Sinne wieder beisammen. Zumindest schneller als Frau Goldstein. Obwohl der Kapitän versuchte, ihn davon abzuhalten, kletterte er in Windeseile an einer der Streben entlang nach oben und ließ sich dann in die unverdeckte Seite des Rettungsbootes gleiten. Offenbar war es unserer mobilen Dame nicht nur gelungen, das Rettungsschiff zu entern, sie hatte auch die orangefarbene Plane auf einer Hälfte des Boots beseitigen können.

Der Matrose kletterte auf die verwirrte Frau zu und redete in einer fremdländisch klingenden Sprache leise auf sie ein. Seltsamerweise schien sie das tatsächlich etwas zu beruhigen, denn kurz darauf hatten wir sie mit versammelten Kräften wieder an Bord des Schiffes bugsiert.

Sarah wartete schon mit der Spritze. Ich verabreichte Frau Goldstein eine Injektion mit einem starken Neuroleptikum. Als sie wenige Minuten später schlaff auf der Trage lag, beschlossen wir, sie ins Hospital zu bringen und unter der dauernden Beobachtung der Nurse zu lassen. Nicht auszudenken, was sonst noch passieren würde.

Am nächsten Morgen berief ich einen Round Table zwischen Kapitän, Hoteldirektor und mir ein. Wir debattierten lange über Frau Goldstein, über den bevorstehenden finanziellen Verlust, den die Reederei unweigerlich machen würde, wenn eine der teuersten Suiten an Bord fünf Monate lang leer stehen würde – aber auch über die Gefahren, die von Frau Goldstein ausgingen. Denn es war vollkommen ausgeschlossen, sie immer im Auge zu haben, insbesondere nachts, wo sie von schlimmsten Halluzinationen und paranoiden Unruhezuständen heimgesucht wurde.

Schweren Herzens entschlossen wir uns schließlich dazu, sie noch vor der Atlantiküberquerung auszuschiffen, also an Land gehen zu lassen. Das Risiko, dass sie uns mitten auf dem Ozean über Bord gehen oder sich und andere ernsthaft verletzen würde, war einfach zu groß.

Kurz darauf baten wir Frau Goldstein in einen Besprechungsraum der Admiralität und erläuterten ihr unsere Bedenken. Selbstverständlich wehrte sie sich zunächst mit Händen und Füßen gegen unsere Entscheidung und versprach, uns bis zum jüngsten Tag zu verklagen. Erst als ich sie fragte, wer eigentlich Herbert sei, wurde sie plötzlich ganz still.

»Das war der Mann, den ich liebte«, sagte sie.

»Ihr Ehemann?«

Und sie lächelte mich auf eine Art und Weise an, die ich eindeutig als Nein verstand.

Wir überredeten sie schließlich dazu, das Schiff freiwillig zu verlassen, und ließen von der Chief Purserin einen Flug ab Monaco in der Business Class buchen. Den zugehörigen Bodyguard, der sich um unsere Seniorin auf der Reise nach Deutschland kümmern würde, beschaffte die Purserin ebenfalls sehr schnell: mich. Sie buchte mich auf denselben Flug wie Frau Goldstein (immerhin war Monaco auch mein Ausstiegsort), und zum ersten Mal in meinem Leben flog ich in der ersten Klasse der Lufthansa nach Hause.

Als wir uns am Flughafen Frankfurt, wo ein Mitarbeiter der Seniorenresidenz, in der sie lebte, bereits auf uns wartete, verabschiedeten, beugte sich Frau Goldstein zu mir und flüsterte mir ins Ohr: »Wissen Sie, ich bin schon auch froh, wieder zu Hause zu sein.«

»Versprechen Sie mir, dass Sie sich direkt in die Obhut Ihres Hausarztes begeben?«

»Niemals. So ein Kurpfuscher!«

Ich sah sie erstaunt an.

»Der weiß doch gar nichts. Der hat mir verbieten wollen, die Kreuzfahrt zu machen, stellen Sie sich das mal vor. Mir! Verbieten!«

»Und, ähm … wieso wollte er das?«

»Ach, er faselte irgendwas von fehlender Orientierung und Vergesslichkeit. Ich bin aufgestanden und gegangen, als er behauptet hat, in meinem Kopf wäre etwas nicht in Ordnung.«

»Na ja …« Ich wollte gerade ansetzen, doch sie brachte mich mit einer herrischen Geste zum Schweigen.

»Schluss jetzt! Wir müssen los. Kommst du, Herbert?«

Scheißerei auf der Bounty

*Vor der schottischen Küste legt ein ungebetener Gast
ein ganzes Schiff flach*

Wenn es eine Sache gibt, für die mein Herz brennt, dann ist es der Wein. Glücklicherweise lebe ich in einer der ertragreichsten deutschen Weinregionen und kann meiner Liebe zum Rebensaft das ganze Jahr über frönen – sehr zur Belustigung meiner Familie, die vermutlich schon jeden Alkoholiker-Witz der Welt auf meine Kosten gemacht hat. Was bitte schön ist an einem Schlückchen Branntwein im morgendlichen Tee ein Problem? Natürlich nur im Winter. Und auch nur in Maßen – das heißt nicht in jeder Tasse.

Ich lese nicht viele medizinische Studien, aber es gibt eine, die kenne ich in- und auswendig: die, in der bewiesen wurde, dass ein Glas Rotwein am Tag das Herzinfarktrisiko senkt. Also tue ich genau genommen etwas für meine Gesundheit, wenn ich mir täglich ein Gläschen Merlot einverleibe. Und ich tue noch mehr für die Gesundheit, wenn es ein oder zwei Gläschen mehr werden. Ist doch logisch.

Einzig, wenn ich ein Schiff betrete, muss ich mich in Zurückhaltung üben. Denn die Schiffsleitung sieht es (allen wissenschaftlichen Beweisen zum Trotz) gar nicht gern, wenn der Bordarzt in der Öffentlichkeit säuft. Was ich selbstverständlich nie tue. Ich trinke. In Maßen. Denn ein gepflegter Umgang mit dem edlen Tropfen ist das A und O, wenn man einen Ruf zu verlieren hat. Umso netter, wenn man zum gepflegten Besäufnis offiziell eingeladen wird, zum Beispiel in einer der berühmten Whisky-brennereien in Schottland.

Die dreiwöchige Fahrt meines Einsatzes sollte in Hamburg beginnen und über die schottische Stadt Kirkwall, das nordirische Belfast, Dublin, die Scilly-Inseln, das südenglische Guernsey und schließlich die Hauptstadt London einmal rund um die grüne Insel bis zum Ausgangspunkt zurück gehen.

Gerdi hatte sich wieder mal geschickt aus der Affäre gezogen, um mich nicht begleiten zu müssen, und hatte, gleich nachdem ich ihr meine Reisetermine mitgeteilt hatte, eine zehntägige Bridge-Reise in die Normandie gebucht. Mit drei befreundeten Zockerinnen würde sie in einem alten Leuchtturm in der Nähe von Le Havre logieren und, nach eigener Aussage, nichts anderes tun außer »spielen und schlemmen« – ein Urlaub ganz nach ihrem Geschmack.

Ich hingegen war mal wieder auf der MS Vespucci unterwegs, und als das Schiff, das achthundertfünfzig Passagiere und etwa dreihundertdreißig Besatzungsmitglieder zählte, aus dem Hamburger Hafen lief, schien auch alles in bester Ordnung. Dann kam der erste Seetag. Wir befanden uns mitten auf der Nordsee, als sich einige Patienten bei mir im Hospital meldeten und über schweres Erbrechen klagten. Das ist, gerade zu Beginn einer Reise, nicht ungewöhnlich. Denn es gibt viele, die auf das milde Schwanken des Schiffes – und auf der Nordsee kann es erfahrungsgemäß auch mal etwas rauer zugehen – mit Übelkeit und Schwindel reagieren. Ich verabreichte den Erkrankten ein Mittel gegen die Übelkeit und verordnete strenge Bettruhe.

Am zweiten Tag, wir waren immer noch auf hoher See, würden aber im Laufe des Tages in Kirkwall einlaufen, geschah das Unglaubliche: Ich befand mich im Selbstbedienungsrestaurant des Schiffes, in dem ich grundsätzlich lieber esse als in den Katakomben, in denen sich die Besatzung außerhalb ihrer Einsatzzeiten aufzuhalten hat. Vor mir stand ein Mann in der Schlange am Suppenbüffett, und von ihm ging ein seltsamer, süßlicher Duft aus. Mit seiner Linken hielt er sich am Handlauf aus Messing fest, der beinahe an jeder Wand, an jedem Sockel und an jedem Podest auf einem Schiff angebracht ist, und gab urplötzlich einen gigantischen Furz ab.

Ich erschrak und wich instinktiv zur Seite – keine Sekunde zu früh, denn in diesem Moment wurde mir klar, dass das vermeintliche »Lüftchen« ein Wirbelstoß gewaltigen Ausmaßes war, der sogar ein wenig Material mit nach draußen geschwemmt hatte. Der Mann, der sich in den Siebzigern befinden musste, sah sich panisch zu mir um. Unsere Blicke trafen sich, und im gleichen Augenblick wurde uns beiden klar, dass er sich in die Hose geschissen hatte.

Ohne ein weiteres Wort zu verlieren, packte ich ihn am Arm und zog ihn aus dem Restaurant hinaus. Ich brachte ihn auf seine Kabine, wo er sich, eine Entschuldigung stammelnd, frisch machte und saubere Kleidung anzog. Ich verhängte eine sogenannte Kabinen-Quarantäne über ihn, um die Keimverschleppung zu vermeiden, und verabreichte ihm ein Mittel gegen Durchfall. In den kommenden Tagen würde er auf seiner Kabine isoliert werden. Er musste erst vierundzwanzig Stunden symptomlos sein, bevor er wieder unter Leute durfte.

Doch kaum hatte ich den fassungslosen Passagier versorgt (er war durchaus noch rüstig und konnte sich nicht erklären, wie das hatte passieren können – zu diesem Zeitpunkt tat ich das noch als »kann ja mal vorkommen« ab), wurde ich ins Hospital gerufen, wo bereits eine Handvoll Passagiere auf mich wartete. Einige waren weiß wie die Wand, andere hatten sich nach allen Regeln der Kunst bereits »ausgekotzt« – unglücklicherweise mitten in der Lobby, wo seitdem ein fünfköpfiges Putzkommando den Teppich schrubbte.

Ich versorgte die Patienten und zog mich kurz darauf in das Behandlungszimmer zurück, wo ich mich in Desinfektionsmittel badete. Man musste kein Verschwörungstheoretiker sein, um sich fortan nur noch mit Mundschutz und Handschuhen außerhalb seiner eigenen Kabine sehen lassen zu wollen. In den letzten drei Stunden hatte ich allein neun Patienten mit akuter Übelkeit, davon sieben erbrechend, behandelt. Vier weitere klagten über spontanen Durchfall. Das ergab dreizehn Magen-Darm-Erkrankte, und wir steuerten geradewegs auf die schottische Küste zu.

Das war äußerst ungünstig, denn gerade die Engländer haben rigide Vorschriften, wenn es um die Gesundheit an Bord geht. Jedem Land, das man als Kreuzfahrtschiff ansteuert, muss der an Bord befindliche Arzt vor Einfahrt in den Hafen eine Liste mit den bekannten Erkrankten funken, dann erst wird entschieden, ob das Schiff anlegen darf. Normalerweise ist das reine Formsache, doch in einigen Ländern sind die Kontrollen der Hafenbehörden besonders streng. Nicht überraschend ist, dass Australien dazugehört – aber bei den Aussies darf man ja noch nicht mal mit einem ordinären Apfel in der Tasche einreisen. Abgesehen von der panischen Angst der Australier, in ihr heiliges Land könnten unbezwingbare Krankheiten, wilde Krabbeltiere oder kuriose Fruchtkreuzungen eingeschleppt werden, gelten außerdem die Amerikaner, Kanadier, die Neuseeländer und skurrilerweise die Brasilianer als besonders streng. Und, natürlich: die Briten.

Ich überschlug im Kopf, wie viel Prozent der anwesenden

Passagiere von dem Brechdurchfall schon betroffen sein konnten: Es waren mehr als achthundert Passagiere oder auch Paxe, wie sie von der Crew genannt wurden, an Bord, dreizehn davon waren bereits erkrankt. Das waren noch deutlich weniger als die geforderten drei Prozent an Erkrankten, die man dem nächsten Hafen, auf den man zulief, sofort mitteilen musste. Noch …

Doch ich war mir schon zu diesem Zeitpunkt sicher, es mit keiner »normalen« Magen-Darm-Infektion zu tun zu haben, weshalb ich selbst kein Risiko mehr einging und fortan nur noch mit Mundschutz und Handschuhen behandelte.

Währenddessen zerbrach ich mir den Kopf. Was konnte das für eine Krankheit sein? Eine gewöhnliche Magen-Darm-Grippe? Niemals. Wir kamen geradewegs aus Deutschland, einem zivilisierten Land mit hygienischen Verhältnissen. Es konnte sich nur um einen äußerst aggressiven und sich schnell verbreitenden Virus handeln.

Noro, dämmerte es mir, und mir wurde kurzzeitig schwarz vor Augen, als ich an den Programmpunkt dachte, der laut Veranstaltungsheft auf der MS Vespucci bevorstand.

Ich eilte zum Kapitän. Üblicherweise findet in den ersten Tagen einer Kreuzfahrt das sogenannte Captain's Dinner statt, eine mehr als kuriose Veranstaltung: Vor dem großen Speisesaal mit circa einhundert Tischen werden die Passagiere in zwei Gruppen, einmal am frühen und einmal am späteren Abend geladen. Die Eingangstür geht auf, und wie die Lemminge trippeln die Passagiere im Gänsemarsch in den Saal hinein und begrüßen jeder einzeln den Kapitän.

Mit Handschlag.

Jeder Einzelne.

Ach du heilige Schei…!

Das ist in Zeiten einer über das Schiff geisternden Infektion ein absolutes Katastrophenszenario. Nach der freundlichen Begrüßung und dem erfolgreichen Keimaustausch folgt das obligatorische Foto, das die Herrschaften am Ende des etwa einstündigen Essens am anderen Ausgang für viel zu viel Geld erwerben können.

Lassen Sie sich von einem erfahrenen Schiffsmediziner sagen: *Jeder* Passagier nimmt am Captain's Dinner teil. Und *jeder* schüttelt die Hand des Kapitäns und kauft das verfluchte Beweisfoto für die lieben Daheimgebliebenen. Unglücklicherweise ist das Durchschnittsalter an Bord eines normalen Kreuzfahrtschiffes, wenn es nicht gerade ein Fun-Cruiser der Aida ist, fünfundsechzig, und das bedeutet für die Hygiene in den meisten Fällen leider nichts Gutes.

Es ist nicht so, dass alte Menschen weniger reinlich sind als jüngere, aber manchmal kommt es vor, dass die älteren Herrschaften es mit dem Händewaschen nach der Toilette nicht mehr ganz so genau nehmen. Dazu kommen weniger Resistenzen gegen Keime sowie ein – und hier kann ich leider keine diplomatische Einschränkung machen – weitestgehend unvernünftiges Verhalten. »Beratungsresistenz« wird der bekannte Altersstarrsinn aus Gründen der *political correctness* auch gern genannt, aber wenn man das Risiko eingeht, es sich mit einigen Altersgruppen zu verscherzen, so nennt man das Kind beim Namen: Senioren sind in einigen Fällen so stur, was ihre eigene Gesundheit und die Behandlung ihrer Krankheiten angeht, dass es fast schon an Arbeitsverweigerung grenzt. Möge der Gott der Geriatrie mir meine lästernden Worte verzeihen …

Doch der Widerwille ist beileibe nicht das Schlimmste. In Kombination mit den verchromten Handläufen und Geländern, mit denen an Bord nahezu jeder Raum oder Gang ausgestattet ist und auf denen sich die Erreger tummeln, findet sich hier ein idealer Nährboden für das geradezu explosionsartige Verbreiten von Infektionen. Begrenzter Raum und eine Klimaanlage, die Keime komfortabel vom Rumpf des Schiffes über die Decks bis in die Captain's Lounge befördert, machen den Horror schließlich komplett.

Das war der Untergang.

Nicht der des Schiffes, nein. Aber der des Schiffsarztes. Blöderweise war ich das.

Ich eilte in die Captain's Lounge, wo sich der Kapitän und die Hotelmanagerin des Schiffes gerade für ihren großen Auftritt des Captain's Welcome bereit machten, und setzte sie über die unmittelbar bevorstehende Masseninfektion in Kenntnis.

»Wir können kein Risiko eingehen«, nuschelte ich eindringlich in meinen Mundschutz. »Ich kann nicht ausschließen, dass es sich um ein aggressives Virus handelt, und wenn wir das Dinner nicht absagen, kann ich für nichts garantieren!«

»Aber wie stellen Sie sich das vor?«, fragte mich der Kapitän kopfschüttelnd. »Die Leute der ersten Schicht warten schon vor der Tür. Das wird eine Meuterei, wenn wir die Sache jetzt abblasen. Sie freuen sich alle so auf die Streifenhörnchen-Show.«

Zugegeben: Es war jedes Mal ein Highlight, wenn die versammelten Offiziere in ihrer Paradeuniform strammstanden.

»Und außerdem«, gab die Hotelmanagerin zu bedenken, »sind es ja nur ein paar wenige Infizierte. Das ist einfach Zufall, dass die alle dasselbe haben – mehr nicht.«

Ich schüttelte den Kopf und wedelte mit den behandschuhten Händen. »Nein, das glaube ich einfach nicht. Die Inkubationszeit ist viel zu gering, darüber hinaus …«

Weiter kam ich nicht, denn in diesem Moment wurden die großen Türen des Saales aufgezogen, und die ersten Gäste kamen freudestrahlend in den Saal marschiert.

»Herr Wittmann, ich weiß Ihr Engagement wirklich zu schätzen, aber ich möchte Sie hier nicht mit Mundschutz und Gummihandschuhen sehen«, raunte mir der Kapitän zu, der die fragenden Blicke der ersten Handschüttler bereits zu bemerken schien.

Also zog ich unverrichteter Dinge und erfüllt von größter Sorge von dannen und ließ dem Schicksal seinen, nun ja: beschissenen Lauf.

Es wurde ein komplettes Desaster. Noch bevor die zweite Schicht im großen Essenssaal beendet war, stand das Hospitaltelefon nicht mehr still. Ununterbrochen trudelten die Nachrichten von eruptionsartigem Erbrechen, unkontrollierter Diarrhö und heftigen Fieberschüben bei uns ein. Meine beiden Krankenschwestern und ich rasten von Kabine zu Kabine, von einem Behandlungszimmer ins nächste und waren die ganze Nacht im Dauereinsatz, um die mittlerweile dreißig Erkrankten zu versorgen.

Dreißig – das entsprach nun mehr als den drei Prozent, die eine Meldung beim Hafenmeister von Kirkwall, das wir als Nächstes anlaufen wollten, erforderten. Mal abgesehen von den drei kotzenden Filipinos aus der Küche, die sich mir am Ende der langen Nacht unter Würgen vorstellten.

Am Morgen traf ich mich erneut mit dem Kapitän, der mittlerweile etwas von seiner ansonsten gesunden Gesichtsfarbe eingebüßt hatte. Kein Wunder – er war ja so was wie das Norovirus-Mutterschiff der Epidemie, immerhin hatte er knapp achthundert Hände am gestrigen Abend geschüttelt und somit vermutlich für die schnellste Verbreitung eines Keimes in der Geschichte der Epidemien gesorgt.

»Schreiben Sie etwas anderes auf den Zettel«, bat er mich, und ich konnte es ihm nicht verübeln. Würde die Zahl der Infizierten in den kommenden Stunden weiter steigen und damit fünf Prozent der Gesamtpopulation des Schiffes betragen, würde der Seuchenzustand über uns verhängt werden und das Schiff dürfte nicht in den Hafen laufen, sondern müsste in Küstennähe ankern.

Die Bedrohung hing wie ein Damoklesschwert über dem Schiffshospital: Quarantäne – und zwar im wahrsten Sinne des Wortes. Denn der Begriff stammt aus den Zeiten, in denen Venedig als bedeutendstes Handelszentrum der Welt von einer gewaltigen Pestepidemie heimgesucht wurde. Es verdammte deswegen alle ankommenden Schiffe dazu, vierzig Tage vor der venezianischen Küste zu ankern, um absolut sicherzugehen, dass sich an Bord keine Infizierten befanden, die die Stadtbevölkerung weiter schwächen könnten.

Wir würden, wenn wir unter Quarantäne stünden, vermutlich keine vierzig Tage verharren müssen, aber immer noch lange genug. Und das bedeutete: keine Hilfe vom Festland, ich und meine beiden Nurses wären allein auf uns gestellt, zusammen mit achthundertfünfzig kotzenden Passagieren, die sich zudem in die Hosen machten.

Das mussten wir unbedingt verhindern. Ich würde es niemals im Alleingang schaffen. Die dreißig bislang bekannten Patienten stellten schon eine Herausforderung an uns dar, da sie aufgrund ihres Alters und ihrer zum Teil schlechten körperlichen Konstitution ständig überwacht werden mussten – und gleichzeitig in ihren Kabinen eingeschlossen wurden, um keine weiteren Passagiere anzustecken. Das Essen wurde ihnen aufs Zimmer gebracht – sofern sie denn überhaupt etwas bei sich behielten. Das war ein enormer logistischer Aufwand, und immer mit dem Risiko verbunden, dass die Crew sich ebenfalls infizierte.

So würden wir das niemals schaffen. Und nicht nur das – ich

würde sogar das Leben einiger Erkrankten riskieren, denn derartige Magen-Darm-Infekte bleiben bei einigen Menschen, gerade denen, die etwas schwächer auf der Brust sind, nicht immer ohne Folgen.

Also schummelte ich trotz schlechten Bauchgefühls beim Ausfüllen des Zettels für das schottische Gesundheitsamt und mogelte zwischen die Brechdurchfälle einige Magenkoliken, Seekrankheiten und (immer sehr beliebt in diesen Fällen): unklare Magen-Darm-Beschwerden. Ich tat das nicht, um mich oder die Crew, den Kapitän oder die Reederei in ein besseres Licht zu stellen oder um die schottische Bevölkerung von Kirkwall einer unnötigen Gefahr auszusetzen. Ich tat es, weil ich dringend Hilfe, Medikamente und personelle Unterstützung vom Festland benötigte und es ein wahnsinniger Kampf werden würde, dies alles zu bekommen, nachdem wir zum Seuchenfall erklärt worden wären.

Beim Mittagessen herrschten im Selbstbedienungsrestaurant chaotische Zustände. Ein Mann erbrach sich über das Kuchenbüfett (ausgerechnet!), eine Frau erleichterte sich in einem Mülleimer in der Ecke. Im Hospital stapelten sich die Krankmeldungen. Mittlerweile war die gesamte Crew mit Mundschutz ausgestattet, doch als einer der Showköche vor einem aus Eis gehauenen Schwan zusammenbrach, ließ der Kapitän, noch bevor die zweite Schicht etwas zu essen bekam, intern den Notstand ausrufen und die Räumlichkeiten schließen. Fortan konnten die gesunden Passagiere nur noch in den Restaurants essen, in denen sie bedient wurden – allerdings kamen sie da nur hinein, wenn sie sich vorher an den eilig aufgestellten Desinfektionsspendern versorgt hatten. Das wurde von eigens dazu abgestelltem Personal kontrolliert, um zumindest die Neuerkrankungen im Zaum zu halten.

Doch es half nichts. Am Nachmittag waren zwanzig weitere

Fälle gemeldet worden. Immerhin: Wir hatten den Hafen von Kirkwall in der Zwischenzeit erreicht. Der zuständige Beamte vom Gesundheitsamt, der zum routinemäßigen Check an Bord kam, wurde vom Kapitän gerade über das Pooldeck geführt, als sich eine ältere Dame vor versammelter Mannschaft einkotete und kurz darauf über die Reling spuckte.

Der Mann bat mich unverzüglich zum Gespräch unter sechs Augen, und gemeinsam mit dem Kapitän eruierten wir unsere Möglichkeiten: Wir würden nicht an Land gehen dürfen, aber mit ausreichend Medikamenten und Material versorgt werden. Solange niemand in Lebensgefahr schwebte, gab es keine Notwendigkeit, mehr medizinisches Personal an Bord zu holen. Stattdessen beschlossen wir, den üblichen Doctor's Table vorzuverlegen und die sich an Bord befindlichen gesunden Passagiere mit medizinischer Ausbildung um Hilfe zu bitten. Wir saßen hier ohnehin fest – niemand durfte aufs Boot, und keiner konnte es verlassen.

Üblicherweise wird der Doctor's Table nicht allein deswegen veranstaltet, um für den Ernstfall vorbereitet zu sein, sondern auch, um endlich einmal die Kollegen kennenzulernen und ein wenig Small Talk zu betreiben. Außerdem ist es immer schön, von zum Teil pensionierten Berufsgenossen einige launige Anekdoten aus aller Welt zu erfahren. Doch an diesem Abend war alles ganz anders.

Ich schilderte den Kollegen, von denen sich die meisten tatsächlich bereits im Ruhestand befanden, das Problem. Dabei schreckte ich nicht davor zurück, die Dramatik der Situation in den schillerndsten Farben auszumalen. Mir ging tatsächlich die Muffe. Was, wenn es mir nicht gelang, die Ausbreitung des Virus einzudämmen? Was, wenn Menschen starben? Das durfte ich unter keinen Umständen zulassen.

Gemeinsam mit den Kollegen und der »oberen Admiralität« entwickelte ich einen Schlachtplan, der uns über die nächsten Tage bringen sollte und sich aus folgenden Bestandteilen zusammensetzte: absolute Quarantäne und Isolation aller erkrankten Passagiere, ständige Überwachung und strenge Diät, intensive Reinigung und Desinfektion der öffentlichen Räumlichkeiten und mehrfach am Tag Desinfizierung der Handläufe und Geländer. Ich trug die versammelten Ärzte für verschiedene Schichten ein und teilte ihnen jeweils eine Handvoll Erkrankter zu.

Parallel stellte die Hoteldirektion ein Programm für die kommenden Tage an Bord zusammen, um die Gesunden bei Laune zu halten – von denen es aber leider immer weniger gab und von denen, oh Wunder, niemand wirklich Lust hatte, sich in den verseuchten Gemeinschaftsräumen aufzuhalten.

In der Nacht zählten wir zwanzig weitere Neuerkrankungen, bis auf einen Steward nur Passagiere, da die jungen Organismen der Besatzung offenbar resistenter gegen den Virus waren. Die medizinische Notfallcrew und ich waren ununterbrochen im Einsatz. Wir hatten uns in Schichten aufgeteilt, damit jeder von uns zumindest zwei bis drei Stunden Schlaf pro Nacht bekam. Doch so sehr wir uns auch bemühten und so penibel das Putzpersonal die Gänge und Treppen auch schrubbte, Stunde um Stunde kamen neue Patienten dazu. Wir konnten weder raus aus dem Hafen noch an Land, waren gefangen auf einem Schiff, das sich bildlich gesprochen die Seele aus dem Leib kotzte.

Selbst der Kapitän war mittlerweile erkrankt und wurde von mir zu strenger Bettruhe verdonnert – was einen kuriosen Nebeneffekt hatte. Denn nach ihm und dem Hoteldirektor des Schiffes war ich der dritthöchste Offizier an Bord. Sollte sich auch er anstecken, würde ich wie die Jungfrau zum Kinde kommen und Kapitän eines riesigen Kreuzfahrtschiffes werden, wenn auch eines von oben bis unten erkrankten.

Eine erschreckende Vorstellung, die den Druck, der auf meinen Schultern lastete, nicht grade milderte.

Nach weiteren zwei Tagen des ununterbrochenen Einsatzes war ich kurz davor zu meutern und das sinkende Schiff heimlich zu verlassen. In der Nacht hatten wir drei Erkrankte nach stundenlangen Verhandlungen mit der Hafenbehörde mit Sondergenehmigung vom Schiff und in ein nahegelegenes Krankenhaus bringen lassen müssen, weil ihr Fieber unkontrolliert weiter gestiegen war. Nun sah wohl auch das schottische Gesundheitsamt ein, dass wir trotz bester Bemühungen mit der Situation überfordert waren, und schickte uns nicht nur Verstärkung vom Land, sondern erlaubte uns auch endlich, die schweren Fälle von Bord gehen lassen zu dürfen. Mittlerweile waren über einhundert Passagiere soweit erkrankt, dass sie eine permanente Überwachung benötigten – mit den fünfzehn an Bord befindlichen Ärzten, der Handvoll Krankenschwestern (zum einen vom Doctor's Table, zum anderen vom Cabin Staff rekrutiert) und den Teilen der Crew, die sich dem Risiko der Infektion freiwillig aussetzen wollten, war dies kaum zu schaffen gewesen.

Aber die größte Hürde war genommen. Ich atmete auf – wenn auch nur vorsichtig, ich wollte mich nicht zu früh freuen. Die besonders schweren Fälle wurden schnellstmöglich in die umliegenden Krankenhäuser gebracht. Die bereits wieder genesenen Patienten, die aber allesamt noch sehr wacklig auf den Beinen waren, wurden mit dem Flieger zurück nach Deutschland geschickt, zur weiteren Überwachung und Behandlung in ihren jeweiligen Heimatorten. Innerhalb von einem Tag verabschiedeten wir uns von knapp dreihundert Paxen, kurz darauf durften auch all die von Bord, denen der Virus nichts hatte anhaben können. Für sie hatte die Reederei in einer absoluten Hauruck-Aktion ein Programm an Land zusammengezimmert: fünf Tage Kirkwall und Umgebung statt einer weiteren Woche Langeweile auf dem verseuchten Schiff – wenn das nicht nach einer Verbesserung klang!

Übrig blieben die leichter bis mittelmäßig Erkrankten sowie das Personal. Da die Decks, in denen sich die meisten Erkrankungen ereignet hatten, als kontaminiert geschlossen wurden, rückte der kümmerliche Rest enger zusammen. Immerhin gab es kaum noch Neuansteckungen. Die Gefahr schien gebannt.

Das sah auch das britische Gesundheitsamt so und hob einen Tag später den Seuchenalarm auf. Halleluja! Wir durften Kirkwall endlich verlassen. Mit einer Basiscrew von hundertfünfzig Mann und gerade mal noch hundertfünfzig leichter erkrankten oder sich wenigstens auf dem Weg der Besserung befindlichen Patienten an Bord tuckerte das Geisterschiff dem Hamburger Hafen entgegen. Es war ein seltsames Gefühl, in diesem riesigen Koloss über die Nordsee zu schippern. Die Gänge waren verwaist, das riesige Bordrestaurant, das immerhin auf fünfhundert Passagiere angelegt war, blieb leer. An Deck trieben sich nur ein paar vereinzelte Passagiere rum, meistens Angehörige von Erkrankten, die, nur Gott allein wusste warum, sich nicht angesteckt hatten.

Nach weiteren drei Tagen hatten wir die Pier in Hamburg endlich erreicht. Noch nie war ich so froh, wieder festen Boden unter den Füßen zu haben, und es hätte nicht viel gefehlt, und ich hätte die Erde geküsst, als wir an Land gingen.

Ich griff zuerst zu meinem Mobiltelefon und wählte die

Nummer von zu Hause. Gerdi ging zum Glück gleich nach dem zweiten Klingeln ran.

»Ach, du lebst auch noch?«, wollte sie wissen. »Wie schön, dass man mal wieder was von dir hört.«

Normalerweise schrieb ich regelmäßig, wenn ich an Bord war, und gab meinen Lieben daheim stets meine aktuellen Aufenthaltsorte durch, damit sie meine Routen rund um den Globus verfolgen konnten. Da ich mich die letzten Tage nicht gemeldet hatte, musste Gerdi klar gewesen sein, dass irgendetwas passiert war.

»Erzähl, wie war denn deine Reise?«

»Beschissen!«, fluchte ich, und dann berichtete ich ihr von dem Abenteuer, das ich vor der englischen Küste erlebt hatte.

Und was tat meine liebe Gattin? Sie lachte.

»Siehst du, mein Schatz! Man soll eben doch mit seinem Hintern zu Hause bleiben! Das bisschen Magen-Darm, das hättest du auch hier haben können, dafür wäre die lange Fahrt nach England gar nicht nötig gewesen. Jetzt muss ich aber Schluss machen, sonst brennt das Gulasch noch an. Die Mädchen kommen gleich zum Essen.«

Ich dachte an meine Gerdi, wie sie in ihrer geblümten Schürze und mit dem obligatorischen Klecks Soße am Kinn wohl gerade am Herd stand und in ihren vielen Töpfen herumrührte. Gleich würden unsere Mädchen mit ihren Freunden kommen, allesamt wie immer laut und lustig, und es würde hoch hergehen zu Tisch. Sie würden sich gegenseitig ins Wort fallen, es würde gelacht werden, gestaunt, erzählt und geschlemmt, und der Hund säße unter dem Tisch und wartete darauf, dass Gerdi ein Stückchen Brot herunterfallen würde. Ach, wie schön die Heimat doch sein konnte, wenn man in der Ferne war. Neun Stunden Zugfahrt trennten mich noch von einem warmen Teller von Gerdis hausgemachtem Gulasch und einem mehr als verdienten Glas Feierabend-Rotwein. Für die nächsten Monate hatte ich erst einmal genug vom Reisen als Schiffsarzt. Und um Kirkwall und seinen Hafen würde ich in Zukunft lieber einen weiten Bogen machen.

Da ist der Wurm drin

*Bei meiner ersten Atlantiküberquerung sorgt ein
Dickschädel mit Wurmfortsatz für Probleme*

Lieber Herr Wittmann,

*bei unserem Abschied habe ich versprochen, Ihnen eine E-Mail zu
schicken – es hat ein wenig gedauert, aber ich hatte gute Gründe dafür.*

*Die ersten beiden Tage nach der OP sind mir gut bekommen, aber
dann ging's los mit den postoperativen Beschwerden. Das war wohl
die Büßerrunde, die ich für mein störrisches Verhalten einlegen
musste. Insgesamt war ich elf Tage im Krankenhaus. Von dem Medi-
zinerlatein verstehe ich nicht viel, aber ich weiß mittlerweile, dass es
kurz vor zwölf war.*

Ich legte den Brief beiseite, den ich zwischen den zahllosen Post-
wurfsendungen, Ärztezeitungen und Schreiben aus dem Briefkasten gezogen hatte.

Vor ein paar Wochen war ich von meiner ersten Atlantiküberquerung zurückgekehrt. Ich war Schiffsarzt auf der Atlantic Line
von Rom nach Amerika gewesen. Ziel der Reise war Fort Lau-

derdale in Florida, Stationen dazwischen waren unter anderem Alicante, Málaga, Lissabon und die Azoren, bevor es sechs Tage lang auf See ging. Die Reise dauerte insgesamt sechzehn Tage, danach bog das Schiff nach Süden in die Karibik ab, während ich den Heimflug antrat.

Vor diesem »Crossing«, wie solch eine Fahrt in der Schiffssprache auch genannt wird, hatte ich gehörig Respekt gehabt. Warum? Weil ich an sechs Tagen als Arzt vollkommen auf mich allein gestellt war. Auf kleineren Meeren steuert das Schiff täglich die Küste an, Patienten können also, wenn es hart auf hart kommt, problemlos versorgt und in ein Krankenhaus an Land ausgeschifft werden. Außerdem kann zu jeder Zeit ein Helikopter angefordert werden, der den schwer Erkrankten einsammelt und in ein Krankenhaus bringt.

Auf offener See oder gar einem Ozean ist das anders. Bei einer Atlantiküberquerung hat das Schiff mehrere Tage lang keine Möglichkeit, einen in Lebensgefahr schwebenden Passagier an die rettende Küste zu transportieren. Für einen Hubschrauber wäre die Entfernung zu weit (und die ständige Bereitstellung des Fluggeräts auch zu teuer), und das Schiff kann selbst dann nicht schneller fahren, wenn sich der philippinische Koch Verbrennungen dritten Grades zugezogen hat. Hier lautet die Devise: beherztes Eingreifen, aber keine Schnellschüsse!

Doch diese Kaltschnäuzigkeit muss man sich als Mediziner, der ja gewohnt ist, einen Notfallpatienten aus der eigenen Praxis sofort in ein nahegelegenes Hospital zu bringen, wenn die Situation eskaliert, erst einmal aneignen. Deshalb fängt die Ausbildung zum Schiffsarzt mit den sprichwörtlichen ganz kleinen Fischen an.

Ich hatte mich im Vorfeld bei einigen meiner Kollegen, die derlei Reisen schon hinter sich gebracht hatten, erkundigt, nach ihren *worst cases* und *best practises* gefragt und war zu dem Schluss gekommen: Im Idealfall warf man die faulen Fische noch vor der Überquerung des Atlantiks über Bord, sodass man auf dem Wasser gar nicht erst in die Verlegenheit kam, eine terminale Leberzirrhose oder einen Schlaganfall behandeln zu müssen. Es war nicht so, dass ich mich vor der Überfahrt und dem damit verbundenen Risiko bei medizinischen Notfällen fürchtete. Aber ein gesundes Maß an Respekt hat noch niemandem geschadet. Bislang hatte ich eine »weiße Weste« behalten, das heißt, es war noch kein Patient in meinem Beisein an Bord gestorben. Und ich hatte nicht vor, daran etwas zu ändern – vor allem nicht bei meiner Jungfernfahrt über den großen Teich.

Zu meinem größten Bedauern hatte ich Gerdi wieder einmal nicht überreden können, mich zu begleiten. Dabei wäre sie mir wirklich eine große Stütze gewesen, in vielerlei Hinsicht. Letztlich fehlten mir jedoch die Argumente: Sechs Tage Dauerschwanken oder bei Sonnenschein im heimischen Garten die Rosen zu schneiden, ich konnte ihr die Entscheidung fürs Daheimbleiben nicht übel nehmen. Ich sollte also wirklich ganz auf mich allein gestellt sein.

Bereits am zweiten Tag der Reise, wir schipperten schnurstracks auf Alicante zu, lernte ich Frau Bechtholt, eine ehemalige Lehrerin in Pension kennen. Sie war eine der Ersten an diesem Tag, die mich in der offenen Sprechstunde im Bordhospital konsultierten, und klagte über Übelkeit und Erbrechen. Obwohl das Meer glatt und ruhig wie ein schwedischer See vor uns lag, diagnostizierte ich eine leichte Seekrankheit. Bei empfindlichen Menschen konnte die Fahrt mit drei Knoten bereits Übelkeit auslösen, auch wenn manch anderer noch nicht einmal merkte, dass das Schiff vom Pier abgelegt hatte. Daher war es vollkommen normal, dass in den ersten Stunden an Bord der ein oder andere

Passagier vorbeikam und sich sein Zäpfchen bei mir abholte. Auch Frau Bechtholt tat ich als »ganz normale« Seekrankheit ab, und da es ihr am kommenden Tag schon wieder besser ging, sah ich mich in meiner Vermutung bestätigt.

Dann jedoch, wir hatten gerade Cádiz verlassen und würden am darauffolgenden Tag in Lissabon an Land gehen, stellte sie sich mir erneut vor, diesmal mit anderen Beschwerden: Sie klagte über Krämpfe im rechten Unterbauch und erzählte mir, dass sie schon seit gestern keinen Bissen mehr hinunterbekommen habe.

Ich untersuchte das Abdomen auf Druck- und Klopfschmerzen, aber Frau Bechtholt zuckte kein einziges Mal zusammen. Die Darmgeräusche waren regelrecht, Fieber hatte sie auch nicht. Das war gut. Denn damit war die Wahrscheinlichkeit gering, dass sie einen entzündeten Blinddarm hatte. Auch die Untersuchung des Urins mittels Stix brachte kein Ergebnis. Ich tippte zu diesem Zeitpunkt auf eine leichte Darmgrippe, allenfalls mit einer diskreten Blinddarmreizung, wie in so manchen Fällen, oder auch eine atypische Gallen- oder Nierenkolik.

»Gibt es in Ihrer Familie Gallensteine?«, fragte ich, und sie nickte. »Nun, dann bleibt uns leider nichts anderes übrig, als abzuwarten. Ich spritze Ihnen ein leichtes krampflösendes Schmerzmittel, dann sollte das Problem in ein paar Stunden behoben sein.«

Tatsächlich zeigte das Medikament Wirkung, und schon am nächsten Tag sah ich Frau Bechtholt, wie sie, leicht nach vorn gebeugt zwar, aber dennoch sehr fidel, in den Reisebus einstieg, der am Pier stand und darauf wartete, die Passagiere in die portugiesische Hauptstadt zu befördern.

Einen Tag später, wir waren wieder auf See, war von der guten Laune nichts mehr zu spüren. Frau Bechtholt hatte mich in ihre Kabine kommen lassen, denn sie befürchte, dass sie Fieber habe.

»Nicht mehr als ein lächerlicher Infekt«, sagte sie und wischte sich die Schweißperlen von der Stirn.

Ich steckte ihr das Fieberthermometer ins Ohr. Tatsächlich hatte sie nur eine leicht erhöhte Temperatur.

»Haben Sie Durchfall?«

Sie schüttelte den Kopf.

Seltsam. Mir war einfach nicht klar, woran Frau Bechtholt litt. Im Geiste rekapitulierte ich die Symptome: leichte Übelkeit und Erbrechen vor beinahe einer Woche, danach kolikartige Krämpfe im rechten Unterbauch. Nun leichtes Fieber, aber keine weiteren Beschwerden.

Erneut untersuchte ich ihren Bauch. Ob es doch am Blinddarm lag? Dann wäre die Reise für die gute Frau hier zu Ende. Da gäbe es keine Zwischenlösung, ein entzündeter Blinddarm konnte Komplikationen mit sich bringen, die nur in einer Klinik an Land in den Griff zu bekommen wären … Aber nein, Frau Bechtholt reagierte beim Abtasten nicht an den Stellen, die für eine Entzündung des Wurmfortsatzes charakteristisch waren: Weder beim McBurney- noch beim Lanz-Druckpunkt oder dem Blumberg'schen Loslass-Punkt, und auch das Rovsing-Symptom war auszuschließen – ich hatte mein gesamtes Repertoire an diagnostischen Möglichkeiten abgeklappert. Keiner der Herren brachte mich in der Diagnose weiter. Da ich auf dem Schiff leider keine Laboruntersuchung vornehmen konnte, also ihr Blutbild nicht untersuchen konnte, das mir ziemlich eindeutig verraten hätte, woran Frau Bechtholt erkrankt war, musste ich mich auf die von außen sichtbaren Indizien und meine jahrelange Erfahrung berufen. Immerhin hatten wir noch einen Tag

Aufenthalt auf den Azoren, bevor es ohne einen weiteren Zwischenstopp in die »Neue Welt« ging. Bis dahin musste ich herausgefunden haben, wo der Schuh drückte.

Ich bugsierte Frau Bechtholt ins Hospital, wo das Ultraschallgerät stand. Doch sooft ich mit dem Sonographie-Kopf auch über ihren Bauch fuhr, der Appendix, dieses kleine Anhängsel des Blinddarms, der die Beschwerden womöglich verursachen konnte, war nicht zu sehen, weil er sich hinter einer Darmschlinge versteckte.

Mist. Immerhin konnte ich eine Nierenkolik ausschließen, und auch die Galle sah, bis auf ein paar kleine Steinchen, relativ normal aus. Nichtsdestotrotz war es möglich, dass sich eines dieser Steinchen vor ein paar Tagen gelöst und eine Kolik verursacht hatte.

Ich hängte Frau Bechtholt an eine Infusion und verabreichte ihr ein fiebersenkendes Mittel. Gerade bei älteren Menschen ist es wichtig, den Flüssigkeitshaushalt im Blick zu behalten, da die Herrschaften schon bei der ersten Gelegenheit das Trinken einstellen. Ein paar Milliliter Ringerlösung konnten da sicher nicht schaden.

Als wir in Horta auf den Azoren ankamen, ging es Frau Bechtholt schon sehr viel besser. Mit Engelszungen redete ich auf sie ein, dass sie den heutigen Ausflug besser ausfallen lassen sollte, und obwohl sie sich mir ansonsten als typische »Dissimulantin« präsentiert hatte, die ihr Leiden eher runterspielte als aufbauschte, konnte ich sie überreden, mit mir an Bord zu bleiben und die Azoren ein andermal zu besuchen.

Das Problem, dass Passagiere bei der Anamnese nicht so recht mit der Sprache rausrücken wollen und auch sonst alles dafür tun, um bloß nicht als krank zu gelten, war mir bereits von anderen Reisen bekannt. Aus der Angst heraus, die teure Reise abbrechen zu müssen, verschweigen sie Durchfälle und diabetische Füße, Stechen in der Brust und Taubheitsgefühle in den Armen, Schwindel, Fieber und Appetitlosigkeit. Natürlich verstehe ich die Sorge. Keiner will aus einem Urlaub, für den man womöglich lange gespart hat, verfrüht heimreisen, weil einen ausgerechnet jetzt ein Zipperlein plagt. Und ich möchte natürlich nicht derjenige sein, der den reiselustigen Gästen die schönste Zeit des Jahres versaut. Wenn es also irgendwie möglich ist, versuche ich stets, die Passagiere so weit zu stabilisieren, dass sie auf dem Schiff bleiben können, und in den seltensten Fällen ist eine Verletzung oder eine Erkrankung so schlimm, dass ich tatsächlich eine sogenannte Ausschiffung veranlassen muss.

Das kann nämlich, je nach Reiseland und Dringlichkeit, ein ziemlich teures Vergnügen werden. Wohl dem, der auslandskrankenversichert ist und den fünfstelligen Betrag nicht aus eigener Tasche zahlen muss, der in Windeseile zusammenkommt, wenn die Gelben Engel oder das Deutsche Rote Kreuz eingeschaltet werden müssen. Meine Aufgabe als Schiffsarzt ist es auch, den individuellen Krankheitsfall einzuschätzen und eine Therapie vorzuschlagen – entweder auf dem Schiff (das wird dann privat abgerechnet und kann später bei der Krankenversicherung eingereicht werden) oder eben an Land, in ganz besonderen Fällen sogar im Heimatland. Natürlich entscheide ich derlei Situationen nie allein, dennoch bin ich derjenige, welcher der Krankenversicherung, die den Einsatz zu bewilligen hat, Rede und Antwort steht und eine Empfehlung abgibt.

In Frau Bechtholts Fall war ich zwar ein wenig ratlos und blieb weiterhin skeptisch, aber ich dachte mir nicht viel dabei. Sie war auf den Beinen, die Temperatur war gesunken, und sie schwor auf die heilige Muttergottes, dass sie keine Schmerzen hatte.

Das blieb so bis zum zweiten Tag auf offener See. Dann wurde ich erneut in ihre Kabine gerufen.

»Auch auf die Gefahr, dass Sie mich gleich umbringen, Herr Doktor«, stöhnte sie ganz offensichtlich unter Schmerzen, »aber ich glaube, irgendwas ist wohl wirklich nicht in Ordnung.«

Das glaubte ich allerdings auch. Frau Bechtholt hatte hohes Fieber und starke Schmerzen, und sie krümmte sich unter den Krämpfen, die ihren Körper schüttelten. Erneut feuerte ich meine Armada von Untersuchungen auf sie ab, und diesmal reagierte sie zu meiner größten Überraschung auf nahezu alle Druckpunkte, die einen entzündeten Blinddarm anzeigten.

Na prima! Und wir waren mitten auf dem Atlantischen Ozean, Hunderte von Kilometern von jeglicher Zivilisation entfernt. Für einen Hubschrauber war die Distanz zu weit – also musste die Patientin an Bord bleiben. Und ich musste dafür sorgen, dass ihr Darm nicht perforierte, denn dann würde sie mit großer Wahrscheinlichkeit an einer Blutvergiftung sterben.

Natürlich wird nun der ein oder andere fragen: »Aber so eine kleine Blinddarm-OP ist doch ein Standard-Eingriff. Können Sie den nicht machen?«

Nein. Selbstverständlich kann ich das nicht. Zum einen ist meine Zeit in der chirurgischen Abteilung schon schlappe dreißig Jahre her. Ich habe bei Blinddarm-Operationen assistiert, sogar selbst einige entfernt – aber damals wurde ich von einem Team begleitet, in einem Krankenhaus, auf dem Festland. Ich verfügte über steriles Material, helfende Hände und den Chefarzt in unmittelbarer Nähe. Natürlich gibt es auf dem Schiff einen Raum mit einer Operationsliege – die ist aber nicht dazu da, einen Patienten für große operative Eingriffe zu lagern, sondern nur für die sogenannten »kleinen OPs« oder aber im Falle einer Wiederbelebungsmaßnahme im Hospital. Die Räume sind ja auch gar nicht steril. Mal davon abgesehen, dass ein Anästhesist, ein Chirurg und Krankenschwestern fehlen. Wenn wenigstens Gerdi bei mir wäre!

Ja, natürlich: Normalerweise muss ein entzündeter Blinddarm so schnell wie möglich operiert werden. Nur in ganz besonderen Situationen, wenn man sich zum Beispiel mitten auf dem Atlantik befindet, mehrere Tagesreisen vom Festland entfernt, ist eine Therapie mit komplettem Nahrungsverzicht, parenteraler Infusionsbehandlung und Gaben von Antibiotika unter ständiger Überwachung des Patienten ausdrücklich empfohlen. Eigentlich kurios: Wenn ich zu Hause in meiner Praxis jemanden so behandeln würde, würde ich verklagt werden und bekäme vielleicht sogar meine Approbation entzogen – kaum zu glauben, wie die äußeren Umstände so unterschiedliches medizinisches Handeln einerseits verdammen und andererseits vorschreiben.

Solange ich Frau Bechtholt mit einem starken Antibiotikum irgendwie am Leben halten konnte, war dies das Mittel der Wahl – obwohl ich wusste, dass mein Vorgehen riskant war. Gerade bei einem Appendix ist es wichtig, den Wurmfortsatz, der sich aufgrund von einer Infektion entzündet hat, möglichst früh zu entfernen. Je länger man wartet, desto größer ist die Gefahr, dass der Darm durchbricht und Kot in die Bauchhöhle eindringt. Das führt dann unweigerlich zu einer Bauchfellentzündung und mit großer Wahrscheinlichkeit zu einer Sepsis, und beides ist der Gesundheit des Patienten nicht unbedingt zuträglich.

Ich war also einem mir bekannten Problem aufgesessen, denn bei älteren Menschen verläuft eine Blinddarmentzündung im Anfangsstadium häufig ohne Schmerzen und bleibt dadurch unbemerkt, oder sie verläuft, wie in Frau Bechtholts Fall, atypisch und wird aufgrund dessen falsch diagnostiziert. Das Fehlen der Schmerzen zu Beginn der Erkrankung resultiert unter anderem aus der schlafferen Bauchdecke älterer Menschen, die auf die verschiedenen Druckpunkte nicht oder nur wenig reagiert. Deshalb ist es bei einer solchen Diagnose immer üblich, den Patienten so schnell wie möglich zu operieren, oft sogar schon nach dem Auftreten der ersten Symptome.

Für Frau Bechtholt und mich begannen einige sehr intensive und anstrengende Tage. Ich entzog ihr jegliche Nahrung, um den Darmabschnitt nicht noch mehr zu reizen, verordnete strenge Bettruhe, verabreichte ihr Infusionen und gleich zwei sich ergänzende Antibiotika sowie ein fieber- und schmerzensenkendes Mittel, in der Hoffnung, die Entzündung eindämmen oder zumindest den Status quo erhalten zu können, bis wir in Florida ankamen. Der Kapitän war über die Situation informiert und stellte einen Kabinensteward eigens für die Bewachung der Patientin ab. Nicht, weil er befürchtete, sie könnte die Kabine verlassen und auf dem Deck rumspazieren (dazu war Frau Bechtholt gar nicht mehr in der Lage), sondern weil es ja auch noch ein paar andere Passagiere gab, die von mir behandelt werden wollten.

Doch in Gedanken war ich die ganze Zeit bei Frau Bechtholt. Ich ärgerte mich über mich selbst, dass ich die Zeichen nicht rechtzeitig erkannt beziehungsweise falsch oder verspätet gedeutet hatte. Und ja, ich gebe es zu, ich verfluchte auch ein wenig die Patientin, die ihre nun wirklich lebensbedrohliche Krankheit verharmlost hatte. Nun hatten wir den Salat, und ich betete, dass ich Frau Bechtholt heil übers Wasser bringen würde.

Glücklicherweise erhörte irgendjemand da oben, an den ich eigentlich gar nicht glaube, meine stillen Gebete. Als wir sechs

Tage nach unserem letzten Zwischenstopp auf den Azoren das amerikanische Festland betraten, war bereits alles organisiert. Ich hatte eine Klinik vor Ort über den Fall informiert, und noch bevor ein Passagier einen Fuß an Land setzte, wurde Frau Bechtholt in einen Rettungswagen verfrachtet und mit Blaulicht ins Krankenhaus gefahren.

Bei unserer Verabschiedung auf der notfallchirurgischen Station blickte sie mich lange an. »Herr Doktor«, sagte sie, »ich werde mich bei Ihnen melden und Ihnen sagen, wie es mit mir ausgegangen ist.«

Es war ein riskantes Spiel, aber Sie haben mir geholfen, es zu gewinnen. Ich bin Ihnen sehr, sehr dankbar dafür. Sie haben alles richtig gemacht, und Ihre antibiotische Therapie hat mich wenigstens noch heil ins Krankenhaus zur Not-Operation gebracht. Es war knapp, aber es hat geklappt.

Lieber Herr. Wittmann, wie geht es Ihnen? Ich hoffe, Ihre anderen Fälle sind unkomplizierter und bringen Sie nicht so in die Bredouille wie mein Dickkopf. Es wäre schön, wenn wir uns noch einmal begegneten – vielleicht nächstes Jahr auf der Ostsee? Ich bringe auch garantiert keinen »blinden Passagier« mehr mit!

Der Fisch fängt am Kopf zu stinken an

In der Karibik sorgt Ciguatera für Randale unter der Besatzung

Die Karibik gilt seit jeher als das gelobte Land für Strandliebhaber, Sandburgenbauer und Sonnenanbeter. Obwohl ich zu keiner der drei Kategorien gehöre, hatte ich mich für eine Fahrt von Barbados nach Antigua, Dominica, St. Maarten und Tortola bis nach La Romana in der Dominikanischen Republik beworben. Und in den ersten Tagen meiner Anwesenheit an Bord der MS Santander hatte ich genau das bekommen, was mir im Katalog versprochen worden war: schneeweiße Strände, türkisfarbenes Wasser und bonbonfarbene Dörfer im Kolonialstil.

Für das Inselhopping von Süden nach Norden hatten sich etwa achthundert Menschen begeistern können, die auf dem Ozeanriesen in hochklassig ausgestatteten Kabinen untergekommen waren. Die MS Santander verfügte über ein gewaltiges Pooldeck mit zahllosen Liegestühlen, Hängematten und Sonnenschirmen, und der Service an Bord war erstklassig. Auch die Küche bot wahre Gaumenfreuden. Jeden Abend fuhren die Köche eine wahre Flut an Leckereien auf, die typisch »kreuzfahrermäßig« inszeniert wurden, wie Gerdi gesagt hätte, die in der

Zwischenzeit lieber die Schlangenkürbisse im heimischen Gemüsebeet domestizierte. Es gab aus Eisblöcken gehauene Schwäne, einen Meter hohe Fruchtpyramiden, mehrstöckige Torten und geradezu absurd detailverliebte Melonenschnitzereien. Alles in allem war es so, wie fast überall am Büfett eines Kreuzfahrtschiffes, das etwas auf sich hält: Es gab von allem zu viel, und das auch noch im Überfluss.

Das freute vor allem einen alten Bekannten, der vollkommen überraschend am ersten Tag der Reise in das Hospital geschneit war. »Na, Fritz, alte Hütte?«, hatte er gebrummt, dann war mir der Berg von einem Mann, den Gerdi und ich auf der Fahrt zum Nordkap hinauf kennengelernt hatten und der sich immer mal wieder per E-Mail bei uns meldete, um den Hals gefallen.

»Hajo? Was machst du denn hier?«

»Was denkst du wohl? Urlaub. Als ich gesehen habe, dass du mit von der Partie bist, hab ich gedacht, ich schau mal vorbei. Wie sieht es aus, essen wir nachher zusammen?«

»Aber natürlich, sehr gern. Reist du wieder allein?«

Er nickte. »Wie du.«

»Ich aber nicht freiwillig«, seufzte ich.

»Ich bin auch nicht aus freien Stücken solo«, sagte Hajo. »Vielleicht finde ich ja eine nette Dame, die mir die Zeit an Bord ein bisschen versüßt.« Er hob vielsagend die Augenbrauen und grinste schelmisch.

»Du? Der ewige Junggeselle?« Das waren ja ganz neue Töne.

»Ach, weißt du«, er lachte so laut, dass die Vitrine schepperte, »auf Dauer ist es an Bord doch ein bisschen langweilig, wenn man nicht ständig dem Schiffsarzt bei seinen abenteuerlichen Einsätzen assistiert.«

Für mich gab es in den ersten Tagen nicht viel zu tun, von ein paar Verbrennungen durch die ungewohnte UV-Strahlung und Sonnenstichen mal abgesehen. Den Passagieren ging es hervorragend, das konnte man spüren, und wieder einmal stellte ich fest, wie gut die Sonne dem menschlichen Organismus tut. Schon nach wenigen Tagen war der Jetlag von der Reise vergessen, ich sah weiße Haut vorsichtig erröten und mehr Sonnenhüte und Hawaiihemden, als ich zählen konnte.

Doch die Crew machte mir Kummer. Einen Tag nach unserem Aufenthalt in Roseau auf der wunderschönen Insel Dominica kamen die ersten beiden Besatzungsmitglieder in mein Hospital. Mit den Leuten aus der Küche kam ich außer bei Notfallübungen normalerweise selten in Kontakt, und wenn doch, dann hatte ein scharfes Messer meist eine tragende Rolle bei der sich anschließenden Tragödie gespielt. Die zwei schmächtigen Filipinos, die sich an diesem Vormittag auf den Stühlen im Wartebereich krümmten, bluteten nirgends. Vielmehr klagten sie über Übelkeit, Erbrechen und starke Magenbeschwerden. Da ich weder des Filipino noch der einhunderteinundsiebzig anderen Sprachen, die in diesem entlegenen Winkel der Welt gesprochen werden, mächtig war, und die Smutjes in etwa so gut Englisch sprachen wie ich Kisuaheli, verständigten wir uns notgedrungen mit Händen und Füßen.

Dabei erfuhr ich, dass sie nichts Außergewöhnliches gegessen hatten, vor allem keine verdorbenen Lebensmittel. Das war an Bord auch fast nicht möglich, da hier sehr strenge Auflagen herrschten, was die Lagerung und den Verzehr von Nahrungsmitteln anging.

Nun denn. Ein Magen-Darm-Infekt. Konnte vorkommen, sogar in der Karibik. Ich verabreichte beiden etwas gegen das Erbrechen und die Schmerzen und entließ sie in ihre Kabinen.

»Na, was macht die Suche nach Mrs. Right? Schon jemanden ins Auge gefasst?«

Hajo, der an der Reling lehnte und die Aussicht genoss, zog einen Schmollmund und winkte ab. »Bleib mir bloß weg mit den alten Schachteln. Es ist zum Verrücktwerden! Die, die mir gefallen, sind zwanzig Jahre zu jung. Die, denen ich gefalle, sind zwanzig Jahre zu alt.«

Ich lachte. »Tja, Hajo. Wieso suchst du dir nicht eine Gleichaltrige?«

Er riss die Augen auf. »Sechzig plus? Bist du irre? Dann lieber ledig bis ins Grab!«

»Ich wüsste da jemanden.«

»Du?« Hajo sah mich mit großen Augen an. »Geh lieber deiner ominösen Magenerkrankung auf den Grund, Doc, und lass die Finger von Dingen, von denen du keine Ahnung hast!«

Einen Teufel würde ich tun. Gerade hatte ich die Idee gehabt, eine geradezu brillante Idee. Jeden Nachmittag spielte ich mit drei sehr aufgeweckten Ladys eine Partie Bridge. Seit ein paar Jahren war ich leidenschaftlicher Zocker. Meine Frau, die etwa eine Dekade vor mir mit diesem großartigen Zeitvertreib begonnen hatte, hatte mich einst angesteckt, und seitdem brannte ich lichterloh für das Spiel. Sie denken bei Bridge an langweilige Teegesellschaften bei britischer Zugeknöpftheit? Ein Irrtum. Bridge ist das mit Abstand spannendste Spiel, das ich kenne. Immer, wenn ich auf ein Schiff komme, mache ich gleich am ersten Tag einen Aushang am Schwarzen Brett: Bridge-Partner gesucht! Und bei jeder Fahrt finden sich garantiert vier Leute, mit denen man sich die Nachmittage auf See vertreiben kann.

Eine dieser Personen, die ich auf der Reise so kennengelernt hatte, war Annelis. Sie war für die Dauer unserer gemeinsamen Fahrt meine Bridge-Partnerin. Wir harmonierten gut, weil ich stets riskant spielte und sie gern auf Nummer sicher ging. Sie war wie Hajo in den Sechzigern, von warmherzigem und freundlichem Wesen und hatte sich für ihr Alter wirklich sehr gut gehalten. Die immer noch blonden Haare trug sie schulterlang und offen, und sie war stets sehr elegant gekleidet, nicht in den gedeckten Rentnerfarben, wie es einige ihrer Altersgenossen taten. Bei nächster Gelegenheit würde ich ihr einmal Hajo vorstellen. Wäre doch gelacht, wenn wir den nicht auch noch unter die Haube bringen würden.

Am Nachmittag saßen drei weitere Crewmitglieder im Hospital, einer aus der Küche, einer aus dem Service und ein Kabinensteward. Sie zeigten dieselben Symptome wie die beiden Kollegen, die sich mir am Vormittag vorgestellt hatten, allerdings berichteten sie auch von diffusen Beschwerden auf der Haut und einem tauben Gefühl im Mundraum. Sie fühlten sich schwach, und der vietnamesische Steward, der am besten von allen Englisch sprach, erzählte von einer ganz kuriosen Sache: Als er am Morgen an Deck gestanden und die kühle Brise ihn gestreift hatte, habe sich das glühend heiß auf seiner Haut angefühlt. Umgekehrt habe die Sonne, die vorhin auf ihn geschienen hatte, Kälteschauer über seinen Körper jagen lassen. Solch widersprüchliche Sensibilitätsstörungen kannte ich ansonsten nur von Fieberpatienten. Doch keiner der Erkrankten hatte auch nur ansatzweise erhöhte Temperatur.

Seltsam. Ich durchforstete zuerst mein Gedächtnis, dann einige der im Hospital herumstehenden medizinischen Wälzer, aber ich konnte keine Krankheit finden, die auf die beschriebenen Symptome passte. Nicht mal eine exotische. Nicht mal eine, die ich nicht kannte!

Am Abend hatten sich noch zwei weitere Crewmitglieder mit

denselben Beschwerden eingefunden, mittlerweile hatte ich sieben Mitglieder der Besatzung krankschreiben und unter ständige Beobachtung stellen müssen.

Ich zerbrach mir den Kopf darüber, was die Erkrankung auslösen mochte. Die ganz normale Magen-Darm-Infektion war das aufgrund der seltsamen geschilderten Sensibilitätsstörungen nicht, außerdem hätten sich dann garantiert auch Paxe angesteckt – immerhin war die Mehrzahl der bislang Erkrankten in der Küche tätig, und die Stewards hatten regelmäßig Kontakt zu den Gästen. Bis zum nächsten Morgen hatte sich aber kein einziger Passagier mit vergleichbaren Beschwerden bei mir gemeldet.

Ich berichtete die mysteriösen Vorkommnisse dem Kapitän. Gemeinsam gingen wir die verschiedenen Möglichkeiten durch.

»Es muss etwas mit dem Essen der Crew zu tun haben«, gab er zu bedenken. »Denn die Passagiere sind nicht betroffen, und bei einer klassischen Infektion wären sie angesteckt worden. Richtig?«

Ich nickte. »Ja. Aber wieso sind dann nicht alle Besatzungsmitglieder krank, sondern nur ein paar?«

Er zuckte mit den Schultern. »Keine Ahnung.«

»Kriegen alle dasselbe Essen in der Crew-Messe?«

»Ja.«

»Dann müssten auch alle krank sein. Wer isst dort?«

»Alle Offiziere, die Jungs aus dem Maschinenraum, das Servicepersonal, die Küchencrew … na ja, eigentlich die komplette Mannschaft.«

»Aber es ist niemand aus dem Offiziersstab erkrankt.«

»Nicht dass ich wüsste.«

Das war in der Tat seltsam. Denn wenn es um das Personalessen ging, waren wirklich alle gleich, da gab es keine Extrawürste, auch nicht für die mit ein paar mehr Streifen am Hemd.

»Beim ersten Bord waren wir gut, aber danach haben wir versagt«, meinte Annelis fachmännisch.

Wir hatten gerade mit zwei Mitstreitern eine Partie Bridge gespielt und analysierten, wie üblich bei diesem Spiel, unsere Züge.

»Du reizt immer zu stark«, mahnte sie.

»Das musst du gerade sagen!« Ich schüttelte in gespielter Empörung den Kopf. »Den armen Hajo hast du in nur wenigen Tagen total um den Verstand gebracht.«

Ich hatte die beiden kurz nach meinem Entschluss, sie miteinander bekannt zu machen, auf einem Landausflug zu einer Papageienfarm einander vorgestellt und unauffällig dafür gesorgt, dass sie am Abend am selben Tisch saßen. Dabei war mir schnell aufgefallen, dass mein Plan offenbar Früchte trug, denn Hajo gab sich große Mühe, der eher zurückhaltenden Annelis zu gefallen. Die wiederum ließ sich aber nicht anmerken, ob ihr Hajos Balztanz zusagte.

»Hast du etwas damit zu tun?«, fragte sie, und ihre Augen verwandelten sich in zwei schmale Schlitze.

»Ich? Nein! Keinesfalls. Nein, nein, auf gar keinen Fall.« Ich hob abwehrend die Hände und hoffte, sie würde nicht bemerken, was für ein schlechter Lügner ich war.

»Gut, das fände ich nämlich gar nicht witzig. Ich bin alt genug, um mir meine Männer selbst auszusuchen.«

»Da würde ich mich niemals einmischen.« Ich schüttelte entschieden den Kopf. »Und dazu braucht es mich auch nicht. Hajo findet dich auch ganz ohne mein Mitwirken … reizend.«

Nun lächelte sie wissend. »Man muss eben wissen, wie es geht.«

»Was denn?«

»Das Reizen.«

Sprach sie nun wieder vom Spiel oder noch von Hajo?

»Also hast du gemerkt, dass er sich ein bisschen in dich verguckt hat?«

»Natürlich. Der Mann trägt sein Herz auf der Zunge, wie könnte einem das entgehen?« Sie machte ein unschuldiges Gesicht.

»Na, und? Wie schaut's bei dir aus?«, drängelte ich.

Annelis beugte sich vor. »Mein lieber Fritz. Ich bin dreiundsechzig Jahre alt und habe eine Menge erlebt. Unter anderem eine Ehe. Wenn du meinst, ich wüsste nicht, wie dieser Mann tickt, dann hast du dich aber gewaltig geschnitten. Ich weiß genau, wie der Hase läuft. Dein guter Freund Hajo ist ein Eroberer. Wenn ich es ihm zu leicht mache, wird er das Interesse an mir verlieren.«

Ich war beeindruckt. »Meinst du?«

»Aber ja. Deswegen werde ich ihn auf kleiner Flamme köcheln lassen, bis er mir vor Sehnsucht in die Arme fällt.«

Am fünften Tag unserer Reise wurde ich langsam nervös – nein, nicht wegen Hajo und Annelis, es fielen immer mehr Crewmitglieder aus. Inzwischen waren bereits ein gutes Dutzend erkrankt. Wir lagen vor St. Maarten, der Insel, die von Christoph Kolumbus am Martinstag im Jahr 1493 persönlich entdeckt wurde und auf der es eine unfassbare Vielfalt von Schmetterlingen zu bewundern gibt. In der Zwischenzeit hatte ich mehrere unangekündigte Kontrollgänge in den Küchen gemacht, insbesondere in denen für die Crew gekocht wurde, aber alle verderblichen Nahrungsmittel waren vorbildlich gelagert. Nichts deutete auf eine Lebensmittelvergiftung hin. Oder war die befallene verdorbene Ware schon von Bord geschafft worden?

Was mir in den ersten Tagen in der Tat seltsam vorkam: Immer, wenn ich eines der erkrankten Crewmitglieder befragte,

kippte die Stimmung plötzlich um. Ich beobachtete niederge-
schlagene Augen, betretenes Schweigen und bemühtes Kopfschütteln, und so langsam, aber sicher beschlich mich der Verdacht, dass die Jungs irgendwas zu verheimlichen hatten.

Aber was?

Es wollte mir einfach nicht gelingen, der Sache auf den
Grund zu gehen. Also loggte ich mich, kaum dass wir im Hafen von St. Maarten vor Anker lagen, in das WLAN des Hafens
ein und begann mit meiner Recherche. Nicht auf jedem Schiff
habe ich frei verfügbaren Internetzugang, denn die übliche Ver-
bindung über Satellit ist oft langsam und ziemlich teuer. So ist es
mir in seltenen Fällen, zwar auch auf See erlaubt, mit den Hafenbehörden zu kommunizieren, zum Beispiel, um Medikamente zu
bestellen oder einen besonderen Krankheitsfall anzukündigen,
aber private E-Mails an die Daheimgebliebenen kann ich unter
diesen Umständen nur selten schreiben.

Was meine lieben Damen zu Hause aber nicht allzu sehr
grämt – wer hat schon Lust, jede Woche zahllose Berichte von
Urlaubserlebnissen zu bekommen, während man selbst im Alltag festhängt? Ich beschränke mich in meiner Kommunikation
daher immer nur auf das Nötigste, oder eben die besonders span-
nenden Begebenheiten. Nun gut, manchmal melde ich mich
auch, weil mir langweilig ist oder ich sie wissen lassen möchte,
dass sie mir fehlen. Mittlerweile fahre ich bis zu vier Monate im
Jahr zur See. Da hat es meine Familie gelernt, ohne mich klar-
zukommen. Eine Vorbereitung für den Ernstfall, wie meine älteste Tochter Carolin manchmal spitzzüngig behauptet. Ihr fre-
ches Mundwerk kann sie nur von Gerdi haben.

Ich klickte mich durch das Netz, recherchierte auf verschiedenen medizinischen Seiten, doch ich fand nichts, zumindest keine
Diagnose, die mir weitergeholfen hätte.

Würde mir also nichts anderes übrigbleiben, als nur die Symptome zu kurieren? Immerhin, den ersten Crewmitgliedern, die von mir behandelt wurden, schien es nach mehreren Infusionen mit Elektrolytlösungen langsam besser zu gehen. Die neurologischen Beschwerden bildeten sich nach und nach zurück, und nach einigen Tagen kamen die Ersten wieder auf die Beine.

Dennoch: Mein kriminalistischer Spürsinn war geweckt. Ich wollte herausfinden, was die Crew vor mir verbarg.

Mein nächster Gang führte mich ins Büro des Hafenmeisters. Von dort aus rief ich beim seeärztlichen Dienst in Hamburg an und schilderte dem diensthabenden Kollegen den Fall. Doch auch er war überfragt, versprach mir aber, sich beim Tropeninstitut nach einer Erkrankung dieses Formats zu erkundigen.

Frustriert kehrte ich an Bord zurück und lief direkt in die Arme eines der auf dem Schiff tätigen Lektoren. Auf jeder Reise gibt es sogenannte Bordlektoren, das sind Experten oder Fachleute in einem besonderen Gebiet. Geht die Fahrt zum Beispiel in Richtung Norden, nach Island, in die Arktis oder die norwegische Küste hinauf, werden häufig Schiffslektoren eingeladen, die zu einem geografischen, biologischen oder kulturellen Thema, das zur Reise passt, etwas sagen können: Glaziologen, Biologen, Geophysiker. Und natürlich auch der ein oder andere Experte der skandinavischen Kultur. Wenn es in Richtung griechische Peleponnes geht, werden Archäologen und Experten für europäische Kunst eingeladen. Und mindestens ein Meeresforscher ist dabei, wenn die Azoren angesteuert werden. Die Aufgabe der Bordlektoren ist es, Lesungen, Vorträge und informative Veranstaltungen für die Passagiere anzubieten, um die eher langweiligen Tage auf See und die eingestreuten Landgänge möglichst abwechslungsreich zu gestalten.

Wir hatten Heribert Mautzenbacher dabei, einen Doktor

der Biologie, der jahrzehntelang die Unterwasserwelt der Karibik und Südsee untersucht hatte. Wie er da so an der Reling stand, in seinem sandfarbenen zerknitterten Leinenanzug, mit der Fliege um den Hals und dem Panamahut auf dem Kopf, sah er aus wie ein Forschungsreisender der ganz alten Schule. Man meinte fast, dass er jeden Moment ein antikes Fernrohr aus einem alten Lederkoffer ziehen müsste.

»Ich hab gehört, es gibt einige merkwürdige Krankheitsfälle unter der Besatzung«, raunte er mir zu.

Na wunderbar. Wenn Mautzenbacher Bescheid wusste, waren die Passagiere sicher auch schon informiert und rannten mir vermutlich in heller Panik die Hospitaltüren ein.

»Was wird denn erzählt?«

»Magen-Darm-Beschwerden. Erbrechen, Übelkeit. Durchfall und ganz seltsame, unerklärliche neurologische Störungen.«

»Hmhm.« Ich nickte.

»Haben Sie an eine Lebensmittelvergiftung gedacht?«

»Natürlich. Aber wir haben keine verdorbenen Nahrungsmittel finden können. Und wie Sie wissen, sind die Auflagen an Bord sehr streng. Täglich werden die Kühlhäuser kontrolliert. Und spätestens im Hafen wuseln die Kerle vom hafenärztlichen Dienst überall rum.«

»Eine Infektion können Sie ausschließen?«, fragte Mautzenbacher.

Ich nickte wieder.

»Nun, dann bleibt eigentlich nur noch Ciguatera.«

»Bitte was?« Ich kramte in meinem Gedächtnis, doch davon hatte ich noch nie etwas gehört. »Und was soll das sein?«

Der Biologe lächelte. »Sie hätten zu einem meiner ersten Vorträge dieser Reise kommen sollen, Doc, so hätten Sie das Problem gleich lösen können.« Dann setzte er sein Oberlehrergesicht auf und begann mit seinem kleinen Referat. »Sicher sind Ihnen eine Reihe von Fischvergiftungen bekannt. Da gibt es zunächst einmal diejenigen, die durch verdorbenen Fisch entstehen. Bei unsachgemäßer Lagerung oder mangelnder Hygiene lagern sich Bakterien und Viren im Gewebe ab und führen nach dem Verzehr zu Magen-Darm-Beschwerden. Eine unschöne Sache, ohne Frage. Aber wie Sie schon sagen, sehr unwahrscheinlich auf einem Schiff, auf dem alle paar Stunden die mitgeführten Lebensmittel kontrolliert werden.«

Na gut. So weit war ich auch schon gekommen. Ich gab ihm mit einer ungeduldigen Geste zu verstehen, dass er fortfahren möge.

»Davon zu unterscheiden ist die aktive Fischvergiftung, bei der ein Fisch die Vergiftung aktiv herbeiführt. Zu den bekanntesten Vertretern dieser Art gehört zum Beispiel der Stachelrochen, der sein Gift durch einen Stich mit seinem Stachel in den menschlichen Körper befördert. Auch diese Form der Vergiftung dürfte Ihnen bekannt sein. Aber haben Sie schon einmal von einer passiven Fischvergiftung gehört?«

Ich schüttelte den Kopf.

»Nun denn, lassen Sie mich ein wenig ausholen.« Er blickte hinaus auf die offene See. »Vor dieser beschaulichen kleinen Insel gibt es jede Menge Korallenriffe. In der ganzen Karibik ist das so, aber auch im Indischen und im Pazifischen Ozean. Auf den Korallen leben Algen, und auf ihnen bestimmte winzige Lebewesen, die auf den hübschen Namen Dinoflagellaten hören. Sie bilden eine Reihe von Toxinen, also Gifte, die jedoch nicht auf jeden Organismus einwirken. Diesen kleinen bunten Fischchen, die die Algen und damit die Dinoflagellaten essen, zum Beispiel, schaden sie nicht. Doktor- oder Papageienfische etwa nehmen das Gift zwar auf, erkranken jedoch nicht daran.«

Ich hörte Mautzenbacher aufmerksam zu. Bislang hatte ich ihm folgen können, auch wenn ich immer noch nicht kapierte, worauf er hinauswollte.

»Und Sie meinen, die Crew hat von den Algen gegessen?«

Er winkte hektisch ab. »Nein, nein, nein, Doc, Sie sind zu ungeduldig. Nun lassen Sie mir doch den kleinen Spaß. Normalerweise hört mir niemand außer den Passagieren zu. Wenn ich nun einmal was für den Offiziersstab tun kann, hat das natürlich seinen Preis.«

Mautzenbacher lächelte breit, und ich seufzte.

Also schön. Dann eben warten.

»Doktorfische sind die Lieblingsspeise von Raubfischen, zum Beispiel Muränen, Barrakudas, Snapper und verschiedenen Barscharten, auch vom Zackenbarsch. Die verleiben sich die kleinen Fische ein und lagern das Gift der Alge im eigenen Gewebe ein. Auch für sie ist das Toxin nicht schädlich.«

Langsam dämmerte es mir. Ach du lieber Himmel!

»Grundsätzlich gilt: Je größer der Fisch, desto schlimmer die Kontaminierung und mögliche Vergiftung beim späteren Verzehr«, fuhr Mautzenbacher fort. »Und im Gegensatz zu allen anderen Lebewesen, die an dieser weitreichenden Nahrungskette teilnehmen, ist das letzte Glied in der Kette, der Mensch, der den großen Fang aus dem Wasser zieht, nicht vor dem Nervengift gefeit.«

Ich war baff. »Heiliger Strohsack! Aber wie kam der vergiftete Fisch an Bord? Wieso hat das niemand gemerkt?«

»Nun, weil man es den Fischen nicht ansieht, ob sie kontaminiert sind oder nicht. Außerdem ist das Gift hitzebeständig. Man kann die Tiere also so lange braten und dünsten, wie man will, das Fleisch bleibt für den Menschen toxisch. Und der Verzehr führt automatisch zur Ciguatera-Fischvergiftung.«

Das war in der Tat eine Sensation. Es handelte sich also, wie vermutet, um keine Infektion, sondern eine Intoxikation, die allerdings so exotisch war, dass ich tatsächlich noch nie von ihr gehört hatte.

»Wie ist die Crew an den Fisch gekommen?«

Mautzenbacher lächelte erneut. »Nun, das müssen Sie die Patienten selbst fragen.«

Ich drückte ihm dankbar die Hand, dann machte ich mich auf zu den Kabinen im unteren Deck, wo die Besatzung in der Regel unterkam. Ich schnappte mir einen von den Erkrankten, dem es besonders schlecht ergangen war, der sich jetzt jedoch wieder auf dem Weg der Besserung befand und außerdem ein ganz passables Englisch sprach, und nahm ihn ins Kreuzverhör. Nach zwanzig Minuten brach er ein und erzählte mir unter Tränen, dass ein Teil der Crew vor einigen Tagen, als die MS Santander vor Dominica geankert hatte, Landgang gehabt hatte. Eine etwa ein Dutzend große Gruppe, bestehend aus einigen Männern aus der Küche, zwei Stewards und drei Kellnern aus dem Restaurant, habe sich ein Boot gemietet und sei damit aufs Meer gefahren. Mithilfe einer Angel, die eines der Gruppenmitglieder dabeigehabt hatte, habe man einen beinahe zwölf Kilo schweren Zackenbarsch gefangen, den man anschließend in Eigenregie am Strand zubereitet und gegrillt habe. Seitdem wären alle, die an dem kleinen Ausflug teilgenommen hatten, an den Magen-Darm-Beschwerden und den seltsamen Gefühlsstörungen erkrankt, aber sie hätten sich nicht getraut, mir die Wahrheit zu sagen. Sie wussten, dass ich dem Kapitän Bericht erstatten musste.

Nachdem ich dem Filipino ordentlich den Kopf gewaschen hatte, eilte ich zurück ins Hospital und recherchierte im Netz nach der Ciguatera-Fischvergiftung. Da ich bei meinen vorangegangenen

Studien nie eine Fischvergiftung in Betracht gezogen hatte, war ich nicht darauf gestoßen. Ich erfuhr, dass es kein Gegengift gab, sondern dass dem behandelnden Arzt nur noch blieb, die Symptome der Krankheit zu lindern, bevorzugt mit sehr viel Flüssigkeit und der Zugabe von Elektrolyten. Es wurde jedoch geraten, den Betroffenen Mannit-Infusionen zu verabreichen, einen Zuckeralkohol, der die Urinausscheidung und somit die Entgiftung ankurbelte. Da wir glücklicherweise noch ein paar Stunden vor Anker lagen, klapperte ich die umliegenden Apotheken von Roseau ab und kaufte den Mannit-Vorrat der Insel vermutlich auf.

Dann marschierte ich zur MS Santander zurück und mixte im Hospital einige Cocktails der ganz besonderen Art zusammen. Nacheinander ließ ich die Erkrankten antreten und verabreichte ihnen nach und nach ihre Infusion. So konnte ich zumindest die Symptome lindern, und Gott sei Dank hatte ich im Internet auch gelesen, dass eine Ciguatera-Fischvergiftung binnen einiger Wochen meist wieder vollständig aus dem Körper des Betroffenen verschwand. Wenigstens würde es keine Folgeschäden nach sich ziehen.

Da ich in La Romana in der Dominikanischen Republik von Bord gehen würde, teilte ich dem Kapitän mit, was ich mithilfe des pfiffigen Bordlektors herausgefunden hatte, und hinterließ der mir nachfolgenden Kollegin einen Eintrag im Hospital-Buch, einem Dokument, in dem wir die wichtigsten Vorkommnisse und medizinischen Begebenheiten festhalten, um gegebenenfalls Muster zu erkennen oder auf frühere Fälle verweisen zu können.

Der Kapitän ließ Milde walten, als er von dem Grund der Vergiftung hörte, erließ jedoch am selben Tag noch ein Dekret, in dem er die Zubereitung und das Verspeisen von selbst gefangenem Fisch aufs Strengste untersagte.

»Ich denke, die Jungs haben genug unter ihrer Dummheit gelitten«, sagte er und grinste. »Da muss ich mir gar keine härtere Strafe mehr ausdenken.«

»Und das war also die Geschichte von dem kleinen Geißeltierchen *Gambierdiscus toxicus*, das wie durch Zauberhand die Hälfte der Küchencrew lahmgelegt hat«, sagte Heribert Mautzenbacher und faltete zufrieden seine Serviette zusammen.

»Großartig!«, rief Annelis begeistert und applaudierte. »Was Sie alles wissen, Herr Dr. Mautzenbacher.« Sie seufzte und strahlte ihn aus ihren meerblauen Augen verzückt an.

Genauso hätte sie eigentlich meinen Freund Hajo anblicken sollen. Doch den hatte sie im Eifer des Gefechts, oder eher: im Laufe des biologischen Thrillers vom Fressen und Gefressenwerden anscheinend vollkommen vergessen. Zumindest wollte sie uns das glauben machen.

Und ihr Plan schien aufzugehen, denn Hajo trug eine Sauertopfmiene zur Schau, wie es nur verschmähte Wikinger zustande brachten. »Von wegen, du weißt da jemanden für mich. Wenn du als Arzt genauso danebenliegst wie als Kuppler, dann gute Nacht!«

Ich sah in Annelis' Richtung. Sie zwinkerte mir unmerklich zu.

Ein fantastisches Abenteuer

Auf dem Weg nach Kanada treibt eine
falsche Schwester ihr Unwesen

Dass man an Bord eines Kreuzfahrtschiffes auf die ein oder andere merkwürdige Gestalt trifft, versteht sich fast von selbst. Ein Kapitän, bei dem ich anheuerte, erzählte mir, dass er ein paar Jahre zuvor einen U-Boot-Offizier im Ruhestand als Passagier an Bord gehabt habe. Der Mann schien noch von der ganz alten Schule zu sein, denn er trug an jedem Tag der dreiwöchigen Reise einen ordentlichen zweireihigen Anzug aus grobem marineblauem Zwirn mit akkurater Bügelfalte in der Hose. Vervollständigt wurde sein Outfit durch einen Spazierstock aus Eberesche, auf den er sich beim Gehen stützte, und eine schmale dunkelbraune Ledertasche.

An den ersten beiden Tagen wurde unter der Besatzung gerätselt, warum der beinahe Achtzigjährige die Aktentasche spazieren trug. Vermutlich verstaute er darin keine wichtigen Unterlagen – er war ja im Urlaub und schon lange berentet – und wohl auch keine geheimen Dokumente aus einer Zeit, in der Kriege noch unter dem Meeresspiegel entschieden wurden. Aber zu welchem Zweck schleppte er das Ding mit sich herum? Wozu das Ganze? Bloß aus Gründen der Ästhetik? Gehörte in seinen Augen ein

Aktenkoffer zu einem angezogenen Erscheinungsbild? Oder verbarg er darin ein persönliches Erinnerungsstück? Vielleicht sein ganzes Geld? Niemand fand eine Antwort, die die Fragen verstummen ließ.

Drei Tage nach Abfahrt aus dem Heimathafen konnte schließlich das Zimmermädchen die Lösung des Rätsels liefern. Die Aktentasche lege der alte Herr nämlich auch dann nicht aus der Hand, wenn die Cabin Crew zum Säubern des Zimmers in die Kabine kam. Stattdessen gebe er jedem der vorbeiwuselnden Mädchen mit der Tasche einen leichten Klaps auf den Hintern, quasi als verlängerter Arm.

Seit diesem Tag wurde die Aktentasche von allen Beteiligten nur noch »die Hand Gottes« genannt und milde belächelt. Selbst wenn es in Zeiten von Feminismus-Debatten im Internet sicher nicht mehr als politisch korrekt bezeichnet werden dürfte, sich über diese kleine Anekdote zu amüsieren.

Was sich in der Tasche befand, hat nie jemand herausgefunden. Vermutlich nicht viel außer jeder Menge heißer Luft.

Während Passagiere nach ein paar Wochen meistens wieder das Schiff verlassen und damit, so seltsam sie auch sein mögen, aus dem Dunstkreis der Crew verschwinden, hat man doch ein handfestes Problem, wenn einer aus der Besatzung irgendwie eine Schiffsschraube locker hat. Denn man muss ja mit ihnen klarkommen, mit den lieben Kollegen. Dass man sich auf einem Schiff so gut wie nicht aus dem Weg gehen kann, macht die Situation nicht unbedingt besser.

Ich selbst bin auch einmal in den fragwürdigen Genuss eines solchen Spinners gekommen. Bei meiner Einschiffung in Bremerhaven wurde mir Conny Breitling vorgestellt, eine große Frau in den Vierzigern, die ein stattliches Gewicht von etwa zwei

Zentnern an Bord brachte – allerdings nicht in Koffern. Sie war laut Personalbogen gelernte Krankenschwester, und wir würden knapp sieben Wochen im Hospital miteinander arbeiten, deswegen stellte ich mich ihr am ersten Tag sehr freundlich vor und äußerte meine Freude darüber, bald mit ihr zusammen im Hospital zu praktizieren.

Conny Breitling schien davon vollkommen unbeeindruckt. Mürrisch, beinahe schon griesgrämig, blickte sie durch mich hindurch.

»Wohl eine schlechte Anreise gehabt?«, raunte mir der Hotelmanager zu, der neben mir an der Rezeption stand, um die Gäste zu begrüßen, als Conny weggeschlurft war.

Nun denn. Nicht jedem war ein sonniges Gemüt vergönnt. Und solange sie ihre Arbeit tat, konnte ich darüber hinwegsehen, wenn sie kein Sympathieträger war.

In den ersten Tagen sah es so aus, als hätte ich mit meiner ersten Einschätzung recht gehabt. Conny war nicht unbedingt die charmanteste Zeitgenossin, die man sich vorstellen konnte, aber sie machte einen guten Job und war sogar so freundlich, mir die Arzttasche überallhin zu tragen. So was kommt beim Doc natürlich super an.

Lediglich die Tatsache, dass sie, wenn wir an einer Kabinentür klopften, um einen »Hausbesuch« zu machen, immer als Erste das Wort ergriff und uns beide in ihrem Namen als die »Docs« vorstellte, ließ mich stutzen. Aber ich wollte mir mit ihr kein hierarchisches Kräftemessen liefern, da ich von Natur her eher zu den konfliktvermeidenden Geschöpfen gehöre und keine Lust hatte, es mir die kommenden Wochen mit ihr zu verscherzen. Also ließ ich sie die Tasche tragen und die Türen aufreißen und meckerte auch nicht, als ich bemerkte, dass sie das metallene

Schild, auf dem unter ihrem Namen auch ihre Bezeichnung an Bord, »Nurse«, stand, nicht mehr trug.

Conny und ich bekamen zum ersten Mal Probleme miteinander, als sie in der zweiten Woche immer häufiger zu spät zur Sprechstunde im Hospital erschien. Meistens trudelte sie zehn bis zwanzig Minuten nach den ersten Patienten ein, und sie schien sich ihrer Verspätung keineswegs bewusst zu sein, denn jedes Mal rief sie bei ihrem Eintreten in den Behandlungsraum euphorisch: »Ich begrüße Sie!«, wobei mir die Patienten vor Schreck fast jedes Mal von der Liege sprangen.

Am vierten Tag hatte ich genug. »Conny, Sie sollen nicht begrüßen, Sie sollen pünktlich hier aufkreuzen! Denken Sie, Sie kriegen das hin?«

»Wissen Sie, was ich denke?«, sagte sie, anstatt auf meine Frage zu antworten. »Ich denke, er hat einen Herzinfarkt.« Mit dem ausgestreckten Bleistift zeigte sie in Richtung des etwa dreißigjährigen Patienten, der mich fragend und mit leicht panischem Ausdruck im Gesicht ansah.

»Was? Wie kommen Sie darauf? Er hat eine stinknormale Angina«, wies ich die Vermutung von mir.

»Das denken sie alle – und dann ist er tot.«

Der Patient blickte wild zwischen mir und Conny hin und her.

»Conny! Das ist eine Angina, und jetzt Schluss mit dem Quatsch.«

Sie zuckte beleidigt mit den Schultern und brabbelte irgendwas vor sich hin, aber ich ließ sie schmollen.

Doch von diesem Tag an verkündete Conny immer häufiger ungefragt ihre Diagnosen, die nicht nur immer falsch, sondern auch meistens viel spektakulärer waren als die harmlosen Erkrankungen, welche die Passagiere ins Hospital brachten. So wurde im Nullkommanichts aus einer einfachen Migräne eine Hirn-hautentzündung, aus einer Magen-Darm-Grippe ein entzünde-ter Blinddarm und aus einer stinknormalen Neurodermitis eine Gürtelrose biblischen Ausmaßes. Außerdem empfahl sie bei na-hezu jeder Diagnose, die schwersten medizinischen Geschütze aufzufahren, anstatt der Natur, wie es in einigen Fällen am bes-ten war, einfach ihren Lauf zu lassen. Es war zum Wahnsinnig-werden! Also knöpfte ich sie mir an einem Nachmittag nach der Sprechstunde vor und las ihr die Leviten.

»Conny, ich verbitte mir Ihre unqualifizierten Einwürfe während der Behandlung. Sie machen mir die Patienten kom-plett verrückt mit Ihren Diagnosen, die nicht nur allesamt Mist sind, sondern die Leute auch in Angst und Schrecken verset-zen.«

»Von wegen, unqualifiziert! Ich habe an der Front gedient, wissen Sie? Ich kenn mich zufällig aus!«

»Was haben Sie?«

»Gedient. Im Irakkrieg.«

»Sie ... ach so. Das berechtigt Sie aber noch lange nicht dazu, sich in meine Behandlung einzumischen.«

»Ich wurde in den USA ausgebildet, Herr Wittmann. Mir ist klar, dass mein Medizinstudium in Deutschland nicht aner-kannt wird und ich nur als Krankenschwester arbeiten darf, aber dennoch begegnen wir uns gewissermaßen auf Augenhöhe, Herr Kollege!«

Das ließ ich lieber unkommentiert. Die klügere Zahnbürste gab bekanntlich nach.

Ich ließ die Sache darauf beruhen und hoffte, dass sich nun alles zum Guten wenden würde. Denn selbst wenn Conny Breit-ling wohl ganz offensichtlich einen Vogel hatte: Wenn sie nicht gerade falsche Diagnosen stellte, war sie als Krankenschwester eine Wucht. Sie verfügte über ein breites Wissen und war gerade in der Erstversorgung von Patienten sehr gut.

Doch meine Hoffnung, dass sie sich nach meinem Anpfiff zurückhaltender verhalten würde, verpuffte im Nichts. An einem Abend sah ich mir die Einträge des vergangenen Tages an, die sie in den Rechner eingegeben hatte, und erstarrte. Conny hatte nicht meine, sondern ihre eigenen falschen Diagnosen mit allerlei fantastischem Schmuckwerk aufgezeichnet und nicht etwa das, was ich ihr diktiert hatte!

Ich war kurz vorm Platzen, wollte nach dem unangenehmen Gespräch neulich aber nicht schon wieder die Konfrontation suchen. Also änderte ich die Berichte, schluckte meinen Ärger hinunter und harrte der Dinge, die da kamen.

Und sie kamen.

Am darauffolgenden Tag saß ich in meinem Behandlungszimmer am Schreibtisch und korrigierte einige der Berichte aus den Vortagen. Wir waren in Cork in Irland, das sowohl Conny als auch ich schon mehrfach besichtigt hatten. Also hatten wir uns dazu entschlossen, beide an Bord zu bleiben.

Da plötzlich knackte im angrenzenden Raum das Funkgerät, das dort immer an der Anmeldung steht. Bevor ich auch nur zucken konnte, sah ich Conny im Flur vorbeiflitzen. »Ich geh schon!«, rief sie, dann war sie weg.

Sollte sie. Wenn es ein wichtiger Fall war, würde ich angefordert werden.

Etwa zehn Minuten später, ich war gerade sehr in meine Arbeit vertieft, hörte ich es im Nebenraum wieder hektisch knistern und knarzen. Das Funkgerät plärrte wieder, und diesmal meinte ich, ein »*Doc! Where is the Doc?!*« zu hören. Ich lief rüber zur Anmeldung und nahm das Funkgerät an mich.

Der Erste Offizier war dran. »Wo stecken Sie, Herrgott nochmal?«

»Wieso?«

»Hier ist ein medizinischer Notfall! Ein Passagier ist beim Fotografieren ins Hafenbecken gefallen und hat sich am Kopf verletzt.«

»WAS? Wieso hat mich denn niemand gerufen?«

»Keine Ahnung! Conny meinte, sie würde das übernehmen.«

Conny, die Nurse, hatte also behauptet, sie würde den medizinischen Notfall allein übernehmen? Das schlug dem Fass den Boden aus.

Leider kam ich nicht dazu, mich über das freche Verhalten meiner Krankenschwester auszulassen, da sie in diesem Moment in Begleitung von zwei klitschnassen Matrosen, einer aufgelöst wirkenden Frau und dem Passagier, der sich tatsächlich böse am Kopf verletzt hatte, ins Hospital kam. In der kommenden Stunde war ich vollends damit beschäftigt, die tiefe Wunde des Patienten zu säubern und zu nähen. Conny assistierte mir dabei und hielt zur Abwechslung mal die Klappe – was sie zu einer sehr angenehmen Assistentin bei der medizinischen Versorgung werden ließ.

Am Abend rief mich der Kapitän zu sich.

»Hören Sie, Doc, es gibt da ein kleines Problem. Heute wurde ich von einem Passagier angesprochen, dass er nicht länger von einer gewissen Dr. Breitling behandelt werden wolle, sondern lieber von Ihnen. Haben Sie dafür eine Erklärung?«

»Bitte was?« Ich war sprachlos.

Dann eröffnete mir der Kapitän, dass Conny wohl auf eigene Faust außerhalb der Sprechstunden Hausbesuche gemacht habe, jedenfalls habe er das von einigen Passagieren erfahren.

»Sie erzählt überall rum, dass sie in den Staaten eine anerkannte medizinische Ausbildung genossen hat. Kann das sein?«, fragte er.

»Das ist vollkommen ausgeschlossen. Wo sind denn dann ihre Papiere?«

»Sie sagt, die wären alle bei einem Wohnungsbrand letztes Jahr verloren gegangen, seitdem wartet sie angeblich auf die Ersatzpapiere.« Der Kapitän wirkte skeptisch – genau wie ich.

»Na klar! Die hat doch einen an der Waffel«, echauffierte ich mich und hatte Schwierigkeiten, meinen Puls zu kontrollieren. »Gar nix is die, und Ahnung hat sie auch keine.«

»Aber warum lassen Sie sie dann allein praktizieren?«

»Das tue ich doch gar nicht!«

»Entschuldigung, Doc, aber im Logbuch steht, dass Sie heute Nachmittag nicht erreichbar gewesen wären, als der Mann ins Hafenbecken gefallen ist.«

»WAS?«

Es gehört schon etwas dazu, um mich aus der Fassung zu bringen – aber nun war der Punkt erreicht, an dem ich meine gute Kinderstube vergaß.

»Diese blöde …«

»Doc, ich mache Ihnen einen Vorschlag«, sagte er Kapitän mit beruhigenden Worten. »Wir beide sind uns einig darüber, dass mit Frau Breitling etwas nicht stimmt. Ich werde über die Reederei Erkundigungen einholen, und Sie passen auf, dass sie nicht wieder eigenmächtig Passagiere behandelt, in Ordnung? Wir können uns keine Meuterei erlauben. Besser, wir handeln vorsichtig.«

Obwohl mir eigentlich eher nach Zeter und Mordio zumute war, willigte ich in seinen Vorschlag ein und überlegte mir, was ich Conny am nächsten Tag sagen würde.

Ich ließ sie am Morgen im Hospital antanzen und machte unmissverständlich klar, dass sämtliche Alleingänge von ihr der Vergangenheit angehörten.

»Lass uns vergessen, was passiert ist – aber provoziere mich nicht noch einmal! Ich kann sehr ungemütlich werden, wenn man versucht, mich hinters Licht zu führen.«

Sie sagte nichts, und ich deutete das als gutes Zeichen. Ich war ja so naiv …

Die folgenden Tage verliefen ruhig, und weil wir uns gerade mitten auf dem Atlantik befanden, erreichte auch der Kapitän nicht viel. Wir steuerten die kanadische Küste an und würden in wenigen Tagen in St. John's an Land gehen, aber weil sich Conny ruhig verhalten hatte und sogar pünktlich zum Dienst erschienen war, beschloss ich, der Angelegenheit nicht weiter nachzugehen. Jeder hatte eine zweite Chance verdient. Und nur, weil meine Nurse ein paar Startschwierigkeiten gehabt hatte, musste ich sie nicht um ihren Job bringen.

Ich stand an der Reling und blickte auf die wie meistens auf See prachtvoll untergehende Sonne, als Conny plötzlich neben mir auftauchte. »Waren Sie schon mal in Kanada?«, fragte sie mich.

Ich nickte. »Ja, schon ein paar Mal. Zuerst privat, dann mit den Schiffen.«

»Ich war schon öfter da. Aber nicht mehr seit dem 11. September.« Ihr Blick verlor sich irgendwo im Nirgendwo.

»Wieso denn ausgerechnet seitdem nicht mehr?«

»Ich war dabei, damals. In New York.«

»Wie bitte?«

»Ja. Ich habe zu der Zeit in einem New Yorker Krankenhaus gearbeitet. Als die Türme eingestürzt sind, war ich eine der Ersten vor Ort.«

Das klang ja fast zu dramatisch, um wahr zu sein.

»Ach … das ist ja interessant. Stand davon was in deinem Lebenslauf?«

Sie winkte ab. »Nein. Das behalte ich lieber für mich. Sonst kommen die wieder alle und wollen wissen, wie es damals war.« Sie schniefte. »Die Erinnerungen sind noch so schmerzhaft.«

Ich wandte mich wieder von ihr ab und starrte auf den Ozean. Die Geschichte kam mir mehr als seltsam vor. Wieso erzählte Conny sie mir, wenn sie dann doch nicht drüber reden wollte? Ich musste an die Mär von den verbrannten Unterlagen denken, und alle Alarmglocken in meinem Kopf schrillten. Wieso hatte Conny für alles immer eine Erklärung, selbst wenn sie noch so dürftig war? Ich war mir ziemlich sicher, dass sie mir gerade einen Bären aufband.

Andererseits: Wenn die Sache stimmte, würde ich mich zum Deppen machen. Ich unternahm weiterhin nichts.

Als wir ein paar Tage später in Halifax anlandeten, war das Wetter bescheiden. Ein Wolkenbruch hatte uns begrüßt, noch bevor wir den Anker geworfen hatten, und das Deck und die Gangway waren glitschig. Obwohl die Matrosen alles in ihrer Macht stehende taten, um den Passagieren beim Gang von Bord zu helfen, fiel ein besonders wackliger Kandidat hin, und zwar genau mit seiner linken Hüfte auf die metallene Kante der zweituntersten Gangway-Stufe.

Sofort wurden ich und das Hospitalteam alarmiert. Schon die Blickdiagnose bestätigte mir, dass sich der betagte ältere Herr vermutlich eine Schenkelhalsfraktur zugezogen hatte.

Na wunderbar! Was für eine Begrüßung in Kanada.

»Ich kann ihn zum Krankenhaus begleiten«, bot Conny sich sofort an.

Ich zögerte. In den letzten Tagen war es ruhig um die ansonsten so umtriebige Krankenschwester geworden – und auch wenn sie vielleicht eine allzu blühende Fantasie besaß, war sie doch eine tüchtige Nurse. Also gut, dies würde der ultimative Beweis sein, ob ich Conny vertrauen konnte. So erlaubte ich, dass sie den Verletzten im Rettungswagen ins Krankenhaus begleitete. Was sollte auch schiefgehen?

Nun, da war zum einen der Herzinfarkt, den der Patient angeblich noch im Wagen erlitten hatte, wie mir Conny, kaum dass sie an Bord zurückgekehrt war, mit stolzgeschwellter Brust verkündete.

»Allein mir ist es zu verdanken, dass der Mann noch lebt«, posaunte sie nicht gerade bescheiden heraus. »Zum Glück war ich dabei. Diese Hinterwäldler hätten das doch niemals hingekriegt.«

»Hinterwäldler? Conny! Achte auf deine Wortwahl!«

»Papperlapapp. Die beiden Sanis hatten keine Ahnung von Tuten und Blasen, und wenn ich nicht da gewesen wäre, wäre der Mann jetzt tot.«

Das verkündete sie auch am Abend in der Offiziersmesse, und zwar so laut, dass irgendwann die Purserin auf mich zukam.

»Doc, ich habe mich mit der Frau des Patienten unterhalten. Die weiß nix von einem Herzinfarkt.«

»Was soll das heißen?«

Die Purserin zuckte mit den Schultern. »Soll ich den Mann noch mal fragen?«

»Nein. Nein, ich werde selbst gehen.«

Am Morgen, wir lagen immer noch in Halifax, das wir gegen Mittag verlassen würden, an der Pier, erzählte ich Conny, ich wolle mir an Land ein wenig die Beine vertreten, und ließ mich vom Hafenagenten in die Klinik fahren.

Der Passagier, der gestern noch operiert worden war, guckte mich aus müden Augen an. »Ein Infarkt? Äh ... das hätte ich doch mitbekommen, oder?«

»Vermutlich.« Ich griff nach seiner Patientenakte, die am Ende des Bettes in einer dafür vorgesehenen Halterung hing, und blätterte durch die Seiten. Das EKG sah vollkommen normal aus. Von einem Infarkt war da nichts zu sehen, nicht ein Fünkchen, und wenn Conny nicht total meschugge war, dann wusste sie auch, dass man einen frischen Herzinfarkt sofort an typischen Veränderungen der EKG-Kurve erkannt hätte.

Zurück auf dem Schiff konfrontierte ich sie mit meiner Entdeckung. Und natürlich, wie bei allen, die etwas zu verbergen haben, wies auch sie alle Vorwürfe lautstark von sich und stürzte sich stattdessen auf den »Verrat«, den ich begangen hatte.

»Du lügst mich an?«, schrie sie. »Du erzählst mir, du willst dir die Stadt angucken, und dann schleichst du heimlich ins Krankenhaus? Was ist denn das für eine Art!«

»Conny, lenk nicht vom Thema ab. Das EKG war vollkommen unauffällig.«

»Dann haben die Bimbos es vertauscht! So sieht's aus. Diese Nichtsnutze, gar nichts können die. Wenn ich nicht gewesen wäre ...«

Ja, ja, ja, dann wären alle schon längst unter der Erde. Mittlerweile war mir klar, dass ich jedes Wort, das aus Connys Mund herausgeblubbert kam, mehr als kritisch hinterfragen musste. Sie war keine Ärztin, sie war krank. Ich tippte auf *Pseudologia phantastica*, das krankhafte Verlangen zu lügen auf der Suche nach Anerkennung und Geltung. Von wegen 11. September, Medizinstudium in den Staaten, Irakkrieg ... Das war alles erstunken und erlogen!

Erneut suchte ich den Kapitän auf, doch der zuckte nur bedauernd mit den Achseln.

»Die Reederei hat sie eingestellt, und der Mann, der dafür verantwortlich ist, arbeitet nicht mehr dort. Ich kann Ihnen auch nicht helfen, Doc. Aber solange sie niemandem schadet, sondern lediglich ein bisschen an der Wahrheit herumschraubt, sind mir die Hände gebunden.«

Nun, an »ein bisschen an der Wahrheit herumschrauben« waren wir mittlerweile schon ein bisschen vorbei, aber ich war mir sicher, ich würde Conny noch überführen, und dann war ihre Zeit auf dem Schiff abgelaufen.

Wie so oft war es am Ende der Zufall, der mir dabei half, die falsche Schwester zu überführen. Meine Sprechstunde war gerade vorüber, da erschien ein Mann in der Tür, den ich am Tag zuvor wegen einer leichten Erkältung behandelt hatte.

»Ah, Herr Müller. Geht's besser mit dem Schnupfen?«

»Ja, ja, aber deswegen bin ich nicht hier.« Er schlich in das Behandlungszimmer und zog vorsichtig die Tür hinter sich zu. »Es geht um die Nurse, Frau Breitling.«

Oh nein! Schon wieder schlechte Neuigkeiten. Was hatte sie diesmal ausgefressen? Ich stellte mich auf das Schlimmste ein.

»Wissen Sie, wer das ist?«

Ich verstand die Frage nicht. »Wie meinen?«

»Nun ja, wissen Sie, wer das in Wahrheit ist?«

In Wahrheit?

»Als ich sie gestern im Hospital gesehen habe, kam sie mir gleich so bekannt vor«, erklärte Herr Müller. »Ich habe dann später mit meiner Frau gesprochen, und die hat sich auch an den Fernsehbeitrag von vor ein paar Wochen erinnert. Da ging es um eine Hochstaplerin, die in verschiedenen Spitälern in Österreich als Internistin praktiziert hat. Sie hat behauptet, ihre Unterlagen wären bei einem Wohnungsbrand verloren gegangen, daher haben die Krankenhäuser sie auch ohne Nachweise und Zeugnisse eingestellt. Das ging dann immer eine ganze Weile gut, so drei, vier Monate, und dann hat sie das Krankenhaus gewechselt, und keiner hat Verdacht geschöpft.«

Ach, du grüne Neune. Ich hatte mir vieles vorstellen können nach der Performance, die Conny Breitling in den vergangenen Tagen abgeliefert hatte. Aber das übertraf meine schlimmsten Erwartungen.

»Bis sie dann jemanden … na ja, umgebracht hat. Irgendwas muss da bei einer Narkose schiefgelaufen sein, jedenfalls wird sie wegen fahrlässiger Tötung, Körperverletzung und noch zig anderen Delikten gesucht.« Herr Müller machte ein betretenes Gesicht. »Ich habe das von einem Freund zu Hause noch einmal verifizieren lassen, damit ich nicht mit haltlosen Anschuldigungen hier aufkreuze.« Er zog einen Bogen Papier aus der Jackentasche und hielt ihn mir hin.

Eindeutig. In dem Zeitungsartikel wurde niemand anderes als Conny Breitling beschrieben. Sogar ein Bild von ihr war neben dem Text abgedruckt. Der Fall war klar.

Ich bedankte mich bei Herrn Müller, schloss das Hospital und rannte auf die Brücke, um dem Kapitän Bericht zu erstatten. Fassungslos von dem, was ich ihm da erzählte, aber auch dankbar, dass in der letzten Woche nicht mehr passiert war, nahm er sofort zur Reederei Kontakt auf und veranlasste, dass Conny Breitling noch an diesem Tag das Schiff verlassen musste. Er war persönlich dabei, als sie in ihre Kabine geschickt wurde, um ihre Siebensachen zu packen, und beobachtete jeden ihrer Handgriffe genau.

Kurz bevor wir ablegten, geleitete er sie über die Gangway aufs Pier, wo bereits der Hafenagent auf sie wartete, um sie an den Flughafen zu bringen. Dort würde sie mit dem nächsten

Flugzeug nach Frankfurt fliegen. Die deutsche Polizei war bereits informiert, und auch die österreichische Staatsanwaltschaft hatte der Kapitän darüber in Kenntnis gesetzt, dass er die falsche Schwester geschnappt habe.

»Und wissen Sie, was das Seltsamste ist?«, sagte er an diesem Abend, als wir gemeinsam mit dem Hotelmanager in einem Besprechungszimmer saßen und unsere Erlebnisse mit Conny Breitling zusammentrugen, um sie später der Polizei zu übergeben. »Nachdem ich sie mit den Vorwürfen konfrontiert hatte, hat sie kein einziges Wort mehr gesprochen. Kein einziges!«

Nach allem, was ich bislang gehört hatte, war das wiederum nun wirklich schwer vorstellbar.

Um ein Haar abgesoffen

Auf dem Amazonas gehen nicht nur ein paar Passagiere baden

»Mann über Bord! Mann über Bord!«

Der grelle Schrei ging mir durch Mark und Bein. Ich war gerade auf der Brücke in einem Gespräch mit dem Wachoffizier, als der Hilferuf zu uns herüberschallte. Sofort ließen wir alles stehen und liegen. Und nur wenige Minuten später waren wir auch schon draußen auf der Nock, das ist der im Freien liegende Teil der Kommandobrücke, der zum Beispiel zum An- und Ablegen verwendet wird.

»Mann über Bord!«

Wieder rief einer der Matrosen, welche an der seitlichen Tür knapp über dem Wasser für die Ein- und Ausbootung der Passagiere bei den Touren mit den Zodiac-Schlauchbooten zuständig waren. Fast gleichzeitig erklang ein schriller Alarmton durch die Lautsprecher, die überall auf dem ganzen Schiff verteilt sind. Das Geräusch war so durchdringend und unangenehm, ich war mir sicher, dass man damit auch Tote hätte wecken können.

Der Wachoffizier und ich bremsten vor der Reling ab, an welcher der Matrose immer noch stand und ununterbrochen »Mann über Bord!« rief. Wir beugten uns über das Geländer –

und erstarrten. Was wir sahen, ließ uns das Blut in den Adern gefrieren.

Im Wasser, etwa zwei Meter unter uns, trieb eines unserer Zodiacs mit der Unterseite nach oben in den schmutzig-trüben Fluten des Amazonas. Daneben schwamm ein gutes Dutzend Passagiere im Wasser und wedelte hektisch mit den Armen, um nicht unterzugehen oder noch weiter abzutreiben. Sie waren alle an ihren leuchtend orangefarbenen Rettungswesten zu erkennen, die bei einer Fahrt mit den Zodiacs, das sind Schlauchboote mit Motorantrieb, verpflichtend sind. Der Schreck stand ihnen ganz schön ins Gesicht geschrieben. Eine Frau schrie. Eine andere heulte. Ein Mann hielt sich den Kopf und spuckte Wasser aus.

»Was ist passiert?«, rief der Wachoffizier von der Brücke herunter.

»Der Zodiacfahrer«, keuchte der Matrose aufgeregt, »er ist zu schnell ans Sidegate gefahren. Dadurch ist das Boot gegen die Schiffswand gedonnert und hat sich aufgestellt. Alle zehn Passagiere plus der begleitende Lektor sind ins Wasser gefallen.«

»Zum Glück haben alle Westen an«, sagte ich.

»Na und? Schauen Sie doch!« Der Matrose zeigte mit der ausgestreckten Hand auf zwei orangefarbene Punkte, die sich schnell vom Boot entfernten. »Sie treiben ab. Die Strömung im Amazonas ist viel stärker als bei anderen Flüssen, mindestens fünf bis sieben Knoten. Wir müssen sie sofort da rausholen!«

»Da fehlt doch einer«, schrie der Wachoffizier plötzlich. »Verdammt, ein Passagier ist verloren gegangen!«

Hastig zählte ich die Personen im Wasser durch – inklusive der zwei Davontreibenden. Einige hielten sich an den Seilen des Zodiacs fest, andere aneinander. Wenn es wirklich zehn Passagiere plus ein Lektor und der Zodiacfahrer gewesen waren, also zwölf Personen insgesamt, dann fehlte in der Tat eine Person. War sie schon abgetrieben? Oder etwa …

»Lieber Gott, da ist ja noch jemand unter dem Zodiac!«, brüllte der Wachoffizier und zeigte auf das kieloben treibende Schlauchboot.

Immer wieder hob und senkte sich ein wenig der Boden des Zodiacs, als ob sich darunter jemand befreien wollte.

Ich kniff die Augen zusammen und hielt den Atem an. Wenn das wirklich stimmte … Meine Aufmerksamkeit wurde abgelenkt, als zwei weitere der über Bord Gegangenen unter Schreien vom Schiff weggespült wurden.

»Ach, du heilige Schei…«

»Wir müssen die sofort da rausholen!«, rief der Wachoffizier erneut. »Die treiben schon alle ab, und der Amazonas ist voller Piranhas!«

Die Fahrt auf dem Amazonas ist eine sehr beliebte Flussreise in Südamerika. Mehr als sechstausend Kilometer lang durchquert der Strom beinahe vollständig den südamerikanischen Kontinent an seiner breitesten Stelle. Die beiden Quellflüsse, aus denen der Amazonas entsteht, entspringen in den peruanischen Anden und fließen von dort in Richtung Osten und Atlantik. Obwohl der Amazonas nicht der längste Fluss der Welt ist, gilt er doch als der wasserreichste, und sein Einzugsgebiet im brasilianischen Regenwald ist eines der fruchtbarsten und vielfältigsten der Erde.

In Frankfurt hatte ich die Reisegruppe der MS Star Explorer getroffen und mit den sechzig Teilnehmern ein Flugzeug der Lufthansa bestiegen. Wir waren nach Lima geflogen, wo wir eine Nacht blieben. Am nächsten Tag nach einem reichhaltigen Frühstück war es mit einem Sonderflug nach Iquitos gegangen, einem kleinen peruanischen Städtchen, das am Ucayali liegt, einem der beiden Ströme, die sich kurz darauf zum Amazonas vereinen. Dort schifften wir ein und bezogen kurz darauf unsere Kabinen. Ganze dreißig Stunden hatte die »Anreise« gedauert, und obwohl wir uns um nichts hatten kümmern müssen, waren wir in den ersten Tagen allesamt ein wenig fertig vom Jetlag und den Strapazen des langen Flugs.

Dennoch war ich guter Dinge. Vor mir lag eine wunderbare achtzehntägige Reise durch Brasilien mit unzähligen Landgängen, Ausflügen in den Regenwald und Zodiactouren. Wir wurden für unsere anstrengende Anreise mehr als belohnt. Zu Hause war es gerade Winter, bei gerade mal acht Grad und typisch deutschem Januarregenwetter waren wir gestartet. Etwas mehr als einen Tag später waren wir in einer vollkommen anderen Welt angekommen. Wie es im Urwald so üblich ist, pfeift, schnattert und piepst es unentwegt. Der Gesang der Vögel, die Schreie der Affen und das monotone Tuckern der kleinen Fischerboote, in denen die Amazonasindianer auf Fang gehen, verbinden sich hier zu einem exotischen Klangteppich, der dem europäischen Ohr sonst nur aus dem Zoo bekannt ist – und dort auch nur ein müder Abklatsch von dem wahren Wunder der Natur ist.

Wir hatten bereits ein Dorf der Yagua-Indios besucht, die immer noch mit Blasrohr und Pfeilen jagten, hatten auf den brasilianischen Märkten am Flussufer die Vielfalt der tropischen Früchte bewundert und waren auf zahlreichen schweißtreibenden Ausflügen in das grüne Herz Südamerikas eingedrungen. Wir waren mit den Zodiacs tief in den überfluteten Regenwald hineingefahren, hatten Botos, die rosa Flussdelfine des Amazonas, im Wasser tanzen und Kolibris in der Luft schwirren sehen.

Und nun das: Nach einem tagesfüllenden Ausflug waren die Zodiacs aus einem der zahlreichen Nebenarme des Amazonas zurückgekehrt. Doch einer der Zodiacfahrer hatte es wohl besonders eilig gehabt, denn er war so schnell gewesen, dass er die Kontrolle über das kleine Boot verloren hatte.

Der Wachoffizier und ich hasteten hinunter auf das Deck drei, in dem sich das Sidegate befand, der offizielle Ein- und Ausstieg für die Zodiacs und Tenderboote, wenn wir auf Reede lagen. Begleitet wurden wir von lauten »Bravo, Bravo!«-Rufen aus den Lautsprechern – das war nicht etwa Applaus, sondern auf diesem Schiff das Notfall-Signal für Mann über Bord.

Am Sidegate angekommen, stießen wir auf den Ersten Offizier, der sich gerade eine der Rettungswesten übergestülpt hatte und mit Sean, dem besten Zodiacfahrer, wie ich wusste, drauf und dran war, eines der bereits zurückgekehrten Zodiacs zu besteigen.

»Doc, halten Sie hier die Stellung!«, rief er mir zu. »Wir holen uns zuerst die Passagiere, die abgetrieben sind.«

»Nein!«, rief ich ihm zu. »Ihr müsst zuerst zu dem umgekippten Schlauchboot fahren, da muss noch eine Person darunter sein. Die Luftmenge zwischen Wasser und Boden des Schlauchbootes reicht ganz bestimmt nicht mehr lange aus.«

»Das müssen die anderen erledigen«, rief der Offizier. »Die Leute ertrinken, wenn wir sie nicht einsammeln!«

Das Zodiac mit dem Ersten Offizier der MS Star Explorer an Bord wurde vom Fahrer des Boots von der Schiffswand abgestoßen, dann gab er Gas und fuhr, eine weiße schaumige Spur hinter sich her ziehend, davon.

Mittlerweile kamen weitere Schlauchboote mit einigen der aus dem Wasser gefischten Paxen zurück an das Sidegate gefahren. Ich kniete mich an die Öffnung. Über ein paar schmale Sprossen gelangte man die gut zwei Meter nach unten, und gerade versuchte einer der Verunglückten, sich die Stiege hinaufzuziehen.

Ich packte ihn am Schlafittchen, und mithilfe eines der Matrosen zog ich den Mann an Bord.

Er schnaufte, hustete und keuchte. Dann rief er: »Die Frau ... da ist eine Frau unter dem Zodiac!«

Da es ihm den Umständen entsprechend offensichtlich gut ging, übergab ich ihn der Obhut eines Stewards, der Teil meines Hospitalteams und gerade bei uns angekommen war, und wies ihn an, den Passagier ins Hospital zu bringen und mit einer Rettungsdecke warm einzupacken. Dann wandte ich mich wieder dem Sidegate zu und bekam gerade noch mit, wie ein Matrose, seiner Uniform entledigt und nur noch in Shirt und Boxershorts, die Leiter hinunter in Richtung Wasser stieg. Um seine Taille hatte er sich ein Seil gebunden, das ihn wohl davon abhalten sollte, ebenfalls von der Strömung mitgerissen zu werden.

Kaum war er im Wasser, machte er ein paar kräftige Schwimmzüge und kam kurz darauf bei einer Frau an, die nur wenige Meter weiter im Wasser trieb und immer wieder brüllte: »Manfred! Manfred!«

Der Matrose packte sie an der Rettungsweste und gab dann denen, die sich immer noch an Bord befanden, ein Zeichen. Mit versammelten Kräften zogen sie ihn mitsamt seiner Beute am Seil in Richtung Schiff, und kaum war er dort angekommen, brachte er die Gerettete die Leiter hinauf ins Schiffsinnere.

»Unter dem Zodiac ist noch eine Frau!«, rief ich dem Matrosen zu, dann untersuchte ich die Passagierin, die bis auf eine gewaltige Menge Wasser, die sie unfreiwillig geschluckt hatte, unverletzt zu sein schien. Der Schreck war ihr aber sichtbar in die Glieder gefahren, denn sie zitterte am ganzen Leib, obwohl es bei frühlingshaften zweiundzwanzig Grad eigentlich angenehm warm war.

Aus dem Augenwinkel sah ich, wie unser Kapitän, der gerade bei uns angekommen war, sich seiner Rettungsweste und der Kleidung bis auf seine Boxershorts entledigte und mit einem kühnen Hechtsprung in Richtung gekentertes Zodiac in der braunen Amazonasbrühe verschwand.

Wenige Minuten später – eine schier endlose Zeit für mich direkt nicht Beteiligten –, tauchte er wieder auf und zog eine Frau mittleren Alters, Kopf und Mund nach oben gerichtet, hinter sich her. Ich sah gerade noch, wie sie mithilfe des Matrosen, der ebenfalls wieder ins Wasser gesprungen war, in eines der Rettungsboote gezogen wurde. Dann musste ich mich jedoch wieder den gerade neu herangeschafften »Schiffbrüchigen« widmen. Gott sei Dank ging es allen den Umständen entsprechend offensichtlich gut, sodass ich die Verunfallten nacheinander in die Obhut meines mittlerweile komplett anwesenden Hospital-Teams übergeben konnte.

Dann endlich kam auch das Zodiac mit unserem Kapitän und der Verunglückten zurück. Offensichtlich war die Frau nicht bei Bewusstsein, ihr Gesicht aschfahl und blau verfärbt.

Als der leblose Körper über das Sidegate an Bord gehievt wurde, schaltete in meinem Kopf irgendetwas um. Manchmal fragen mich die Leute nach einem Einsatz, was ich in der betreffenden Minute gedacht habe. Wie ich mich gefühlt habe, welche Gedanken durch meinen Kopf schwirrten, ob ich in der Lage gewesen sei, die Situation einzuschätzen. Die Wahrheit ist so simpel wie bemerkenswert: In einem Augenblick, in dem es um Leben und Tod geht, muss jeder Handgriff sitzen. Da ist keine Zeit für Zögern und Zaudern, und da ist vor allem keine Zeit für unnötige Gedanken. Das Hirn schaltet in einen Modus, in dem nur noch die einfachsten Impulse durchdringen: Herzmassage. Beatmen. Cardio-Alarm. Druckverband. Blutung stoppen. Patient stabilisieren.

Ein Arzt lernt das aber nicht erst auf dem Kreuzfahrtschiff, sondern bereits während seiner klinischen Ausbildung. Wenn alle Geräte gleichzeitig zu piepen anfangen, muss man sofort reagieren – wer dann nicht weiß, was er tut, hat schon verloren. Meistens auch den Patienten. Wer jemals in einem Krankenwagen oder einem Rettungshelikopter mitgefahren ist, weiß, dass die Notfallmedizin keine Schönheitspreise gewinnt, sondern nur einen einzigen Sinn und Zweck erfüllt: den Patienten am Leben erhalten, bis er an einen Ort gebracht wird, wo ihm adäquat geholfen werden kann.

Ich begann bei der leblosen Frau sofort mit der Reanimation. Ertrinkungsunfälle gliedern sich in verschiedene Phasen. In der ersten Phase, der sogenannten Abwehrphase, klammert sich der Ertrinkende buchstäblich an jeden Strohhalm – notfalls auch an denjenigen, der ihn eigentlich retten will. Deswegen ist es gar nicht so ungefährlich, einen Menschen aus dem Wasser zu ziehen, der in heller Aufregung um sich schlägt und sich an allem festkrallt, was ihm zwischen die Finger kommt. Die Atmung wird im Laufe dieser Phase immer flacher, und der Betroffene verliert nach und nach das Bewusstsein.

Dann kommt Phase zwei, die Atemanhaltphase. Die Natur hat sich eine ziemlich clevere Sache einfallen lassen, einen Spasmus am Kehlkopfeingang, der das betreffende Areal vor der Luftröhre zuschnürt, damit kein Wasser in die Lungen eindringt. Praktisch für die Lungen, aber schlecht für den Ertrinkenden, der dank des Spasmus auch keine Luft mehr kriegt, selbst wenn er schon aus dem Wasser gezogen wurde. Man spricht dabei von »trockenem Ertrinken«.

Ist der Patient noch im Wasser, kommt als Nächstes Phase drei, die Erstickungsgefahr. Der Kehlkopf entkrampft wieder, und das Wasser dringt in die Lunge ein. Der Betroffene ertrinkt »nass«.

Aber selbst wenn das alles überstanden ist, kann es hinten raus noch mal knüppeldick kommen: Je nachdem, ob der Betroffene in Salz- oder Süßwasser ertrunken ist, drohen nach Wiederbelebung als Folgeschäden Lungenödem oder Atelektase, ein infolge der Sauerstoffunterversorgung kollabierter Lungenflügel.

Das waren wahrlich keine rosigen Aussichten.

Die Patientin lag auf dem Rücken, und ich begann mit der Reanimation. Mit Tunnelblick kümmerte ich mich nur um das Wesentliche: dreißigmal Pumpen, dann zweimal Beatmen – dank unseres schon vorhandenen Notfallequipments nicht Mund-zu-Mund oder Mund-zu-Nase, sondern mittels Beatmungsbeutel und medizinischem Sauerstoff. Gleich darauf löste mich die Nurse beim Drücken ab, und ich konnte mich ganz auf die Beatmung konzentrieren.

Nach noch nicht einmal drei Zyklen fing die Patientin an zu husten. Ich drehte sie schnell in die stabile Seitenlage, und sie erbrach sich heftig mit einem Schwall auf den Boden des kleinen Vorraums, in dem mein Team das improvisierte Lazarett eingerichtet hatte. Dann fühlte ich wieder ihren Puls – er war spürbar! Schwach zwar, aber da, und sie atmete auch wieder selbstständig. Die Farbe in ihrem Gesicht wandelte sich schnell von Grau zu Blassrot. Gott sei Dank – sie lebte.

Schnell hängten wir sie an die Sauerstoffflasche, dann hastete ich wieder zum Sidegate. Mittlerweile waren fast alle Passagiere, die in unmittelbarer Umgebung zum Unglücksort im Wasser getrieben hatten, eingesammelt worden. Die meisten waren bis auf den Schreck und eine Menge Amazonaswasser, das sie geschluckt hatten, unverletzt. Und niemand war von den Piranhas aufgefressen, ja nicht mal angeknabbert worden. Denn wie ich später erfuhr, sind diese Tierchen viel weniger blutrünstig, als wir gern glauben. Sie sind Aasfresser, sie essen totes Tier, das im Amazonas oder im Orinoco treibt. So ist es, ähnlich wie bei Haien, eher eine unglückliche Verwechslung, wenn sie sich an einem Menschen vergreifen.

Wenn eine gern erzählte Geschichte wahr ist, dann die des kleinen Harnröhrenwelses, auch Candirú genannt, der ebenfalls im Amazonasbecken lebt. Um diesen kleinen Fisch, der gerade einmal fünfzehn Zentimeter groß werden kann, ranken sich Mythen und Märchen, die insbesondere die männliche Leserschaft aufhören lassen sollte. Candirú wird auf der Suche nach Nahrung, vorrangig das Blut größerer Fische, nämlich von Harnstoffen angelockt, welche die Objekte der Begierde über die Kiemen ausscheiden. Der Mensch, besonders der männliche, verliert auch gern mal ein wenig Harnstoff, besonders im hüfttiefen Wasser, wenn man es einfach so laufen lassen kann, ohne Rücksicht auf den Verlust der Ehre oder die Etikette …

Ein ganz großer Fehler. Denn Candirú gelingt es tatsächlich, angelockt vom Urin, über die Eichel in den Penis des Mannes vorzudringen und in die Harnröhre hinein. Dort ist in der Regel im wahrsten Sinne des Wortes Schicht im Schacht – es gibt kein vor und, dank der Widerhaken an der Außenseite des länglichen Fischkörpers, auch kein Zurück. Behoben werden kann die unschöne und sehr schmerzvolle Angelegenheit leider nur durch einen chirurgischen Eingriff, der in Wahrheit genauso unappetitlich ist, wie es sich an dieser Stelle liest.

Die Passagiere, die das unfreiwillige Bad im Amazonas genommen hatten, schienen nicht ins Wasser gepinkelt und keine Bekanntschaft mit dem Penisfisch geschlossen zu haben – jedenfalls stellte sich später niemand bei mir vor. Sie schienen unverletzt, wenn auch ganz schön ramponiert und immer noch vom Schrecken gezeichnet. Nur der Mann, den ich vorhin schon im Wasser gesehen hatte, hielt sich immer noch den Kopf.

Ich wollte gerade zu ihm rübergehen, als eine Stimme vom Sidegate aus rief: »Der Kapitän ist zurück!«

Ich hastete zur Öffnung im Schiffsrumpf und streckte meinen Kopf hindurch. Auf dem Wasser kämpfte sich das Rettungszodiac mit dem Kapitän und den vier letzten Passagieren an Bord zurück zum Schiff. Mit versammelten Kräften zogen wir die Verunglückten an Deck – sie waren samt und sonders durchgefroren bis auf die Knochen und völlig durch den Wind.

»Irgendwas hat mich in den Fuß gebissen«, stöhnte ein Mann, und Betty, die Nurse, machte sich gleich an seinen offenen Trekkingsandalen zu schaffen.

»Sieht nach einem Biss aus«, murmelte sie, dann jedoch sagte sie in meine Richtung: »Blutet, kann aber warten.«

Der tropfnasse Kapitän kletterte erschöpft über die Stiegen an Bord der MS Star Explorer.

»Sind Sie etwa ins Wasser gegangen?«, fragte einer der herbeigeeilten Offiziere.

Der Kapitän nickte. »Einer der Abgetriebenen hing mit seiner Rettungsweste in einem Baum am Ufer fest. Den musste ich losschneiden.«

Der Mann, von dem die Rede war, sagte mit kreidebleichem Gesicht: »Die Alligatoren lagen am Ufer und haben gelauert. Ich schwöre bei Gott, ich habe den Scheißviechern angesehen, dass sie es auf mich abgesehen haben.«

»Ist ja alles noch mal gut gegangen«, brummte der Kapitän, wandte sich ab und entging damit meinem strengen Blick.

Es war ohne Frage ehrenwert, sich selbst in die Fluten zu stürzen, wenn ein Menschenleben in Gefahr war. Trotzdem war es eine riesige Dummheit, wenn man nicht zufällig Rettungsschwimmer, wenigstens selbst mit einer Rettungsweste bekleidet oder – als absolutes Mindestmaß an Sicherheit – angeleint war, wie unser Erster Offizier. Was, wenn dem Kapitän etwas zuge-stoßen wäre? Wenn er selbst abgetrieben oder untergangen wäre? Die Nummer zwei in der Hierarchie war ja ebenfalls im Wasser gewesen. An Ort und Stelle war ich damit kurz der ranghöchste Offizier gewesen – Gott sei Dank fiel mir das erst jetzt auf, wo alle wieder mehr oder weniger wohlbehalten an Bord waren.

Mein Blick fiel auf den Mann, der sich nach wie vor die Glatze hielt. Jetzt, wo endlich alle aus dem Wasser gezogen wor-den waren und die Bestandsaufnahme ergeben hatte, dass wir bis auf die bewusstlose Frau nur eine Handvoll Leichtverletzte hatten, nahm ich mir die Zeit, mir seine Verletzung anzusehen. Hoffentlich hatte er sich nicht allzu schwer gestoßen. Mit Kopf-wunden war das immer so eine Sache.

Ich ging neben dem an der Wand lehnenden Mann in die Knie und stellte mich ihm vor. »Guten Tag, mein Name ist Witt-mann. Ich würde mir gern Ihre Kopfverletzung ansehen, wenn ich darf.«

»Was?« Der Mann sah mich verwirrt an. »Wir kennen uns doch bereits!«

Oje. Das war peinlich. Aber das passierte mir dauernd, dass ich mich zwar an Diagnosen und Fälle, nicht aber an die zuge-hörigen Gesichter erinnern konnte. Von den Namen ganz zu schweigen.

»Sicher. Aber Ihre Verletzung …«

»Was für eine Verletzung?«, unterbrach er mich und nahm die Hand vom Kahlkopf.

Ich sah seinen perfekten haarlosen rosafarbenen Schädel mit dem lichten Kranz an grauem Haar außen herum. Eine Verlet-zung erkannte ich keine. Ich beugte mich weiter vor, um auch seinen Hinterkopf zu betrachten. Dabei ging ich auf die Knie und stützte mich mit einer Hand auf seiner Schulter ab.

Nichts. Ich konnte nicht mal einen Kratzer finden.

»Ich bin nicht verletzt«, knurrte der Mann ärgerlich.

»Aber Sie haben sich doch die ganze Zeit den Kopf gehalten.«

»Ja, weil, weil … mein Toupet«, flüsterte er aufgebracht. »Bei dem verfluchten Unfall habe ich mein Toupet verloren. Wie sehe ich denn jetzt aus?«

Jetzt erst erkannte ich ihn – ohne Haare sah der Mann völlig anders aus. Er war einer der Bordlektoren, ein gewisser Dr. Rädele, Doktor der Biologie aus Villingen-Schwenningen. Eine echte Landratte, wenn man das so sagen durfte. Schon zu Beginn der Reise hatte er mit Seekrankheit zu kämpfen gehabt – was auf dem Amazonas wirklich ein Ding der Unmöglichkeit war. Eigentlich. Aber ich hatte schon Pferde vor der Apotheke kotzen sehen, deswegen wunderte mich gar nichts mehr.

Immerhin hatte er sich gegen die Seekrankheit nicht selbst behandelt, wie es eine Frau vor ein paar Jahren getan hatte, von der mir der Kapitän am ersten Abend erzählt hatte. Die hatte sich nämlich sogenannte Scopoderm-Pads gegen die Seekrankheit hinter die Ohren geklebt, das waren kleine runde Pflaster mit einem Scopolamin-Depot, das den Wirkstoff langsam und gleichmäßig durch die Haut dringen ließ und die Symptome der Seekrankheit linderte. Die Dinger galten in der Seefahrt als das Nonplusultra gegen Übelkeit und Erbrechen bei Wellengang. Die Frau, die besonders schlimm unter der Krankheit litt, hatte sich gleich zwei dieser Pflaster hinter die Ohren geklebt. Doppelt hielt bekanntlich besser. Unglücklicherweise wurde sie aber Opfer einer sehr seltenen Nebenwirkung, denn nur zwei Tage später stand sie im seidenen Negligé im Bordrestaurant und versteigerte die Garderobe ihres Mannes an den Höchstbietenden. Scopolamin konnte nämlich, was ich auch nicht gewusst hatte, bis es mir der Kapitän erzählte, bei einer Überdosierung zu einer vorübergehenden

139

Psychose, Euphorie, Halluzinationen und neurotischen Störungen führen.

Soweit ich wusste, hatte Dr. Rädele keine Pflaster verwendet – und trotzdem hatte er sich sehr verändert.

Manchmal, wenn einem Menschen begegnen, die man nur aus einer speziellen Umgebung oder einem bestimmten Kontext heraus kennt, hat man Schwierigkeiten, sie einzuordnen. Mir geht das immer so, wenn ich in der Stadt unterwegs bin, was selten genug vorkommt. Dann kann ich bei den wenigsten Menschen, die mich freundlich anlächeln, sagen, woher ich sie kenne. Habe ich sie vielleicht mal behandelt? Oder mit ihm oder ihr zusammengearbeitet? Vor ein paar Jahren habe ich einen Kollegen, den ich aus dem Krankenhaus nur mit Kittel kannte, im Schwimmbad getroffen und war absolut nicht in der Lage, ihn einzuordnen. Der Kittel fehlte.

Ähnlich war es mit Dr. Rädele. Ohne sein Toupet fehlte das Wiedererkennungszeichen. Er war wie Rudolf Scharping ohne Bart. Oder Luciano Pavarotti ohne Bauch. Er sah aus wie ein anderer Mensch.

Den anderen Passagieren ging es nicht anders als mir. Denn in den kommenden Tagen, als sowohl die Besatzung als auch die Passagiere den Zwischenfall im Amazonasbecken einigermaßen verdaut hatten und selbst die seinerzeit bewusstlose Frau wieder vollkommen beschwerdefrei über Deck spazierte, musste sich Dr. Rädele bei allen Passagieren, die er bis dato kennengelernt hatte, noch einmal neu vorstellen. Das war ihm und allen Beteiligten nicht nur extrem peinlich – da alle natürlich viel zu höflich waren, um ihn auf sein verändertes Äußeres anzusprechen –, das war auch sehr lästig. Und als mir schließlich der Kapitän bei einem Dinner zuraunte, dass er keine Ahnung habe, wer der Mann zu seiner Linken sei, gab ich Dr. Rädele den brandheißen Tipp, es doch mal mit einer Kopfbedeckung zu versuchen, wenn es mit einem adäquaten Toupet-Ersatz am Amazonas schon so eine schwierige Sache war. Fortan wurde er, wenn zum gesellschaftlichen Rahmen passend, nur noch mit einer Baseballkappe gesehen, die er einem der weißrussischen Jungs aus dem Maschinenraum abgeschwatzt hatte. Schade, dass die Dame mit den Scopoderm-Pflastern nicht an Bord war. In ihrer Kleidersammlung hätte sich bestimmt auch noch eine passende Kopfbedeckung für Dr. Rädele gefunden.

Und wer weiß, vielleicht schwamm nun irgendwo im Fluss ein Amazonasdelfin mit Herrn Dr. Rädeles Toupet auf dem Kopf herum und kämpfte ebenfalls darum, von seiner Herde wieder aufgenommen zu werden.

Der uneingebildete Kranke

Der schlimmste Patient von allen pfeift aus dem letzten Loch

Es gibt Patienten, die rauben einem den letzten Nerv. Das sind zum einen die, die alles dafür tun, um nur fünf Minuten krankgeschrieben zu werden. Die in einer einfachen Erkältung gleich die Influenza wittern, sich prophylaktisch einmal im Monat zum Blutabnehmen in der Praxis vorstellen und ihre Diagnose, Wikipedia sei Dank, meist schon stellen können, bevor ich sie überhaupt zu Gesicht bekommen habe. Solche Patienten gibt es auf Kreuzfahrten zum Glück sehr, sehr selten.

Die anderen aber, von denen wimmelt es geradezu in den Hospitälern auf dem Wasser. Die tun alles, nur um nicht als krank zu gelten, die verschleiern, verbergen und dissimulieren. Und alles nur, um bloß nicht unter Kabinen-Quarantäne gestellt oder, am schlimmsten, nach Hause geschickt zu werden. Weil angeblich die olle Pumpe nicht mehr mitspielt. Oder der Doc in dieser lächerlichen Verstauchung gleich einen komplizierten Knochenbruch sieht. Dabei hatte man sich so auf den Urlaub gefreut.

Mit einem besonders schweren Fall dieser Gattung *Patientus dissimulus* hatte ich es auf einer Fahrt vor ein paar Jahren zu tun, bei der ich als begleitender Schiffsarzt vom neuseeländischen Auckland nach Shanghai in China fuhr. An einem frostigen Tag im Januar hatte mich Gerdi an den Flughafen von Frankfurt gebracht – wieder einmal würde sie mich nicht begleiten, sondern zu Hause die Stellung halten. Mittlerweile ist das für uns beide schon zur Gewohnheit geworden, dass ich mehrere Wochen im Jahr nicht da bin, auch wenn unser Umfeld nur mit Kopfschütteln reagiert.

»Zwölf Wochen ohne Fritz? Wer soll dich denn dann in den Wahnsinn treiben?«, hatte meine Bridgepartnerin aus der Heimat neulich erst gesagt, als sie meinte, ich würde es nicht mitbekommen.

Gerdi hatte mit den Schultern gezuckt. »So, wie der sich vor seiner Abreise immer aufführt, braucht man die drei Monate im Anschluss, um sich von ihm zu erholen. Der macht einen ja ganz wuschig, weil er dauernd von A nach B rennt und versucht, seine Angelegenheiten irgendwie geregelt zu bekommen.«

Sie meinte mit meinen »Angelegenheiten« wohl die üblichen Vorbereitungen, die ich vor einer Reise treffen musste: zahllose E-Mails schreiben, in denen ich mein Praxisteam instruierte, die Töchter an ihre Pflichten erinnerte und Aufgaben delegierte, vom Arztkollegen bis zum Steuerberater. Anrufe tätigen, Überweisungen machen, an Sitzungen teilnehmen – eben all das, was ich normalerweise zu Hause tat, nur eben komprimiert auf die Hälfte der Zeit.

»Also freut man sich immer zweimal, wenn Fritz verreist?«

»Genau. Wenn er wieder heimkommt, aber vor allem, wenn er geht.«

Das ist natürlich eine maßlose Übertreibung. Möglicherweise bin ich tatsächlich etwas unruhiger, bevor ich ein Schiff besteige und für eine gewisse Zeit daheim nicht anwesend bin. Logisch, ich führe eine Arztpraxis und habe meine Finger außerdem in der einen oder anderen Leitung einer medizinischen Einrichtung im Spiel, da kann man eigentlich nicht einfach verschwinden. Es sei denn, man hat ein tolles Team um sich herum, dem man vertraut, und organisiert seine Abwesenheit, in der man nur via E-Mail und das zum Teil auch nur sporadisch erreichbar ist, generalstabsmäßig. Keine Ahnung, was Gerdi mit »wuschig« meint. Ich finde es immer sehr erquickend, diese kribbelige Aufregung vor der Abreise.

Nur bei der Heimfahrt werde ich wirklich nervös. Und zwar deswegen, weil meine Familie die Angewohnheit hat, in meiner Abwesenheit diverse Projekte in Heim und Garten anzugehen. Jedes Mal, wenn ich vom Schiff zurückkomme, finde ich das Haus oder einen Teil davon im neuen Gewand vor. Meine vier Damen behaupten, sie müssen mich zu meinem renovierten Glück in den eigenen vier Wänden zwingen, weil ich gern an Altem, Liebgewonnenem festhalte und mich nur schwer von meinen Gewohnheiten trennen kann – selbst wenn es nur die Wandfarbe in der Diele ist. Deshalb nutzen sie jede auch noch so kleine Fahrt ins Blaue von mir, um den Dachboden zu entrümpeln, den Wintergarten neu zu beplanken, den Hausflur zu streichen oder den Garten umzugraben. Immerhin bin ich so unter anderem in den Genuss eines eigenen Weinkellers, einer benutzbaren, weil nicht vollgestellten Garage, und eines selbstgebauten Flammkuchenofens gekommen – ohne auch nur einen Handschlag dafür zu tun. Das ist angenehm auf der einen Seite, andererseits schlägt mir das Herz immer bis zum Hals, wenn ich sehe, dass mein ganz persönlicher Bautrupp all die kostbaren Dinge weggeschmissen hat, die ich so mühevoll sortiert und aufgehoben habe. Manchmal fällt in diesem Zusammenhang das hässliche Messie-Wort. Was selbstredend ebenfalls totaler Quatsch ist. Ich kann sehr gut mit kleinem Gepäck leben – das beweise ich jedes Mal, wenn ich auf Reisen gehe.

Nach mehr als dreißig Stunden mit Zwischenstopp in Singapur war ich nun also endlich in Neuseeland angekommen und brauchte volle zwei Tage, um mich zu akklimatisieren. Das lange Sitzen der letzten anderthalb Tage, die trockene Flugzeugluft und der sehr eingeschränkte Bewegungsspielraum der Beine fordert eben seinen Tribut. Trotzdem komisch: Vierzig Jahre zuvor war ich schon einmal nach Neuseeland geflogen, und da war mir die Reise nicht so strapaziös vorgekommen. Wie seltsam es doch war, älter zu werden.

Aber das Land entschädigt einfach für alles. Für all diejenigen, die noch nie in Neuseeland waren, lassen Sie sich sagen: Es gibt kaum etwas Beeindruckenderes als diese zwei langgezogenen Inseln, die sich da am sprichwörtlichen Arsch der Welt hinter dem riesigen australischen Kontinent verstecken. Als ich jung war, besuchte ich nach meinem Abitur dieses unfassbar schöne grüne Land. Ich blieb für ein halbes Jahr, und in dieser Zeit eroberte Neuseeland mein Herz im Sturm. Die begrünten sanften Hügel. Die schneebedeckten Berge. Die türkisfarbenen Seen und die weißen Sandstrände. Neuseeland sieht ein bisschen aus wie Norwegen, aber umringt von den Alpen und garniert mit einer Küste, die sich vor keiner Südseeinsel verstecken muss. Das Klima ist mild, für einen weißgesichtigen Europäer also ideal, und sehr viel gemäßigter als zum Beispiel in Australien, wo man sich den schlimmsten Sonnenbrand der Welt einfangen kann. Über alledem sind es aber die Menschen, die mich am meisten begeisterten. Neuseeländer ähneln in Humor und Wesen sehr den Engländern, allerdings ohne den Stock im Hintern. Nicht verwunderlich, dass ich mich damals verliebte, in eine Neuseeländerin namens Rowen, zu der ich bis heute sporadischen Kontakt pflege. Es wurde damals nichts mit uns beiden, ich ging zurück nach Deutschland und lernte kurz darauf meine Gerdi und

145

ihre kulinarischen Fähigkeiten kennen. Es hat also alles sein Gutes – na ja, nur nicht für meine Blutfettwerte, die, seitdem Gerdi in mein Leben getreten ist, sich nie mehr so richtig erholt haben.

Leider blieb mir zunächst nicht viel Zeit, im Anblick der neuseeländischen Natur zu versinken, denn wenn ich im Land meiner Einschiffung ankomme, muss ich meistens direkt vom Flugzeug aus zum Hafen fahren. Die zusätzliche Übernachtung, die ich bei einer früheren Ankunft bräuchte, muss ich in der Regel selbst bezahlen, außerdem muss ich in diesem Fall noch einen Tag früher in Deutschland abreisen, was nicht zuletzt meiner lieben Gattin gar nicht gefallen würde. Ihrer Lästereien zum Trotz fällt ihr der Abschied doch auch immer etwas schwer.

Das Schiff, die MS Heart of the Seas, ein riesiger Kahn, der mehr als achthundert Passagiere und bald vierhundert Besatzungsmitglieder fasste, trumpfte mit allem auf, was das müde Herz des Reisenden begehrte. Schon nach einer Woche fühlte ich mich an Bord wie ein Fisch im Wasser und hatte den nervigen Hinflug vergessen.

Dann, es muss Anfang Februar gewesen sein, etwa vier Wochen nach meiner Einschiffung, fiel mir auf, dass ich auf meine alten Tage nun doch ganz schön zu schnaufen anfing, wenn ich die fünf Stockwerke vom untersten aufs Pooldeck ging. Um bei meinen Reisen nicht zu viel Wohlstandsspeck anzusetzen, habe ich mir schon früh angewöhnt, alles, was geht, ohne Aufzug zu machen – ansonsten kriegt man die zwei Stückchen Kuchen am Nachmittag und das fünfgängige Menü am Abend nie wieder von den Hüften. (Denn die fünf »Gänge«, die in der Regel aufgetischt werden, sind alles, aber nicht mit Bewegung verbunden!) Also marschiere ich auf den Schiffen immer tapfer die Treppen auf und ab, das ist gut für den Kreislauf und erst recht fürs Gewicht. Und normalerweise stellt das Treppensteigen auch gar kein Problem dar, aber auf dieser Reise bemerkte ich mit Erstaunen, dass mich die fünf Stockwerke doch ziemlich keuchen ließen. Klar, ich war achtundfünfzig, da fiel einem das ein oder andere schon mal schwerer als früher – aber so plötzlich?

Nun ja. Ich zuckte mit den Schultern und beschloss, mich nicht von meinem Treppensport abbringen zu lassen. Dann legte ich den »Fall« zu den Akten.

Im Hospital gab es erfreulicherweise nicht viel zu tun. So hatte ich jede Menge Zeit, mir die wunderbare neuseeländische Landschaft anzusehen und mich an der australischen Natur zu weiden. Wir kamen an Melbourne, Sydney und Brisbane vorbei, gingen in Neukaledonien und den Salomon-Inseln an Land und ankerten vor Papua-Neuguinea, wo das Wasser so klar ist, dass man die Schildkröten mehrere Meter unter der Wasseroberfläche über den Meeresboden schwimmen sieht. Hinter dem Strand, an dem wir an unserem ersten Tag auf der Insel vorbeifuhren, erhob sich ein dichter dunkler Urwald, und darüber hingen dunkle Wolkenberge, die der ganzen Szenerie einen noch unwirklicheren Charakter verliehen. Die Crew an Bord war sehr entspannt und freundlich (was nicht zuletzt auch an sehr vielen Indonesiern lag, die ein überaus sonniges Gemüt haben), und die Passagiere waren in bester Laune. Aber ich fühlte mich von Tag zu Tag schlechter. Doch als Arzt beruhigte ich mich selbst schnell wieder – was sollte mir schon fehlen?

»Du schnaufst wie eine alte Dampflok«, sagte ein alter Bekannter lachend, als wir uns zur Begrüßung in die Arme fielen. Hajo war in Manila an Bord gegangen, es war inzwischen Mitte Februar und ich seit sechs Wochen auf dem Schiff. Wie einige andere Freunde und Bekannte passte er seinen Reiseplan an meine

Einsätze an Bord an, was mich immer sehr freute, wenn Gerdi schon nicht mitkommen wollte.

»Mir geht es prima«, sagte ich und winkte ab. Gleichzeitig musste ich mich aber sehr disziplinieren, um nicht gierig die Luft einzusaugen. »Habe die Treppen genommen, drei Stockwerke auf einmal.«

Das stimmte zwar, war aber keine Erklärung dafür, warum ich aus dem letzten Loch pfiff. Selbst wenn ich still dastand oder saß, hatte ich Schwierigkeiten, ausreichend Atem zu schöpfen.

Das blieb auch Hajo nicht verborgen, der meine Ausreden sofort durchschaute. Weil er immer noch genauso schnurgeradeaus wie immer war, sprach er mich am zweiten Tag unseres Zusammentreffens auf meinen Zustand an. »Was ist mit dir los, Fritz? Du wirst doch nicht etwa alt?« Dabei wackelte er mit den Augenbrauen und zog eine Grimasse.

»Du bist unmöglich!«, schimpfte Annelis, die sich von Hajo seit einem guten halben Jahr nach allen Regeln der Kunst umgarnen ließ und die Reise ebenfalls gebucht hatte. Natürlich in getrennten Kabinen, wie sich das gehörte. Sehr zum Bedauern von Hajo.

»Was denn? Man wird doch wohl mal fragen dürfen«, verteidigte sich mein Freund. »Im Ernst. Du wirkst ein bisschen blass um die Nasenspitze.«

»Da hat er ausnahmsweise einmal recht«, sagte Annelis.

»Alles okay«, wiegelte ich ab. »Vielleicht eine verschleppte Erkältung – nichts Ernstes.«

Und zu diesem Zeitpunkt glaubte ich das selbst noch. Erst als ich eine Woche später beim Mittagessen eine Reihe von sehr unerfreulichen Herzrhythmusstörungen bemerkte, gestand ich mir ein, dass mit mir wirklich irgendwas nicht stimmte.

Trotzdem: Kein Grund zur Panik! Ich behielt meine kleinen

Wehwehchen für mich und nahm mir vor, die Sache zu beobachten.

Ende Februar hatten mich die Kurzatmigkeit, mein ständig galoppierender Herzschlag und eine leicht gesunkene arterielle Sauerstoffsättigung so weit, dass ich zum ersten Mal den Aufzug nahm. Heimlich versteht sich.

An einem Vormittag nach der Sprechstunde schloss ich mich dann doch mal an die Elektroden an und machte ein EKG. Mit einem leichten Unwohlsein im Magen stellte ich fest, dass ich mir die Rhythmusstörungen nicht eingebildet hatte, und auch die Sauerstoffsättigung meines Blutes war weiter nach unten gegangen. Kein Wunder, dass ich so schlecht Luft bekam. Es schien mit meinem Herzen zusammenzuhängen.

Ich?

Ein Herzinfarkt?

Lächerlich! Klar, ich wusste um meine Sportlerpumpe, die ich in meinen Zwanzigern und Dreißigern hochgezüchtet und dann schmählich vernachlässigt hatte. Und die Herzrhythmusstörungen, die mich in sehr unregelmäßigen Abständen in den vergangenen Jahren immer mal wieder heimgesucht hatten, die hatte ich natürlich auch zur Kenntnis genommen – aber deswegen stellte man sich ja nicht gleich auf der kardiologischen Abteilung vor. Zumindest ich nicht. Nein, es fehlten ja die für einen Herzinfarkt typischen Brustschmerzen. Vielleicht aber eine Myokarditis, also eine Entzündung des Herzmuskels? Es ist ja hinreichend bekannt, wie heimtückisch und besonders zu Beginn der Erkrankung uncharakteristisch diese Krankheit ist.

Ich schrieb eine E-Mail an einen befreundeten Herzspezialisten in der Heimat und schilderte ihm die Symptome. Ich erinnere mich noch genau, dass ich meine Leistungsfähigkeit sogar mit nur noch fünfzig Prozent meiner ansonsten robusten allgemeinen Fitness beschrieb. Ansonsten sprach ich mit niemandem über meine kleine Unpässlichkeit. Auch wenn Annelis und Hajo mich so streng musterten, wenn sie mich sahen, dass ich ihnen am liebsten aus dem Weg gegangen wäre.

»Fritz, du gefällst uns gar nicht«, sagte Annelis immer wieder, aber ich ließ sie reden und bemühte mich, ihre Bedenken durch ein Lächeln zu vertreiben – und bildete mir ein, dass es mir auch gelang.

»Kümmere du dich mal um deinen Hajo. Wenn du den noch länger köcheln lässt, löst er sich bald in seine molekularen Bestandteile auf«, sagte ich und zwang mich zu einem Lachen. Doch selbst das strengte mich enorm an.

Statt die Sorgen meiner Freunde ernst zu nehmen und mich in ärztliche Betreuung zu begeben, versuchte ich die Beschwerden mit selbstverschriebenen Betablockern zu dämpfen. Zumindest die unangenehmen Herzrhythmusstörungen sollten sich doch damit bessern lassen. Doch zu früh gefreut. Die Betablocker sorgten dafür, dass es mir noch schlechter ging, also setzte ich sie nach ein paar Tagen wieder ab.

Mein derangierter Zustand war nun nicht mehr zu leugnen. Während der ganz normalen Sprechstunde, die wirklich alles andere als »aufregend« war, musste ich immer wieder Pausen einlegen, in denen ich mich auf der Behandlungsliege ausruhte.

»Meinst du nicht, es wäre langsam mal an der Zeit, einen Kollegen zu konsultieren?«, fragte mich Annelis, die von Marion, der Nurse, über meine desolaten Blutwerte informiert worden war. Elende Bande!

»Nein, ich hab das im Griff«, sagte ich trotzig und widerstand der Versuchung, mich an der Wand des Restaurants abzustützen. Mir war so schwindlig. Im Oberbauch verspürte ich einen heftigen Druck, mir war unwohl, und meinen Appetit hatte ich schon vor ein paar Tagen verloren.

»Du solltest deinen Vorgesetzten von deinem Zustand erzählen«, sagte Hajo.

»Welchem Zustand?«

»Mensch, Fritz! Dir geht es beschissen, das sieht man dir an, aber du sturer Esel willst dich ja nicht untersuchen lassen.«

»Ich werde einen Spezialisten aufsuchen, gleich wenn ich in Deutschland bin.«

Ich sah, dass Annelis und Hajo sich vielsagende Blicke zuwarfen. Die beiden waren mittlerweile sehr vertraut. Und verliebt ineinander, das sah ein Blinder mit Krückstock. Auch war mir nicht entgangen, dass sie in Momenten, in denen sie sich unbeobachtet fühlten, immer wieder Händchen hielten. Endlich! Das war ja kaum noch auszuhalten gewesen, dieses nicht enden wollende Umeinander-Herumschleichen.

Doch ich las noch mehr in ihren Gesichtern: Am liebsten hätten sie mich zwangseinweisen lassen, das war ihnen an den Nasenspitzen anzusehen. Nicht mit mir!

Aber warum wollte ich nicht vom Schiff gehen? Warum mich nicht in Behandlung begeben? Wir waren in Nagasaki, Japan, und nicht in einer x-beliebigen Bananenrepublik, in der es keine Ärzte gab. Wir würden in wenigen Tagen die Reise in Shanghai beenden. Es wäre kein Problem gewesen, noch vor der Überquerung des Ostchinesischen Meers ein japanisches Krankenhaus aufzusuchen und mich dort behandeln zu lassen.

Doch ich hatte wohl viel zu große Angst vor dem, was die Kollegen dort finden würden. Und in meiner grenzenlosen Selbstüberschätzung meinte ich, in Deutschland besser gesunden zu können, weshalb ich weiterhin auf dem Schiff die Stellung hielt.

Gerdi zu informieren, diese Idee war mir auch nicht gekommen. Oder hatte ich bloß Angst vor ihrer Reaktion? Das war sogar wahrscheinlicher. Insgeheim befürchtete ich wohl, sie würde mir auf den Kopf zusagen, was sie von meinem russischen Roulette hielt. Denn gesund war ich wirklich nicht. Das war mir inzwischen klar.

Seit ich auf Schiffen praktizierte, hatte ich erfolgreich das Motto verfolgt: Mit mir an Bord stirbt keiner. Dass ausgerechnet ich, der Schiffsarzt selbst, einer der Wackelkandidaten sein könnte, daran hatte ich nie gedacht.

Doch es half nichts, ich konnte es nicht länger leugnen: Ich stand kurz vor dem Zusammenbruch, und lange würde mein riskantes Spiel nicht mehr gut gehen. Dem Kapitän und einigen Offizieren gab ich zu Bericht, dass es mir nicht sonderlich gut gehe, ich aber beabsichtige, die Fahrt, die ohnehin nur noch wenige Tage dauern würde, zu Ende zu bringen. Dann ging ich wieder zur Tagesordnung über – oder zu dem, was bei mir mittlerweile »normal« geworden war. Selbst im Liegen bekam ich kaum Luft. Mein Herzschlag war wild und alles andere als im Takt, und ich war kaum belastbar.

Egal. Das letzte Stück musste ich dann eben auf einer Arschbacke zurücklegen.

So einfach, wie ich mir das vorgestellt hatte, war es dann aber leider nicht. Als wir drei Tage später in Shanghai in den Hafen einfuhren, konnte ich kaum noch aufrecht stehen.

»Du hast echt einen Vogel!«, schimpfte Hajo mit mir, als er sah, wie ich mich, gekrümmt vor Atemnot, ins Bordrestaurant schleppte. Aufrechtes Gehen war eigentlich nicht mehr möglich. Noch zwei Wochen länger, und ich würde wieder auf allen vieren kriechen – wenn ich so lange überstand.

»Du musst ins Krankenhaus«, schloss sich Annelis an.

Doch ich ließ die beiden meckern und kümmerte mich um die Übergabe des Schiffshospitals an den eingetroffenen Kollegen. Selbst der sah mich skeptisch an.

»Und Sie sind sicher, dass Sie so fliegen wollen?«

»Na klar«, hechelte ich kurzatmig wie eine Horde Huskys, und dann verabschiedete ich mich schnell von ihm, bevor er mir mit seinem Stethoskop zu nahe kommen konnte.

Nach Hause, ich will nur noch nach Hause, dachte ich drei Stunden später, als Nurse Marion, Hajo, Annelis und ich am Gate des Shanghaier Flughafens standen. Ich musste mich an Marion festhalten, die den Check-in für mich erledigt hatte.

»Fritz, du kannst doch so in kein Flugzeug steigen«, fing Annelis wieder mit ihrem Gezeter an, aber ich brachte sie mit einem eisigen Blick zum Schweigen.

Wir standen in der Schlange. Noch wenige Meter, dann konnte ich endlich wieder sitzen. Noch ein paar Stunden, und ich war zu Hause, wo meine liebe Gerdi schon auf mich wartete. Den Kollegen aus der Kardiologie hatte ich noch vom Schiff aus informiert, dass er mich gleich einen Tag nach meiner Ankunft einer großen Untersuchung unterziehen möge. Nur noch ein paar Stunden durchhalten, dann durfte auch ich endlich einmal schwach sein und die anderen sich um mich kümmern lassen.

Es ging einen weiteren Meter voran.

»Ich glaube, Ihre Freunde haben recht, Doc«, mischte sich nun Marion ein. Sie war bislang meine Verbündete gewesen und hatte stets darauf bestanden, dass ich selbst am besten wisse, was ich brauche. »Ich glaube auch, dass Sie besser in ein Krankenhau…«

Der Rest des Satzes ging in einem gewaltigen Rauschen unter. Dann wurde alles schwarz.

Als ich wieder zu mir kam, lag ich auf dem Boden. Über mir sah ich die besorgten Gesichter von Annelis, Hajo und Marion, dazwischen schoben sich ein paar asiatisch anmutende Köpfe. In meinen Ohren rauschte noch immer das Blut, ich hörte nichts außer meinen eigenen unregelmäßigen Herzschlag. Ich sah, wie sich Marions Lippen bewegten, aber ich hörte kein Wort. Mein Kopf fühlte sich an, als hätte ich ihn in Watte gesteckt.

Annelis musterte mich voller Sorge. Ihrem strengen Blick konnte ich entnehmen, dass sie jetzt genug von meinen Fisimatenten hatte.

So ein verdammter Mist!

Langsam wurde es lauter um mich herum, als würde jemand an einem unsichtbaren Regler drehen, der die Lautstärke pegelt.

»... keinesfalls in ein Flugzeug steigen.«

»... Ambulanz alarmiert?«

»... rufe seine Frau an.«

Die Wortfetzen drangen an mein Ohr. Ich versuchte etwas zu sagen, aber schon beim Luftholen versagten mir erneut die Sinne. Mir war kalt. Der Schwindel und die Atemnot waren unerträglich, und jetzt erst dämmerte mir, dass ich in einer aussichtslosen Lage war. Wie der sprichwörtliche Käfer lag ich auf dem Rücken. Ich würde nicht in das Flugzeug einsteigen können. Ich würde nicht nach Hause fliegen. Ich würde hier bleiben und mich behandeln lassen. Ich brauchte Hilfe. Alles andere war mir egal. Absurd, eigentlich. Da hatte ich wochenlang mein Bestes gegeben, um mir nicht helfen zu lassen, und nun war es mir egal, ob ich nach Deutschland gelangen würde oder nicht.

So ist das eben, wenn man einen Blick in den Tunnel wirft.

Nein, ich sah kein Licht. Aber mir war klar, dass es nicht gut um mich stand. Gar nicht gut. Ich war ja immerhin vom Fach.

Ich leistete keinen Widerstand, als Hajo und Marion mich in einen eilig herbeigeschobenen Rollstuhl bugsierten.

»Sollen wir unseren Flug nicht canceln und bei dir bleiben?«, fragte mich Annelis ein ums andere Mal.

Ich schüttelte energisch den Kopf und verabschiedete mich von ihr und Hajo mit der Bitte, sich um Gerdi zu kümmern. Meiner Nurse kritzelte ich noch irgendwie, mehr bewusstlos als lebendig, die Nummer meiner Frau auf und wies sie an, sie anzurufen. Denn in zwölf Stunden würde sie in Frankfurt am Flughafen stehen und mich abholen wollen. Jemand musste ihr Bescheid geben. Und dieser Jemand konnte mit an Sicherheit grenzender Wahrscheinlichkeit nicht mehr ich sein.

Mit der Ambulanz ging es in ein internationales Krankenhaus. In der Notaufnahme verlor ich immer wieder die Besinnung, und in meinen wenigen bewussten Momenten kriegte ich mit, dass eine ganze Kompanie kleiner Frauen mit schwarzen Haaren um mich herumwuselte. Jemand nahm mir Blut ab. Ein EKG wurde angehängt. Ich bekam Sauerstoff. Ich hörte immer wieder das Wort »Angiographie«.

Auf wundersame Art gelang es mir, meiner Frau eine SMS zu schreiben: bin noch in shanghai, seit einig. tagen kurzatmig, gestern jedoch auch in ruhe luftnot & zyanose. kollabiert am flughafen. brauche o2 & bin sehr schwach, keine schmerzen. an einen HI kann ich ohne ap nicht glauben. tippe auf lungenembolie. behand. arzt schlägt pulmonaris-angio vor. keine lebensgefahr, macht euch keine sorgen. melde mich wieder.

Irgendwann sah ich durch den Nebel des Bewusstseins einen

Mann im weißen Kittel auf mich zukommen, der mir auf Englisch sagte, dass meine Werte sehr schlecht seien. Man vermute einen Herz- oder Lungeninfarkt.

Dann wurde es erneut Nacht um mich herum.

Als ich die Augen wieder aufschlug, schien draußen vor dem Fenster die Sonne. Ein Mann stand an meinem Bett. Er stellte sich mir als Chefarzt der Abteilung vor und eröffnete mir auf Englisch, dass ich eine massive Lungenembolie habe, genau genommen zwei Drittel meiner Lungengefäße mit Thromben verstopft seien, mein Zustand sehr kritisch sei und ich für mindestens drei Wochen nicht aufstehen dürfe. Man beabsichtige, eine sogenannte systemische Fibrinolyse durchzuführen, die einzige noch verbleibende Möglichkeit, um die diffusen Thromben aufzulösen.

Trotz Sauerstoffmangels in meinem Arzthirn konnte ich mir nun die schon seit einigen Wochen bemerkten Beschwerden erklären. Dadurch, dass mein Blut nicht mehr vollständig durch die Lunge fließen und dort mit Sauerstoff angereichert werden konnte, war es zu einer sich steigernden Sauerstoffunterversorgung in allen Organen gekommen. Außerdem wurde mein Herz massiv überlastet, weil das Blut mit mehr Druck durch die verstopfte Lunge gedrückt werden musste. Deswegen hatte ein Automatismus in meinem Körper eingesetzt, der den Sauerstoffmangel zu kompensieren versuchte. Die Folge: beschleunigter Puls und daraus resultierende Extrasystolen.

Sobald das blutgerinnungslösende Medikament in meine Adern floss, fing ich aus allen Löchern und Punktionsstellen (und von denen gab es nach der Aufnahme am Vorabend viele) zu bluten an wie ein Springbrunnen. Ein gutes Zeichen, denn es bedeutete, dass die Lyse wirkte. Meine Vitalparameter besserten sich schnell, ich bemerkte stündlich, wie es mit mir bergauf ging. Irgendwann fühlte ich mich stark genug, um erneut zum Telefon zu greifen und zu Hause anzurufen.

»Fritz?«

Ich weiß im Nachhinein nicht mehr, wie es passieren konnte, aber als ich die Stimme meiner Frau hörte, brachen bei mir alle Dämme.

»Gerdi … Es tut mir leid, dass ich dir solche Sorgen bereite. Mir geht es gut, wirklich, ich bin hier in besten Händen.« Meine Stimme zitterte so stark, dass ich mir nicht sicher war, ob meine Frau mich verstand. »Ich hab eine Lungenembolie. Gestern bin ich kollabiert. Und dabei wollte ich doch nur nach Hause …«

»Hör auf zu weinen, Schatz«, sagte meine starke Gerdi mit fester Stimme. »Du darfst dich nicht aufregen. Was ist denn überhaupt passiert?«

Ich berichtete ihr stockend von den letzten Wochen. Von den Herzrhythmusstörungen, der Atemnot, meinem Anfangsverdacht Herzmuskelentzündung und den Betablockern. Von meiner Sorge, es nicht mehr nach Hause zu schaffen. Und von der Vermutung des hiesigen Arztes, dass ich durch Beinvenenthrombosen im Bereich beider Knie, die ich mir wohl auf dem Hinflug zugezogen hatte, eine Lungenembolie entwickelt habe – nicht jedoch eine akute mit einem einzigen großen Thrombus, sondern eine durch viele immer wieder neu entstandene Blutgerinnsel, die sich dann losgerissen haben und als sogenannte Emboli meine Lungengefäße an den unterschiedlichsten Stellen verstopften.

Als ich von den medizinischen Fakten sprach, wurde ich ruhiger. In diesen Gewässern fühle ich mich deutlich wohler als mitten im Sturm meiner sich überschlagenden Gefühle. Nach fünf Minuten beendeten Gerdi und ich das Gespräch, und ich fühlte mich besser als vorher. Aufgeräumter. Klarer. Ich hatte eine schwere Lungenembolie? Okay. Daran konnte man zwar sterben – die Chancen dafür standen siebzig zu dreißig, aber ich hatte etwas Besseres vor.

In den kommenden drei Tagen ging es aufwärts mit mir. Ich schöpfte erstmals Hoffnung, das Schlimmste schien überstanden. Meinen (zugegeben: schwachen) Widerständen zum Trotz hatte sich Gerdi auf den Weg nach China gemacht, mich könne man ja nicht allein lassen, hatte sie geschimpft. Ich war froh, dass sie kam. Allein am anderen Ende der Welt in einem Krankenhaus zu liegen, unter ständiger Beobachtung von einer Schwester, die meine Vitalwerte und die immer noch blutenden Einstichlöcher überwacht, das ist kein Spaß.

Natürlich stellte ich mir Fragen. Ob es das alles wert war, die ganze Reiserei. Was hatte man davon, die Mehrzahl aller Länder der Welt bereist zu haben, die kühle Eleganz der Arktis, die undurchdringlichen Regenwälder Amazoniens, die strahlend weißen Sandstrände der Fidschi-Inseln, wenn man in einem Krankenhausbett in Shanghai landete, Tausende von Kilometern entfernt von seiner Familie? Ich machte mir Vorwürfe, als ich da so lag, und fragte mich, ob dieses Leben, das ich für mich und meine Familie ausgesucht hatte, wirklich das richtige war.

Viel schrecklicher als meine Zweifel war jedoch die Bettpfanne, an die konnte ich mich nicht gewöhnen – aber Aufstehen war ja aufs Strengste untersagt. Ich aß kaum etwas, damit ich keinen Stuhlgang hatte, und wenn doch, dann nur Äpfel und Bananen. Trinken mochte ich auch nichts, obwohl mir offenbar genau das die elenden Thrombosen eingebracht hatte: Auf dem Hinflug nach Neuseeland, der zweimal zwölf Stunden dauerte, hatte ich, das musste ich zugeben, sehr wenig getrunken. Eigentlich nichts, wenn ich die einhundert Milliliter Rotwein abzog. Ich hasse Flugzeugtoiletten. Daher war mein einfacher Gedanke: Wenn oben wenig reinkommt, kommt unten wenig raus.

Dass die Rechnung nicht so ganz aufgegangen war, hatte ich mittlerweile begriffen.

Als Gerdi kam, ging es mir schlagartig besser. Und zwar nicht nur psychisch – der Körper ist doch ein wundersames Ding. Da meine Tag-und-Nacht-Schwester, die mich in den vergangenen drei Tagen überwacht, ja sogar bei mir im Zimmer geschlafen und geschnarcht hatte wie ein kanadischer Holzfäller, endlich gehen konnte, fühlte ich mich augenblicklich besser.

Doch ich hatte Pest gegen Cholera eingetauscht. Gerdi hielt mir zuerst eine Gardinenpredigt, die sich gewaschen hatte, dann zwang sie mich stündlich zum Trinken. Immerhin, am Abend ihrer Ankunft stießen wir mit einer ins Land geschmuggelten Flasche Merlot an. Getränk der Götter! Endlich wieder etwas mit Geschmack …

Eine Woche nach meinem Kollaps am Flughafen stand ich verbotenerweise aus dem Bett auf und machte ein paar vorsichtige Schritte im Zimmer. Gerdi stand Schmiere an der Tür. Nach drei Minuten hatte ich genug, es ging wieder ins Bett. Immerhin mental ging es mir Tag für Tag besser. Da ich frühestens in zwei Wochen wieder fliegen durfte, plante ich die Tage nach meinem Krankenhausaufenthalt mit Gerdi. Wir wollten Shanghai besichtigen, wenn wir schon mal da waren, und ich fand mit der Hilfe des hiesigen Hafenagenten ein ruhiges Hotel – allerdings nur unter einer Bedingung: Es musste in der Nähe des Krankenhauses sein.

Auch in der Klinik lief es besser. Ich musste wohl mehrere Schutzengel gleichzeitig gehabt haben. Im Kontroll-CT nach knappen drei Wochen war die Lunge wieder völlig frei durchgängig. In der Venensonographie waren nur noch einzelne Thromben im Bereich des rechten Unterschenkels erkennbar, sonst freie Abflussverhältnisse. Die Lyse hatte geklappt, die Blutgerinnsel hatten sich nahezu komplett aufgelöst. Vor allem die Lungenarterien waren wieder völlig frei. Was hatte ich für einen Dusel gehabt! Was wäre geschehen, wenn ich am Flughafen Shanghai nicht kollabiert, sondern tatsächlich in den Flieger gestiegen wäre? Dort oben – bei noch niedrigerem Sauerstoff in der Luft und ohne medizinische Hilfe – wäre mit hoher Wahrscheinlichkeit ein bis dato so erfülltes Arztleben früh, zu früh zu Ende gegangen.

»Meinst du, ich sollte das Reisen lassen? Mehr zu Hause bei dir und den Mädchen bleiben? Kürzer treten?«

Ich hatte Angst vor Gerdis Antwort, Angst davor, dass sie Ja sagen könnte. Mir war es noch nie gelungen, lange stillzusitzen, und jetzt, so schwante mir, könnte der Zeitpunkt gekommen sein, wo nicht mehr ich darüber entschied, was ich tun und was ich lassen wollte. Meine Unvernunft hatte mich in Lebensgefahr gebracht. Ich hatte nicht einsehen wollen, dass ich Hilfe brauchte, hatte die Augen verschlossen vor der Wahrheit, die sich mir am Ende sehr eindrucksvoll aufgedrängt hatte: Ich hätte von Bord gehen sollen, viel früher schon. Aber die Hybris, die meinem Berufsstand zu eigen ist, und die Hoffnung, dass es sich eben doch nur um eine Kleinigkeit handeln könnte, brachten mich dazu, die Augen vor dem Tatsächlichen und die Ohren vor den Ratschlägen meiner Freunde zu verschließen.

Ich blickte Gerdi an, in mulmiger Erwartung dessen, was nun kommen würde. Wäre dies die letzte große Fahrt, die ich gemacht hatte?

Die beste Ehefrau von allen schüttelte entschieden den Kopf.

»Das wirst du schön bleiben lassen. Wir würden dich nicht ertragen, wenn du nicht mehr verreisen würdest, und du dich selbst vermutlich auch nicht.«

Mir fiel ein Stein vom Herzen. Offenbar sah man mir das an.

»Freu dich nicht zu früh!«, sagte Gerdi mit drohend erhobenem Zeigefinger. »Ich werde dich ab jetzt auf jeder Reise begleiten. Dich kann man wirklich nicht allein lassen, du unvernünftiger sturer alter Mann. Stell dich also drauf ein, dass die Zeiten der Singlereisen nun der Vergangenheit angehören.«

Das wurde ja immer besser! Gerdi erlaubte nicht nur, dass ich mit meinem Job als Schiffsarzt weitermachte, sondern würde mir in Zukunft auf allen Reisen Gesellschaft leisten?

Ich gab mir sehr große Mühe, ein betroffenes Gesicht zu machen und mir meine Freude über ihre »Androhung« nicht allzu sehr anmerken zu lassen. Denn eines hatte ich von Annelis gelernt: Man muss wissen, wie es geht, das Reizen.

Vier Wochen nach meinem eigentlichen Rückflug saßen Gerdi und ich in der Business-Class des Lufthansaflugs von Shanghai nach Frankfurt. Zum ersten Mal begriff ich, warum sich Leute diesen Luxus leisten. Breite Sitze, Beinfreiheit und eine Stewardess auf zwanzig Passagiere – nicht auf sechzig.

»Die Mädchen freuen sich auf dich«, sagte Gerdi, und in ihren Augen glitzerte es verdächtig.

»Und ich freu mich auf zu Hause.«

»Herr Wittmann«, beugte sich da die Stewardess zu mir runter. »Darf ich Ihnen ein Glas Wasser anbieten?«

Ich war etwas verwirrt. »Nein, danke, ich habe keinen Durst.«

»Das macht nichts«, sagte die Stewardess, drückte mir ein Glas in die Hand und zwinkerte Gerdi verschwörerisch zu.

»Gerdi …«, setzte ich an, aber meine Frau guckte nur unschuldig und grinste.

»Sie trinken das schön leer«, sagte die Stewardess bestimmt. »Und in einer Stunde komm ich noch mal, und wir wiederholen das Ganze. Wir werden sehr viel Spaß miteinander haben, Herr Wittmann.«

»Aber muss es denn wirklich nur Wasser sein? Wein ist doch auch Flüssigkeit!«

Anstelle einer Antwort warf sie mir einen Blick zu, der mich für den Rest des Fluges schweigen ließ.

Die Amerikanerin in der Nussschale

*Auf der Fahrt durch die Antarktis sitzen
mehr Leute in einem Boot, als den Passagieren guttut*

Wer es in den wärmeren Gefilden irgendwann nicht mehr aus-
hält oder als Viel-Kreuzfahrer, sogenannter »Repeater«, schon alles kennt, muss sich über kurz oder lang entweder ganz in den
Norden oder sehr weit in den Süden unserer Erdkugel wagen.
Was sich im ersten Moment vielleicht nicht ganz so prickelnd
anhört – immerhin verbinden die meisten Menschen mit einer
Kreuzfahrt Sonne, Strand und Schirmchencocktails, das Erlebnis
Arktis und Antarktis steht dem ja diametral gegenüber –, verfügt
in Wahrheit jedoch über einen ganz besonderen Reiz: Zodiactouren, Anlandungen auf ewigem Eis, driftende Eisberge, Buckel-
wale, Robben, Pinguine und eine ergreifende Stille, zeitweise un-
terbrochen von dem leisen Knirschen des Meereises, das von der
Bugspitze des Schiffs bei einer gemächlichen Fahrt zerteilt wird.

Weil nur sehr wenige Passagierschiffe über die erforderliche
Eisklasse verfügen, die bei Fahrten an den Nord- oder Südpol
gefordert werden, sind die Reisen in diese entlegensten Gegen-
den unserer Erde entsprechend teuer. Als ich vor ein paar Jahren von einer Reederei, die einen sehr guten Ruf genoss, gefragt

wurde, ob ich eine solche dreimonatige Tour auf einer sogenannten Expeditionskreuzfahrt als Schiffsarzt begleiten wolle, sagte ich sofort zu. Es gibt Dinge, die werden einem nur einmal im Leben angeboten, und dieses Abenteuer mit dem Fünf-Sterne-Schiff MS Amundsen von Feuerland in die Antarktis gehört definitiv dazu.

Das fand auch meine liebe Gattin. Als ich ihr von der Anfrage der Reederei erzählte (und ich ging fest davon aus, dass sie trotz ihrer Drohung wieder daheimbleiben würde – oder, noch schlimmer, mir nach meiner Erkrankung verböte, daran teilzunehmen), sagte sie zu meiner größten Freude und Überraschung: »Ich wollte schon immer einmal Pinguine in freier Wildbahn sehen. Bei denen kümmert sich vor allem das Männchen um die Aufzucht der Nachkommen. Das glaube ich aber erst, wenn ich es mit eigenen Augen gesehen habe.«

»Heißt das, du willst mitkommen?«

»Ach, von *wollen* kann da gar keine Rede sein«, sagte sie. »Aber dich kann man ja nicht allein lassen. Und wenn du schon unbedingt in der Welt herumschippern musst, dann sollte doch wenigstens dafür gesorgt sein, dass jemand auf dich aufpasst.«

»Oh, Gerdi«, seufzte ich glücklich. »Damit machst du mir eine so große Freu…«

Sie fiel mir ins Wort. »Das wird kein Spaß für dich, das kannst du mir glauben! Du wirst jeden Tag drei Liter trinken, und damit meine ich keinen Wein.«

Aber sie schmunzelte, während sie das sagte, und ich war froh, dass sie ihre »Drohung« aus Shanghai wirklich in die Tat umsetzte.

Beim ersten Teil der Fahrt handelte es sich um eine ganz besondere Charterreise, bei der nur etwa achtzig Passagiere, also etwa die Hälfte von der üblichen Anzahl an Reisenden, an Bord waren. Damit wollte der Charterer mehr Platz, mehr Komfort, noch besseren Service, mehr Zodiactouren und Anlandungen, vor allem aber auch mehr Exklusivität bieten. Unter den Gästen war das Who-is-Who der deutschen Industrie: Großbänker und Großbäcker, Sportartikel- und Sockenhersteller, Verleger und Produzenten, CEOs, Vorstände, Geschäftsführer und Aufsichtsratsvorsitzende. Wenn man sich die Passagierliste durchlas, wurde einem schwindlig von den ganzen prominenten Namen, die man da zu Gesicht bekam. Auf dem Bundespresseball konnte es kaum besser sein. Die Reise kostete ein schönes Sümmchen, etwa fünfundzwanzigtausend Euro kamen für die vierzehn Tage zusammen. Pro Person.

Wie ich bereits sagte: Es gibt Dinge, die werden einem nur einmal im Leben angeboten …

Gerdi und ich waren Mitte Februar von Deutschland aus in Richtung Ushuaia losgezogen, mit je zwei Koffern zu je zwanzig Kilo und Kleidung für sowohl kalte als auch warme Gefilde. Nach der Antarktisreise sollte es nämlich via Magellanstraße in die chilenischen Fjorde und dann weiter nach Norden durch den Panamakanal in die Karibik gehen. Die Stimmung an Bord war sehr gut und entspannt. Nicht weiter verwunderlich, wenn auf ein Crewmitglied etwa ein Pax kam, jedem Passagier sozusagen sein eigener »Angestellter« zur Verfügung stand. Nur zum Vergleich: Auf den Mega-Cruisern, auf denen locker fünftausend Passagiere unterkommen, gibt es gerade mal zweitausend Besatzungsmitglieder.

Die Landspitze der chilenischen Felseninsel Isla Hornos, besser bekannt unter dem Namen Kap Hoorn, zeigte sich, wie für diese Exklusivreise bestellt, von ihrer besten Seite: wenig Wind und Wellen, kaum Schwell, Sonne und blauer Himmel. Und das sollte das so berüchtigte und gefährliche Feuerland sein, wo angeblich schon so viele Seeleute ihr Leben lassen mussten?

Danach ging es weiter durch die bei Kreuzfahrern ebenfalls sehr gefürchtete Drakepassage. Gefürchtet wegen der meist stürmischen Winde, weniger wegen der Bedrohung durch englische Freibeuter.

In dieser Gegend treffen unterschiedlich temperierte Meeresströmungen des Pazifiks im Westen und des Atlantiks im Osten zusammen und führen einen andauernden Kampf um die klimatische Vorherrschaft – zum Leidwesen von See- und Kreuzfahrern. Schiffsärzte haben in dieser Region meistens Hochkonjunktur, viele Passagiere, aber auch Leute von der Crew, vor allem die neu zugestiegenen, werden seekrank und wollen lieber sterben als weiter ins ewige Eis fahren. Überall auf dem Schiff sind sogenannte *Seasickness-Bags* (auf Deutsch etwas weniger schön: Kotztüten) deponiert. Auch die Damen des Housekeepings, die die Zimmer herrichten, haben während dieser Zeit viel zu tun, die Küche und die Restaurant-Crew dafür umso weniger. Wer hat schon Lust auf ein Sechs-Gänge-Menü, wenn sich einem schon der leere Magen andauernd umdreht?

Doch wir schienen gesegnet zu sein. Mit einem Teil des Reisepreises musste der Charterer wohl die Götter des Wetters und des Meeres besänftigt haben, denn auch die Fahrt durch diese nach dem berühmten Piraten und Entdecker Sir Francis Drake benannte Meeresstraße blieb ruhig. So schipperten wir auf einem »Ententeich« dahin, wie die Seeleute zur ruhigen See gern sagen.

Bald hatten wir unser Ziel, die antarktische Halbinsel, erreicht und drangen täglich tiefer in das ewige Eis vor. Alles klappte prima, das Wetter war hervorragend, trockene Kälte, klarer blauer Himmel, Sonne und kristallklares Wasser, als Kontrast dazu gleißend weißer Schnee und junges Eis sowie bläulich durchschimmerndes altes Eis. Alle Programmpunkte konnten geboten werden, sowohl auf dem Schiff als auch draußen in der

Natur. Schon in kurzer Zeit hatten die Passagiere Dutzende verschiedener Tierarten, welche auf dem antarktischen Kontinent heimisch sind, aus allernächster Nähe gesehen: Magellanpinguine, Seeleoparden, Riesensturmvögel und eine Herde Zwergwale, die unser Schiff über mehrere Stunden hinweg flankierten. Es war wie eine eisige Version von *Brehms Tierleben*, mit Bildern, die wir unser Leben lang nicht mehr vergessen würden.

An einem frostigen Morgen bat mich der Kapitän auf die Brücke. Wir hatten etwa die Hälfte der Reise absolviert und befanden uns gerade an dem zur arktischen Halbinsel am weitesten entfernten Ort der historischen Antarktisstation Port Lockroy. Der Kapitän sagte mir, er habe soeben den Notruf eines sich in der Nähe befindenden kleinen australischen Schiffes erhalten. Darin wurde um ärztliche Hilfe gebeten, weil eine Passagierin schwer erkrankt sei. Man habe zwar schon die sogenannte funkärztliche Beratung in Washington D.C. in Anspruch genommen und es sei auch schon vor einigen Tagen ein Arzt eines anderen Kreuzfahrtschiffes konsultiert worden, der Zustand der Patientin sei jedoch nach wie vor schlecht.

»Was halten Sie davon?«, fragte er mich. »Das fällt doch mehr in Ihren Bereich.«

Ich überflog die Nachricht und traf sofort eine Entscheidung. »Wenn jemand ärztliche Hilfe braucht, dann muss er sie auch bekommen können«, sagte ich, »ganz gleich, ob er Passagier unseres Schiffes ist oder nicht.«

Der Kapitän nickte. »Ja, das denke ich auch. Es scheint ja wirklich ein Notfall zu sein, da müssen wir helfen.«

Anstatt also wie Gerdi am heutigen Tagesausflug teilzunehmen und zusammen mit den Passagieren die Arktisstation zu besuchen, wurde ich auf einem Zodiac mit meinem medizinischen Notfallrucksack im Gepäck zu dem in der Nähe ankernden Schiff gebracht. Angesichts der Größe des Kahns staunte ich nicht schlecht: Es handelte sich um eine allenfalls mittelgroße Segelyacht – und das in der Antarktis!

An Bord wurde ich von einem besorgten Skipper empfangen. In wenigen Worten schilderte er mir die aus seiner Sicht bedrohlichen Ereignisse der letzten Tage.

Erstaunt sah ich mich an Bord der Segelyacht um. Diese kleine Nussschale war höchstens fünfzehn Meter lang und weniger als fünf Meter breit – an der dicksten Stelle wohlgemerkt. Die seetaugliche Ausstattung war jedoch offensichtlich an diese Gewässer angepasst, und man verfügte wohl auch über ein paar Kabinen unter Deck.

»Wo ist die Patientin?«, fragte ich den Skipper.

Er führte mich eine kleine Stiege hinab unter Deck. In der Kombüse zur Linken saß gerade ein halbes Dutzend vorwiegend junge oder jung gebliebene Personen beim im Vergleich zu unserem Büfett auf der MS Amundsen sehr kargen Frühstück. Dabei trugen sie Daunenjacken und manche auch fingerlose Handschuhe – und an diesem Morgen war noch bestes Wetter. Wie würde sich das Bordleben in der Drakepassage abspielen, wenn dort einer der schlimmen Orkanstürme tobte?

Ich verstand nicht, wie man so leichtsinnig sein konnte. Mit so einer Yacht in die Antarktis zu fahren konnte pures Abenteuer – und Selbstmord sein. Und dafür verwenden diese Leute ihre spärlichen Urlaubstage und investieren Tausende von Dollar? Gerade vor ein paar Monaten war ein australisches Forschungsschiff im Eis stecken geblieben. Das war etwa zehnmal so groß wie dieses gewesen und hatte tagelang auf Rettung hoffen müssen. Nun gut, es gab eigentlich nichts mehr, was mich noch wunderte.

Gleich rechts neben der Stiege zeigte mir der Skipper eine winzige Kabine, in welcher sich ein sehr kräftiger Mann mittleren Alters befand, vom Äußeren an einen dieser aufgeblasenen Bodybuilder erinnernd, sowie die Patientin – eine etwa fünfzigjährige Frau, die so gar nicht trainiert und abenteuererfahren aussah.

Ich stellte mich ihr vor und fragte, wie ich ihr helfen könne.

Sie erzählte mir, dass sie seit Tagen starke Bauchschmerzen habe und inzwischen auch nichts mehr essen könne. Auf meine Nachfragen hin gab sie zur Auskunft, dass sie nicht erbrochen und kein Fieber habe, der Kreislauf die ganze Zeit über stabil gewesen sei und sie auch ausreichend getrunken habe. Die Bauchschmerzen verspüre sie überall, und diese seien krampfartig.

»I haven't pooped for a long time.«

Ich fragte sie, wie lange schon nicht.

Sie überlegte. *»Six days?«*

Sechs Tage ohne Stuhlgang? Das war in der Tat eine nicht unerhebliche Dauer. Eine solche Verstopfung ist zwar meistens harmlos, manchmal kann jedoch auch eine ernste Erkrankung, zum Beispiel ein Darmverschluss dahinterstecken. Und Letzterer ist dann lebensbedrohlich, vor allem in der Antarktis.

Ein Darmverschluss kommt zustande, wenn ein Abschnitt des Darms nicht mehr arbeitet und den Stuhlgang nicht weitertransportiert, zum Beispiel aufgrund einer Lähmung oder Verkrampfung an dieser Stelle. Dies wiederum kann auf eine verminderte Nierentätigkeit hinweisen. Aber auch eine Wucherung, beispielsweise durch Krebs, kann die Aktivitäten des Darms ganz oder teilweise lahmlegen. Beide schlimmstanzunehmenden Diagnosen wären auf dem offenen Wasser, unterwegs in einer Nussschale und sechs Tagesreisen vom Festland entfernt, das sichere Todesurteil für die Amerikanerin. Denn aus dem Stuhl, der nicht mehr weitertransportiert werden kann, können Bakterien entweichen, die dann eine Blutvergiftung auslösen.

Trotzdem. Wie ein schwerer medizinischer Notfall sah sie nicht gerade aus. Ganz im Gegenteil, sie wirkte eigentlich ganz aufgeräumt, wie sie da in ihrer Koje saß und die Beine über die Bettkante baumeln ließ. An einen Darmverschluss konnte ich aufgrund ihres insgesamt noch guten Allgemeinzustandes nicht so recht glauben. Sehr viel wahrscheinlicher war, dass die Dame, die auf den ersten Blick nicht so richtig zu den anderen Mitreisenden passte, ganz einfach eine »Ladehemmung«, besser gesagt eine »Entladehemmung«, hatte. Immerhin lebte sie seit guten vierzehn Tagen Tür an Tür und äußerst hellhörig mit acht ihr mehr oder weniger fremden Leuten. Da ging einem schon mal die Düse – oder eben nicht.

Dennoch brauchten sie und ich Gewissheit. Dazu waren jedoch einige weitere Untersuchungen notwendig, die ich nur in unserem Bordhospital machen konnte, beispielsweise Ultraschall und Blutuntersuchung. Vor allem jedoch musste dringend ein richtiger Einlauf gemacht werden.

Ich teilte also mein Vorhaben, die Patientin in unser Bordhospital zu bringen, per Funk unserem Kapitän mit. Dieser stimmte zu, gab aber auch gleich zu bedenken, dass damit dann die Verantwortung für die Patientin bei mir beziehungsweise bei ihm liegen würde. Was, wenn sich das Leiden der Amerikanerin wirklich als lebensbedrohlich herausstellte und unser weiterer Reiseverlauf gefährdet wäre? Was würden die Passagiere, die so viel für diese exklusive Kreuzfahrt ausgegeben haben, dazu sagen? Aber was wog schon Geld, wenn vielleicht ein Menschenleben in Gefahr war?

Der Kapitän und ich warfen unsere Bedenken über Bord. Ich erklärte Stacey Pendergast, wie sie sich mir mittlerweile vorgestellt hatte, dass ich sie samt ihres Gepäcks auf unser Schiff mitnehmen wolle.

»Aber nicht ohne meinen Bodyguard!«, rief sie. »*I need Michael!*«

Ihr Bodyguard? Auf einem Segelboot? In der Antarktis?

Es gab anscheinend viele Dinge, die verstand ich nicht, selbst wenn ich noch so oft darüber nachdachte.

Ich schloss mich ein weiteres Mal mit dem Kapitän kurz, der zähneknirschend erlaubte, dass auch der Leibwächter an Bord unseres Schiffes ging. Dann packten wir sowohl Stacey als auch Michael sowie eine halbe Tonne Gepäck (Unglaublich, was in so eine Kabine alles reinpasste!) in das Zodiac und fuhren zurück zur MS Amundsen. Dabei fiel mir auf, dass Stacey und Michael sowohl von den übrigen Mitreisenden als auch vom Skipper selbst ausgesprochen distanziert verabschiedet wurden – keine »warmen« Worte, keine Genesungswünsche und schon gar keine Umarmung. Seltsam für eine Truppe, die doch schon mindestens zehn Tage auf engstem Raum zusammengelebt hatte.

Auf unserem Schiff angekommen, führte ich eine gründliche klinische Untersuchung durch, nahm unserer neuen Passagierin Blut ab, untersuchte den Urin und machte auch eine Ultraschalluntersuchung des Abdomens. In der Zwischenzeit war eine freie Kabine ganz in der Nähe unseres Hospitals vorbereitet worden, in der die Erkrankte einquartiert werden sollte. Da unser Schiff ja wegen der Besonderheit der Reise noch Kapazitäten hatte, wurde auch Michael in einer benachbarten Kabine auf Deck 3 untergebracht.

Nachdem sich der Verdacht auf eine *Obstipatio permagna*, das heißt eine massive Verstopfung, im wahrsten Sinne des Wortes erhärtet hatte, verabreichte ich ihr zur Feier des Tages einen ordentlichen rektalen Einlauf und gab ihr ein mildes krampflösendes Mittel. Wenn sich die Verstopfung löste, würde das vermutlich nicht ohne Schmerzen passieren. Ernährungstechnisch – angeblich hatte sie ja schon seit Tagen nichts mehr essen können – erlaubte ich ihr nur Flüssigkeit und Brühe.

Manchmal ist die beste Medizin ja der Doktor selbst, und mich beschlich schon während meiner Untersuchungen der Eindruck, dass allein meine Anwesenheit beziehungsweise mein Einsatz für sie eine Verbesserung ihres Zustands, vor allem jedoch ihrer Laune mit sich brachte. Auch Gerdi, die dem Schauspiel in Teilen beigewohnt hatte, und Ruth, meine Nurse, äußerten den Verdacht, dass Stacey womöglich mit der besonderen Situation auf der kleinen Segelyacht in der Antarktis psychisch überfordert gewesen und ihr das Ganze dann regelrecht auf den Magen geschlagen war. Oder eben tiefer.

Das »Wunder von Port Lockroy« stellte sich dann nur wenige Stunden später ein. Nach der Darmspülung entlud sich Stacey mehrfach auf der Toilette und wog danach sicherlich gute zwei Kilogramm weniger. Somit war zumindest das Problem des vermeintlichen Darmverschlusses innerhalb kürzester Zeit gelöst worden.

Damit hatten wir – bei aller Freude über die rasche Genesung der Patientin – aber ein Problem mehr. Wir fuhren auf einem hochklassigen und vor allem hochpreisigen Schiff mit ausgewählten Gästen durch die Antarktis. Und nun »schlich« sich in diese elitäre Gruppe eine Amerikanerin ein, zu allem Überfluss auch noch in Begleitung ihres angeblichen Bodyguards, die die Passage weder bezahlt hatte noch von einem der Passagiere oder der Reederei dazu eingeladen worden war. Stacey und Michael waren noch keinen halben Tag an Bord, da wurde mir schon von verschiedenen Seiten zugetragen, dass einige der betuchten Passagiere »*not amused*« waren über die unerwartet neuen Gäste an Bord.

Dabei war vollkommen klar: Auf die Yacht würden wir sie nicht zurückkehren lassen können. Ich hatte es zunächst nicht richtig einordnen können, aber die anderen Mitsegler hatten sich ja nicht gerade herzlich von Stacey verabschiedet. Ich hatte das darauf geschoben, dass ihre Unpässlichkeit die Reise verzögerte und ein Fortkommen verhinderte – darum hatte ich mir zunächst nichts dabei gedacht. Der Skipper der Yacht hatte mir allerdings schon gesagt, dass sie sich noch am gleichen Tag auf den Rückweg nach Ushuaia machen wollten – auf einer etwas anderen Route als wir selbst.

Welche Möglichkeiten hatten wir also? Wir konnten Stacey und ihren Michael ja schlecht in der historischen Station Port Lockroy zurücklassen. Und überhaupt, auf der MS Amundsen war doch mehr Platz als genug. Meine Auffassung teilte ich dem Kapitän mit, einem alten Seebären, der daraufhin erwiderte: »Ich bin derselben Meinung, Doc. Aber die Passagiere sind nervös. Vorhin kam einer zu mir und meckerte rum, man müsse offenbar nur daherkommen und krank spielen, und schon käme man in den Genuss einer tollen, ansonsten aber fast unerschwinglichen Kreuzfahrt.«

Ich schüttelte den Kopf. Ich hielt dieses Gerede für unehrenhaft und sehr unfein und war ziemlich enttäuscht über so viel Arroganz. Immerhin hatte ich die feinen Pinkel auf dem ersten Reiseabschnitt ganz anders kennengelernt, nämlich als sympathische und aufgeschlossene Menschen, die sich nichts darauf einbildeten, zu den oberen Zehntausend zu gehören. Ganz im Gegenteil, ich war sogar überrascht gewesen, wie bodenständig und freundlich die meisten der Mitreisenden waren.

Zugegeben: Auch mir kam die ganze Sache spanisch vor. Ich hatte ebenfalls das Gefühl, dass Stacey sehr viel weniger krank war, als uns der Skipper der Yacht hatte glauben machen wollen, und die unverhohlene Erleichterung, als die Amerikanerin und ihr Aufpasser von Bord der Nussschale gegangen waren, fand ich auch immer merkwürdiger. Nichtsdestotrotz galt für mich als Schiffsarzt der einfache Leitsatz: Wer meine Hilfe benötigt, bekommt diese auch – unabhängig, ob arm oder reich, sympathisch oder unsympatisch, ob Mann oder Frau …

Der Kapitän und ich vereinbarten, dass wir – allen Tuscheleien und Meckereien zum Trotz – Stacey und Michael ans südamerikanische Festland mitnehmen würden. Schließlich konnte ich ja nicht mit letzter Sicherheit ausschließen, dass nicht doch noch ein größeres medizinisches Problem dahintersteckte. Die beiden hatten eben Glück, dass sie durch den medizinischen Hilferuf auf einem Kreuzfahrtschiff der Luxusklasse und nicht auf einem ukrainischen Krabbenkutter gelandet waren.

Doch noch an diesem Nachmittag, wir hatten von Port Lockroy wieder abgelegt und cruisten entlang der neben uns aufragenden Eisberge in Richtung Nordosten, erfuhr ich von meiner Frau, dass Stacey schon wenige Stunden nach ihrer Aufnahme bei uns doch tatsächlich nach einer besseren Kabine gefragt habe. Einer mit richtigem Fenster anstelle des Bullauges – auf dem Segelboot hatte sie übrigens nur eine stockdunkle Kammer zur Verfügung gehabt, ganz ohne Aussicht. Pikanterweise war Stacey selbst zur Rezeption gelaufen, um ihren Wunsch kundzutun, und war dabei von einigen Passagieren beobachtet worden. Außerdem habe sie, wie die indonesische Kabinenstewardess atemlos berichtete, gleich einen Wäschezettel für ihre Schmutzwäsche ausgefüllt und würde gern am üblichen Schiffsprogramm teilnehmen.

Das roch nach Ärger. Die gut Betuchten hatten ja schon signalisiert, dass sie lieber unter sich bleiben wollten – eine »eingebildete Kranke«, wie es mittlerweile die Runde machte, war da unerwünscht. Einer der Mitreisenden, ein hohes Tier aus der Automobilbranche, brachte es auf den Punkt: »Da schleicht sich bei uns so eine amerikanische Tussi mit ihrem Liebhaber ein und tut so, als wäre sie ein medizinischer Notfall. Aber schon nach wenigen Stunden ist die Simulantin so gesund, dass sie nach einer Luxuskabine verlangen kann – weil die Sicht so viel schöner ist, wenn man ein Fenster statt einem Bullauge hat. Unerhört!«

Auf jeden Fall war das Verhalten von Stacey Öl im Feuer der sowieso schon nervösen Passagiere und vor allem dem sich ebenfalls an Bord befindlichen Charterer, dem sie ausgerechnet bei ihrem Gang zur Rezeption über die Füße gefallen war und der ihren Wunsch aus nächster Nähe mitbekommen hatte. Dümmer hätte es nicht laufen können.

Über Stacey wurde fortan nur noch als eingebildete Kranke, Trittbrettfahrerin und blinder Passagier gesprochen, auf welche wir, respektive ich, hereingefallen wären. Eine äußerst schwierige Situation für mich, der ich ja zusammen mit unserem Kapitän verantwortlich dafür war. Dabei wurde ich von einigen Mitreisenden auch direkt und unverhohlen auf meine Patientin angesprochen. Ich antwortete dann möglichst unverbindlich, jedoch mit genug Nachdruck, dass ich beziehungsweise wir aufgrund seemännischer und auch ethischer Gesetze so hätten handeln müssen.

Der Kapitän, der Hotelmanager und ich setzten uns zusammen und beratschlagten, wie wir weiter vorgehen sollten. Um eine offene Auseinandersetzung oder gar Meuterei zu verhindern, beschlossen wir, dass wir wie schon verabredet die beiden »Gäste« bis nach Ushuaia mitnehmen wollten. Wir würden weder von der bereits festgelegten Route abweichen, um eventuell früher das Festland anzusteuern, noch würden wir sie einige Tage vor unserem eigentlichen Zielhafen in Stanley auf den Falklands aussetzen. Mir wurde aufgetragen, der Amerikanerin schonend beizubringen, dass sie sich vorwiegend in ihrer Kabine aufhalten und nicht am Bordleben teilnehmen solle, zumindest bis sich die Wogen geglättet hätten.

Das Vorgehen zeigte Wirkung. Und zwar so gut, dass knapp sechsunddreißig Stunden nach Aufnahme von Stacey und Michael auf unserem Schiff seitens des Kapitäns der Kabinenarrest etwas gelockert wurde. Stacey durfte fortan wenigstens auf die offenen Decks gehen und die Mahlzeiten zusammen mit den Paxen im Club, nicht jedoch im Bedienrestaurant einnehmen. Michael, der Bodyguard, dessen Aufgabe sich mir immer noch nicht erschlossen hatte, genoss bis auf wenige Ausnahmen seine Mahlzeiten sowieso immer in der Crewmesse. Er verstand sich gut mit der Besatzung, ging ihnen bei kleineren Tätigkeiten zur Hand und war stets sehr freundlich und dankbar, wenn er dem Kapitän begegnete. Das kam sehr gut an – bei der Mannschaft und den Passagieren. Dementsprechend wurde bald schon auch nicht mehr von »den beiden Hochstaplern«, sondern nur noch von »dieser Amerikanerin« gesprochen.

Gerdi und ich bemühten uns besonders um Kommunikation mit Stacey, die von den anderen Passagieren nach wie vor geschnitten wurde. So aßen wir an einem der ersten Abende auch gemeinsam mit ihr im Club zu Abend. Wir hatten es einfach nicht mit ansehen können, wie sie bei jeder Mahlzeit allein an einem großen, runden Tisch hockte, weil sich niemand zu ihr setzen wollte.

»Sagen Sie, Stacey, wieso wollten Sie eigentlich ausgerechnet in die Antarktis fahren?«, fragte Gerdi und ignorierte den irritierten Blick einer Industriellengattin, die gerade an unserem Tisch vorbeilief und dabei fast gegen einen der Stühle lief, so ungläubig starrte sie in unsere Richtung.

»Nun, ich habe ein großes Haus in Connecticut. Da ich allein lebe, wird es mir dort oft zu langweilig. Die Antarktisdurchquerung mit dem Segelboot war nur eine Teilstrecke auf einer Reise durch ganz Südamerika. Wenn wir in Ushuaia ankommen, wollen Michael und ich weiter nach Norden durch die argentinische Pampa zu den Iguazu-Wasserfällen in Brasilien fahren.«

»Michael, genau«, sagte ich langsam. »Wieso haben Sie eigentlich einen Bodyguard?«

»Ich sehe vielleicht nicht so aus«, lachte Stacey, »aber ich war eine erfolgreiche Hedgefonds-Managerin. Wie Sie sich vielleicht denken können, ist es für reiche alleinstehende Amerikanerinnen nicht gerade zu empfehlen, ohne Begleitung den südamerikanischen Kontinent zu durchqueren.«

Da war etwas dran. Von der Seite hatte ich die Angelegenheit noch nicht betrachtet – aber ich war auch keine reiche alleinstehende Amerikanerin.

Stacey stellte sich noch mehrfach im Hospital zur Statuskontrolle vor, alles blieb in bester Ordnung. Sie war wirklich innerhalb von zwölf Stunden von der todkranken zur gesunden und erlebnishungrigen Reisenden »mutiert«, sodass eine weitere Behandlung nach wenigen Tagen schon nicht mehr nötig war.

Eine Wunderheilung? Wohl kaum. Ich erlebe auf Reisen sehr oft, dass die Patienten ein besonderes Interesse daran haben, möglichst schnell wieder gesund zu werden. Jeder Arzt, der sich schon einmal in einer ähnlichen Situation befunden hat, wird bestätigen: Im Urlaub erkranken Menschen seltener, aber genesen doppelt so schnell wie daheim. Und das liegt nicht daran, dass es in der Heimat mehr Erreger und schlechtere Ärzte gibt.

Die wahren Gründe liegen auf der Hand: Für die Reise wurde ein gewisser, mal mehr, mal weniger teurer finanzieller Gegenwert (in Staceys Fall sogar keiner) entrichtet, es besteht also überhaupt kein Anlass, sich beim Gesundwerden möglichst viel Zeit zu lassen. Ganz im Gegenteil. Niemand will bei Sonnenschein und dreißig Grad im Schatten oder feinstem Neuschnee und bestem Kaiserwetter im Bett liegen bleiben und leiden. Ganz anders in der Heimat, wo vor der Haustür nur der nervige Chef und die lästigen Kollegen, kurz: der graue Alltag auf einen warten.

Was war nun mit Stacey? War sie tatsächlich eine Hochstaplerin, die es nur darauf angelegt hatte, auf einem Luxusschiff ein paar schöne Tage für lau zu erleben? Ich denke wirklich, dass es ihr an Bord des Segelschiffes nicht gut ging. Das war nicht weiter verwunderlich: Um sie herum war nichts als Wasser und Eis, und die Aussicht, aus ihrer gefrorenen Hölle befreit zu werden, war mehr als gering. Und dann kommt da plötzlich ein Arzt vorbei und lädt sie auf die MS Amundsen ein, ein Kahn mit allen erdenklichen Extras. Für den Preis von nur einem Einlauf, der noch dazu wirkte und das zugrundeliegende Leiden schnell beseitigte, fuhr sie seitdem quietschfidel auf einem der besten Schiffe der Welt durch die Subantarktis.

In den folgenden Tagen normalisierte sich die Situation zusehends, die Paxe akzeptierten unseren »Geist« mehr und mehr, allerdings ohne mit ihr zu kommunizieren. Man lebte nebeneinander her und ging sich aus dem Weg. Sogar Ausflüge mit den Zodiacs durfte sie mit ihrem Michael mitmachen. Auf diese Weise sah sie vermutlich mehr von der wunderbaren Umgebung als von dem engen und feuchten Segelboot aus.

Dann ereignete sich jedoch ein neues Drama: Kurz vor unserer Ankunft auf den Falklands traf ich unseren Kapitän mit ansonsten nicht gekannter übelster Laune an. Er berichtete mir, dass Stacey angeblich aus ihrer Kabine Bargeld in Höhe von eintausend Dollar geklaut worden seien und dass sie die Kabinenstewardess dafür verantwortlich mache.

Das konnte ich kaum glauben. Aninda war ein absolutes Goldstück, immer freundlich, äußerst zuvorkommend, sie würde garantiert nicht stehlen. In den mehr als zehn Jahren meiner Schiffsarzttätigkeit ist so etwas nie passiert. Ich selbst schließe meine eigene Kabine daher auch nie ab. Mal davon abgesehen, dass die Passagiere sehr großzügig mit Trinkgeldern sind und keiner von der Crew riskieren würde, bei einem Diebstahl erwischt zu werden.

Auf Kreuzfahrtschiffen gibt es für solche Vorfälle übrigens eine besondere Person, den sogenannten Security Officer, welcher sich neben seinen sonstigen Verpflichtungen solcher Dinge annehmen muss. Das elektronische Schloss der Kabine von Stacey wurde überprüft, dabei konnten alle Öffnungen der Tür bis achtundvierzig Stunden nach dem angeblichen Vorfall ausgelesen werden. Niemand außer Stacey, der Kabinenstewardess und mir selbst hatte die Tür geöffnet. Somit kam sogar ich auf die Liste der Verdächtigen, hatte ich doch gleich zu Beginn mehrere Kabinenbesuche bei Stacey gemacht und die Tür dabei mit meinem General Key geöffnet – dabei bekam ich noch Geld von ihr! Denn meine Behandlung, die Kabinenbesuche und allem voran den wegweisenden Einlauf hatte sie bis zu diesem Zeitpunkt noch gar nicht bezahlt.

Wie nicht anders zu erwarten, liefen die Ermittlungen unseres Security Officers ins Leere. Insbesondere konnte Stacey nicht einmal nachweisen, überhaupt so viel Bargeld in der Kabine deponiert gehabt zu haben.

Der Kapitän teilte mir mit, dass er nicht vorhabe, den restlichen Passagieren von dem Vorfall zu berichten, da dieser das Fass ganz sicher zum Überlaufen gebracht hätte. Vermutlich wäre es dann wirklich zu einer Boston Tea Party gekommen, bei der allerdings nicht Darjeeling, sondern die Amerikanerin über Bord geworfen worden wäre.

Nur der Form halber wurde später, in Stanley auf den Falklands, von unserem Security Officer ein offizielles Untersuchungsverfahren durch die dortige örtliche Polizei in Gang gesetzt, was die Durchsuchung der Kabinen von Stacey und der indonesischen Kabinenstewardess, Zeugenbefragungen, ja sogar die Abnahme von Fingerabdrücken, vor allem aber einen Haufen Schreibkram nach sich zog. Letztlich konnte trotz aller Bemühungen weder der tatsächliche Verlust des Geldes bewiesen werden noch ergaben sich Indizien für einen durchgeführten Diebstahl. Und am allerwenigsten wurde der Beweis erbracht, dass das Geld überhaupt existiert hatte.

Das einzige Ergebnis der ganzen unangenehmen Angelegenheit war, dass mein trotz allen guten Willens sowieso schon wenig vorhandenes Vertrauensverhältnis zu Stacey auf null geschwunden war. Jetzt wollte auch keiner aus der Crew mehr etwas mit dem seltsamen Paar zu tun haben.

Wenn ich am Anfang der ganzen Episode mit der Amerikanerin noch Zweifel an ihrer Krankheit gehabt hatte, so war sie mir selbst mittlerweile ein absolutes Rätsel geworden. Ich vertraute ihr nicht mehr, weil sie sich in der vergangenen Woche zu seltsam, widersprüchlich und auffällig verhalten hatte. Jeder vernünftige und gut erzogene Mensch in ihrer Situation hätte sich in Bescheidenheit und Dankbarkeit gehüllt, anstatt mit unangepassten Aktionen zu provozieren.

Die Ankunft in Ushuaia war aufgrund des guten Wetters schon zwölf Stunden früher als erwartet möglich, also am Vorabend der geplanten Ausschiffung. Stacey und Michael wurden von der Schiffsführung ohne ein Wort des Abschieds »an Land gesetzt« und zogen mitsamt ihres Gepäcks ohne Verabschiedung von dannen. In mir blieb ein ungutes Gefühl zurück, doch einer Lügnerin aufgesessen zu sein. Meine Behandlungskosten in Höhe von zweihundertfünfzig Euro hatte sie aber immerhin beglichen. In bar. Angesichts der Tatsache, dass ihre Reiseversicherung sogar bereit gewesen wäre, sie von einer antarktischen Forschungsstation ausfliegen zu lassen, was circa einhunderttausend US-Dollar gekostet hätte, dachte ich kurz daran, die Versicherungsgesellschaft über die eingesparten neunundneunzigtausendsiebenhundertfünfzig Mäuse in Kenntnis zu setzen.

Aus Gründen des guten Geschmacks setzte ich mein Vorhaben aber nicht in die Tat um.

Dein ist mein ganzes Herz

Auf dem Pazifik sorgt ein alter Bekannter für Aufregung

»Fritz! Fritz! Hier sind wir! Huhu!«

Ich stand an der Reling und blickte zum Pier. Dann sah ich sie: Annelis und Hajo, die Arm in Arm an der Kaimauer standen und mir begeistert zuwinkten.

Gestern war ich mit der MS James Cook nach einer zwölftägigen Reise ab Miami an den Niederländischen Antillen, Kolumbien und Panama vorbei in Puntarenas in Costa Rica angekommen, heute Abend würden wir zu unserer Fahrt über den Pazifik aufbrechen. Erster Stopp nach zehn Tagen auf dem Wasser würde Nuku Hiva sein, eine der Marquesas-Inseln, die zu Französisch-Polynesien gehörte. Über Tahiti, Bora Bora und Samoa ging es im Anschluss zwei Wochen lang bis nach Auckland auf der Nordinsel Neuseelands.

Das Schiff war nur zur Hälfte besetzt, weil die wenigsten Kreuzfahrer Lust und nötiges Kleingeld hatten, zehn mehr oder weniger ereignislose Tage auf dem Pazifischen Ozean herumzuschippern. Wenn man schon so viel Geld in die Hand nimmt, dann will man wenigstens was sehen, an einer Küste entlangfahren und regelmäßig Häfen ansteuern.

Annelis und Hajo waren seit mittlerweile einem Jahr ein

Paar. Meine Lungenembolie, hatte mir Hajo etwas später bei einem Kondolenzbesuch in Speyer verraten, habe ihn dazu bewogen, Nägel mit Köpfen zu machen und Annelis seine aufrichtige Liebe zu gestehen. »Die Zeit, die uns zur Verfügung steht, ist so kurz«, sagte er damals, »man sollte sie unbedingt mit den richtigen Menschen verbringen.«

Wie es sich für zwei aufgeklärte und rüstige Rentner gehörte, zogen sie erst einmal nicht zusammen, sondern behielten ihre jeweiligen Wohnungen, die Gott sei Dank nur eine halbe Stunde Autofahrt voneinander entfernt lagen. Keiner der beiden verspürte den Wunsch, sein bisheriges Leben vollständig aufzugeben. Außerdem waren sowohl Hajos Apartment als auch Annelis' Haus im Bergischen Land abbezahlt – warum also auf die Unabhängigkeit verzichten, wenn es doch auch so ging?

Das Reisen jedoch, das unternahmen sie nur noch zusammen, und so hatten sie sich entschieden, dem kalten Deutschland für vier Wochen den Rücken zu kehren und mit der MS James Cook von Mittelamerika nach Neuseeland und von dort aus weiter nach Australien zu fahren.

Ich lief die Gangway hinunter und nahm die beiden in die ausgestreckten Arme. »Wie schön, euch endlich wiederzusehen!«

»Na, wenn es mit einem Treffen in Deutschland schon nicht klappt«, rumpelte Hajo in seiner mir mittlerweile lieb gewordenen stoffeligen Art gleich los, »müssen wir halt an den Arsch der Welt fliegen, um ein Auge auf dich zu haben.«

Annelis knuffte ihn in den Arm. »Hör doch auf, du alter Miesepeter.« Dann lächelte sie mich an. »Gerdi hat gesagt, wir sollen aufpassen, dass du immer genug trinkst. Damit du uns nicht wieder Kummer machst!« Sie hatte den Zeigefinger erhoben und wackelte damit hin und her.

Ich wusste, worauf sie anspielte. Seitdem ich ein Jahr zuvor beinahe nicht von einer meiner Reisen zurückgekehrt war, klebte meine liebe Gattin wie ein »babbiges Gutzl« an mir, wie man in der Pfalz so schön sagt – wie ein klebriges Bonbon. Wenn sie nicht mitreisen konnte, was aufgrund der Gemüseernte dann und wann der Fall war, überwachte sie mich via E-Mail. In ihren Nachrichten vergaß sie nie, mich an die Einnahme meines Blutverdünners zu erinnern, und wenn ich zu einem mehrstündigen Flug aufbrach daran, möglichst viel Wasser zu trinken. Ich bin mir sicher, wenn sie gekonnt hätte, hätte sie mir höchstpersönlich am Abend zuvor die Heparinspritze in den Oberschenkel gejagt. Da ich aber immer noch Marcumar nahm, war keine solche »Behandlung« durch meinen Schatz mehr nötig.

Insgeheim fühlte ich mich von ihrer Sorge um mich ja geschmeichelt. Aber ich würde einen Teufel tun und das zugeben. Also rollte ich die Augen, wie es von mir erwartet wurde, und geleitete meine beiden Freunde lachend an Bord, wo sie ihre Kabine bezogen.

Wir legten noch an diesem Abend ab und fuhren auf den Pazifik hinaus. Obwohl ich mittlerweile schon einige Ozeanüberquerungen hinter mich gebracht habe, erfüllt mich die Fahrt auf der offenen See immer mit einer kaum spürbaren, aber dennoch in mir brodelnden Aufregung. Würde dieses Mal alles gutgehen? Würden alle Passagiere wohlbehalten in die Südsee gelangen? Obwohl man immer damit rechnen muss, dass man einen Patienten verliert – immerhin ist der reguläre Altersdurchschnitt an Bord, zumindest unter den Passagieren, bei circa fünfundsechzig Jahren! –, kann man sich nicht davor wappnen, wenn es zum ersten Mal trotz aller Bemühungen doch passiert. Bislang war mir das erspart geblieben. Aber mir war klar, dass das nicht ewig so bleiben würde. Irgendwann kam der Tag, an dem ich einem meiner Patienten nicht mehr würde helfen können.

Doch noch schien es nicht so weit. Auch bei dieser Überquerung schien alles wie am Schnürchen zu laufen. Das Wetter war bombastisch, die Stimmung heiter und das Unterhaltungsprogramm vielfältig. Tagsüber genossen die Passagiere den Sonnenschein an Deck, abends die Konzerte und Revuen, die von den mitreisenden Künstlern auf die Bühne gebracht wurden. Das Essen war reichlich und von außerordentlicher Qualität, und im Hospital herrschte regelrecht Flaute, was jedoch weder mich noch die Nurse wirklich störte.

Umso überraschter war ich, als sich am fünften Tag unserer Reise doch ein Passagier in meine Sprechstunde am Nachmittag verirrte.

»Hajo? Was machst du denn hier? Soll ich dir mal das Hospital zeigen?«

Er guckte ein bisschen griesgrämig aus der Wäsche, weshalb ich ihn freundschaftlich am Arm nahm und in mein Heiligtum zog.

»Schau mal, hier ist die Anmeldung, und da ist schon das Behandlungszimmer.«

Ich führte ihn herum. Dann fiel mir auf, dass er noch keinen Ton gesagt hatte, und ich vermutete, er würde sich in der klinischen Umgebung nicht wohlfühlen. Also griff ich tief in die Trickkiste und zog einen Scherz heraus, der sein Verfallsdatum eigentlich schon überschritten hatte. Sei's drum. Unter alten Herren ist alles erlaubt.

»Sag mal, soll ich vielleicht deinen Blutdruck messen? Du siehst etwas blass aus.« Ich griff nach einem Stethoskop und dem Blutdruckmessgerät, die auf dem Schreibtisch bei den Untersuchungsinstrumenten lagen. »Schlägt dein Herz immer noch so, wenn du Annelis siehst?«

Ich lachte und klopfte ihm auf den Rücken – dann erst bemerkte ich, dass Hajo gar nicht mitlachte.

»Was ist los, altes Haus? Alles in Ordnung?«

»Nun …«, Hajo zögerte. »Es ist bestimmt nichts Schlimmes, und ich bin mir sicher, dass du mir gleich wieder einen Vortrag über die elenden Simulanten hältst …« Er verstummte.

»Ja?«

»Aber ich hab so ein Ziehen in der Brust, und ich wollte einfach nur sichergehen, dass dir die schlechten Witze auf meine Kosten nicht ausgehen.«

Er lächelte schief, und irgendwas an seinem Gesichtsausdruck versetzte mich in Alarmbereitschaft.

Hajo kam freiwillig zu mir ins Hospital, weil er Schmerzen hatte? Und glänzten da nicht Schweißperlen auf seiner Stirn? Auch die Farbe war ihm aus dem Gesicht gewichen, ich hörte wie flach und stoßweise er atmete.

Oh nein. Nicht Hajo!

»Leg dich mal da auf die Liege und mach den Oberkörper frei«, wies ich ihn an, dann lief ich zum Telefon, um die Nurse anzuklingeln.

»Aber sag Annelis nichts davon«, jammerte Hajo.

»Weiß die etwa nicht Bescheid?«

»Äh …« Mein Freund sah betreten zu Boden. »Nein. Ich wollte sie nicht beunruhigen.«

Na bravo! Ich ging jede Wette ein, dass Annelis sich schon den Kopf darüber zerbrach, was mit dem großen Mann mit dem Lachen eines Donnergrollens los war. Dass mit ihm was nicht stimmte, roch man nämlich zehn Meter gegen den Wind. Jedenfalls wenn man genau hinschaute.

»Hast du die Beschwerden schon länger?«

»Das Ziehen in der Brust? Seit heute Morgen.«

»Und da tauchst du jetzt erst auf?« Ich hatte nichts dagegen tun können, dass sich mein Tonfall verselbstständigte. »Du
bist mit dem Schiffsarzt persönlich befreundet und kommst erst
Stunden nach Auftreten der ersten Symptome?«

Hajo guckte verwirrt von links nach rechts. »Ja, aber
wieso … Es ist doch bestimmt nichts Ernstes.«

»Hajo! Du hast Atemnot, schwitzt und klagst über Schmerzen in der Brust. Ist dir übel?«

Er nickte.

»Ich will mir erst noch Sicherheit verschaffen, bevor ich dazu
was sage.«

»Bestimmt nur eine verschleppte Erkältung«, brummelte er.

Ich schwieg und nahm ihm Blut ab. Die Röhrchen gab ich
nach draußen zur Nurse, die schon ins Hospital gekommen war,
und bat sie um einen Schnelltest der Herzenzyme. Außerdem
wies ich sie an, das Blut auf kardiales Troponin zu untersuchen,
einen Proteinkomplex, der bei einem Herzinfarkt aus den Mus-
kelzellen des Herzens in das Blut freigesetzt wird. Dann klebte
ich ihm die Elektroden auf die Brust.

Das Ergebnis des EKGs war eindeutig. Der normale steile Aus-
schlag des Sinusrhythmus nach oben und unten war nicht vorhan-
den, stattdessen bildete die Kurve einen halbkreisförmigen Bogen.
Das sprach eigentlich schon eine eindeutige Sprache. Trotzdem
maß ich noch einmal Puls und hörte Hajo die Lunge ab.

»So ein verdammter Mist!«

»Ich hab dich noch nie fluchen hören«, stellte Hajo trocken
fest. »Lass es sein, es steht dir nicht.«

Ich legte ihm eine Hand auf die Schulter, sah ihn eindringlich
an und sagte so sanft wie möglich: »Mein lieber Hajo, leider ist
nun Schluss mit lustig. Du hast einen Herzinfarkt. Und zwar einen, der sich gewaschen hat.«

»Bitte *was*?« Er sah mich großäugig an.

»Du hast einen Herzinfarkt.«

»Jetzt gerade?« Hajo rappelte sich auf und war drauf und dran, mir von der Untersuchungsliege zu springen. »So ein Quatsch! Das würde ich doch merken.«

»Liegen bleiben«, sagte ich streng und drückte ihn wieder zurück in die Horizontale. »Ab jetzt hört alles auf mein Kommando, ja?«

»Verdammter Mist«, entfuhr es Hajo, und nun hörte er sich wirklich ängstlich an. »Sag das bloß nicht Annelis! Die bringt mich um.«

»Sag *was* nicht Annelis?«, drang in diesem Moment eine Stimme von der Tür des Hospitals.

Ich hatte vergessen, die Tür zum Behandlungsraum zu schließen. Ups.

Hajo sah mich mit einem vernichtenden Blick an. »Danke, du alter Verräter.«

Ich wandte mich an Annelis. »Hajo hat einen Herzinfarkt. Offenbar schlägt er sich schon den ganzen Tag mit den Symptomen rum, hielt es aber nicht notwendig, mich aufzusuchen.«

»Jetzt bin ich doch da«, sagte Hajo lahm.

Annelis wurde beinahe so bleich wie ihr Liebster. »Und ich frage mich schon die ganze Zeit, warum du heute so schweigsam bist.« Dann eilte sie näher und griff nach Hajos Hand. »Wir kriegen ihn doch wieder hin, oder?«, fragte sie mich, und in ihrer Stimme lag so viel Hoffnung, dass ich mich nicht traute, ihr die volle Wahrheit zu sagen.

Damit wartete ich, bis sie verschwunden war, um ein frisches Hemd für Hajo aus der Kabine zu holen. In der Zwischenzeit war die Nurse mit den Schnelltestergebnissen zurückgekommen, die nicht gerade vielversprechend waren.

»Hör zu, Hajo«, sagte ich und wandte mich mit gesenkter Stimme an meinen Freund. »Du hast ordentlich was abbekommen. Deine Laborwerte sind zum Gruseln, und du hast viel zu lang gewartet, bis du zu mir gekommen bist. Der Infarkt ist massiv und müsste eigentlich in einer Spezialklinik behandelt werden. Aber wir befinden uns mitten auf dem Pazifik, mehrere Tagesreisen von der Zivilisation und einer menschlichen Behausung entfernt. Wir kommen erst in fünf Tagen in Rangiroa an, aber ich bezweifle, dass es da ein Krankenhaus gibt, das dich adäquat behandeln kann. Wir werden dich von Papeete nach Deutschland ausfliegen lassen müssen. Bis dahin können wir aber nicht einfach warten und nichts tun. Ich muss versuchen, die verstopfte Herzkranzarterie so schnell wie möglich wieder freizubekommen.«

Hajo war meinem kleinen Vortrag mit offenem Mund gefolgt. »Sag mal, verarschst du mich, Fritz? Mir geht's doch eigentlich ganz gut …«

Ich brachte ihn durch meine hochgezogenen Augenbrauen zum Schweigen. »Gut?«

»Na ja, gut … Aber du tust gerade so, als wäre ich in Lebensgefahr oder sowas.«

»Hajo.« Ich baute mich vor ihm auf, was normalerweise, wenn er vor mir stand, keine besondere Wirkung hatte. Nun aber, da er auf der Behandlungsliege lag, erreichte ich damit zumindest ein wenig Autorität. »Du hast einen massiven Herzinfarkt.«

»Den du aber behandeln kannst?«

»Ich hoffe.«

»Du hoffst?« Hajo war lauter geworden. »Was soll das heißen?«

»Ich werde dich einer Lyse-Therapie unterziehen.«

Hajo sah mich an, als verstünde er nur Bahnhof. Was vermutlich auch der Fall war.

»Ich verabreiche dir intravenös ein Medikament, welches imstande ist, Thromben aufzulösen.«

»Thromben?«

Ich blies die Backen auf. »Okay, also noch mal von vorn. An den Innenseiten der Gefäße, die dein Herz versorgen, gibt es Ablagerungen, hauptsächlich Kalk und Cholesterin, man spricht dabei von Plaques. Die machen nicht nur die Gefäße enger, sodass weniger Blut durchkommt, sondern können auch plötzlich aufreißen, es entsteht also eine Miniwunde. Die im Blut vorbeiströmenden Blutplättchen, man nennt sie Thrombozyten, decken diese kleine Verletzung mit einem Blutgerinnsel ab. Ist dieser Thrombus groß, verstopft er die Arterie zum Herzen komplett und schneidet es so von der Durchblutung und der Sauerstoffzufuhr ab. *Et voilà*, schon haben wir den Herzinfarkt.«

»Das hört sich ja total scheiße an.«

»Das ist es auch. Ich möchte dir deswegen gern ein Medikament geben, das diese Thromben wieder auflösen kann. Es wirkt. Ich habe die Therapie selbst bekommen, als ich die Lungenembolie hatte.«

»Ah.« Hajo machte ein gelangweiltes Gesicht. »Die Geschichte. Das Medikament ist also krisenerprobt, was? Wenn es dich vom Sterben abgehalten hat …«

Er zog eine Grimasse und schnaufte kurz aus. Offenbar hatten die Schmerzen zugenommen.

»Ich habe ein anderes Präparat bekommen, aber es funktionierte genauso. Allerdings …« Ich zögerte. »Das Zeug ist nicht gerade billig und auch nicht ohne Nebenwirkungen.«

Hajo winkte ab. »Ich hab Geld dabei.«

»Dreitausend Euro pro Infusion.«

»Was?« Er fiel fast von der Liege vor Schreck. »Zahlt das nicht die Kasse?«

»Ja, doch, sie erstattet das in der Regel zurück, wenn du wieder in Deutschland bist. Aber ich mache mir weniger Sorgen um die Erstattung der Kosten, sondern eher darum, dass die Therapie nicht ganz ungefährlich ist.«

»Ungefährlicher als abwarten und Tee trinken?«

Ich schüttelte den Kopf. »Auf keinen Fall. Wir müssen etwas unternehmen, das steht außer Frage. Aber es kann durch die Lyse-Therapie auch zu weiteren Blutungen kommen, die dann nicht mehr zu stillen sind. Du könntest innerlich verbluten, bevor wir in Papeete angekommen sind.«

Hajo sah mich einen Augenblick nachdenklich an, dann verzog er das Gesicht unter Schmerzen. »Au weh, das ist ja fürchterlich! Lass uns das Risiko eingehen – besser als hier rumliegen und auf das Ende warten, ist es allemal.«

Mithilfe von Elsa, der Nurse, verfrachtete ich Hajo in das Intensivbett – das einzige, das wir im Hospital hatten. Dann eilte ich hoch auf die Brücke, um den Kapitän über den Zwischenfall und meine vorgeschlagene Therapie zu informieren. Wieder im Hospital angekommen, mischte ich einen ganz besonderen Cocktail an der hauseigenen Medikamentenbar zusammen: das Lyse-Präparat, um den Thrombus aufzulösen, Morphin gegen die Schmerzen, ein leichtes Sedativum gegen den Stress und eine Ladung Heparin, um weitere Thrombosebildung zu unterbinden. Garniert wurde das Ganze mit einer ordentlichen Portion Sauerstoff, die ich Hajo mithilfe der Beatmungsmaske verabreichte.

Als Annelis zurück ins Hospital kam, standen ihr die Sorgen ins Gesicht geschrieben.

»Ich weiß nicht, was ich jetzt tun soll«, gab sie ehrlich zu und blickte hinunter zu dem dösigen Hajo. »Es ist so ungewohnt, wenn er nicht andauernd zu allem seinen Senf abgibt.«

Eine einzelne Träne stahl sich aus ihrem Augenwinkel.

»Er ist so still. Machst du ihn wieder gesund, bitte? Ich habe schon einmal einen Mann zu Grabe getragen, ich habe genug davon.«

Ich nickte und versprach ihr, mein Bestes zu geben. Gleichzeitig schickte ich ein Stoßgebet zum Himmel – es musste ja nicht ausgerechnet ein lieber Freund von mir sein, der meine bislang erfolgreiche Bilanz in Bezug auf Sterbefälle auf dem Schiff beendete! Nein, ich ließ keinen Passagier sterben. Und ganz besonders Hajo nicht. Basta.

Weil Annelis ohnehin nicht davon abzubringen war, erlaubte ich ihr, an Hajos Bett zu bleiben, selbst wenn ich bezweifelte, dass der mitbekam, was vor sich ging. Von den Medikamenten war er schläfrig geworden, und so kriegte er vermutlich nur im Unterbewusstsein mit, dass in den kommenden achtundvierzig Stunden niemand von seiner Seite wich.

Wir hatten einen Schichtdienst vereinbart, die Nurse, Annelis und ich. Gerade die ersten Stunden eines Herzinfarkts sind die wichtigsten für eine erfolgreiche Genesung, und Hajo hatte mich erst aufgesucht, als die Sache eigentlich schon fast gelaufen gewesen war. Deswegen galt es Boden gutzumachen. Wir überwachten permanent seine Vitalfunktionen, die Sauerstoffsättigung und das EKG. Denn nach Eingabe des Lyse-Präparats sind vor allem die zwölf Stunden danach entscheidend, da es nach Auflösung der Thromben in den Kranzgefäßen und durch die wiedereintretende Versorgung des betroffenen Herzmuskelgewebes zu gefährlichen Herzrhythmusstörungen kommen kann. Natürlich kam es auch bei Hajo zu einigen salvenartigen Extrasystolen, die im Nullkommanichts ein Kammerflimmern hätten verursachen können. Glücklicherweise waren die Nurse oder ich bei diesen Ereignissen vor Ort und der Defibrillator in unmittelbarer Nähe, um im Falle des Falles schnell reagieren zu können.

Ich muss zugeben: Ich war angespannt. Mehr als sonst sogar. Denn selbst, wenn es für mich als Arzt keinen Unterschied macht, wem der Körper gehört, der da vor mir liegt und auf eine Behandlung wartet, so kann man doch seinen Kopf nie ganz abschalten. Oder vielmehr: sein Herz. Denn natürlich hatte ich große Sorge, dass die Lyse-Therapie nicht wirken oder die Nebenwirkungen zu noch mehr Schaden führen würden. Das ließ ich mir natürlich weder vor Annelis noch dem dämmrigen Hajo anmerken, sondern strahlte immer Zuversicht und Optimismus aus, wenn die beiden mich sahen. Lediglich vor der Nurse konnte ich in einigen schwachen Minuten »die Hosen runterlassen« – aber auch sie versicherte mir, dass mein Vorgehen absolut richtig war.

Und endlich zeigte sich das auch in den Vitalfunktionen. Nach einem Tag hatte sich Hajos Zustand einigermaßen stabilisiert. Die Herzrhythmusstörungen nahmen ab, der Blutdruck stabilisierte sich auf niedrigem Level, und auch die arteriellen Sauerstoffwerte, welche zwischenzeitlich nur noch Everest-Niveau gehabt hatten, stiegen langsam wieder an. Allerdings hatte sich eine zunehmende Atemnot als erstes Zeichen einer aus dem Infarktgeschehen resultierenden Herzinsuffizienz gebildet, die auf ein dauerhaft lädiertes Herzmuskelgewebe schließen ließ. Nun denn – damit konnte man beim wahrsten Sinne des Wortes leben. Zumindest vorübergehend.

Zwei Tage nachdem Hajo, der Unverwüstliche, wie wir ihn hinter vorgehaltener Hand mittlerweile nannten, zu mir ins Hospital gekommen war, äußerte er zum ersten Mal den Wunsch, etwas zu essen. Am Morgen hatte er die Augen aufgeschlagen, und es war ihm sichtbar besser gegangen, also erlaubten wir ihm, sich vorsichtig zu bewegen – sicherheitshalber stellte ich aber Annelis als Aufpasserin ab, die fortan nicht von seiner Seite wich und ihn bei jedem seiner kleinen Spaziergänge auf dem Flur vor dem Hospital begleitete. Ich wollte kein unnötiges Risiko eingehen.

Einen weiteren Tag später ging mir Hajo im Hospital mit seinem Gemaule so auf die Nerven, dass wir ihn in seine Kabine umziehen ließen. Ich verordnete ihm, sich weiterhin zu schonen und dennoch vorsichtig wieder in Bewegung zu kommen. Er durfte kurz darauf wieder an den Mahlzeiten im Restaurant teilnehmen, musste aber jeden Tag bei mir vorbeikommen, damit ich ein weiteres EKG machen und auch seine Laborwerte im Auge behalten konnte.

An Tag vier der kleinen Hajo'schen Odyssee, die mich schon einige graue Haare gekostet hatte, setzte ich mich mit ihm, Annelis und dem Kapitän zusammen und beratschlagte das weitere Vorgehen.

»Wir kommen morgen auf den Marquesas-Inseln an. Dort bleiben wir einen Tag, dann geht es weiter nach Rangiroa. Das gehört ebenfalls zu Französisch-Polynesien. Und hat ebenfalls keinen Flughafen.« Der Kapitän seufzte. »Ich kann natürlich veranlassen, dass ein Hubschrauber kommt und Sie abholt. Wir sind mittlerweile wieder in einer Entfernung, die ein Helikopter vom Festland aus fliegen kann.«

Ich schüttelte den Kopf. »Ich denke nicht, dass das nötig ist. Hajo hält sich gut, und nach einem frischen Herzinfarkt darf man sowieso nicht in ein Flugzeug einsteigen, weil die Gefahr viel zu groß ist, dass es durch den niedrigen Sauerstoffdruck im Flieger zu erneuten Komplikationen kommen kann. Ich würde vorschlagen, er fährt weiter bis nach Papeete, wir informieren aber die Krankenversicherung, damit ein arztbegleiteter Rückflug für ihn organisiert wird.«

»Ein arztbegleiteter Rückflug? Ich bin doch kein kleines Kind«, grollte Hajo da los.

Er war wieder ganz der Alte.

»Doch, bist du«, entschied Annelis. »Und ein Sturkopf bist du ebenfalls. Jetzt sei mal still und hör zu, was der Doc beschließt.«

»Der Doc? Du meinst den Kurpfuscher …«

»Keine Widerrede!«, donnerte Annelis, und ich schwöre, so hatte ich sie vorher noch nie donnern hören.

Mithilfe des Chief Pursers und Annelis leitete ich in die Wege, dass Hajo ab Tahiti mit einem Flug der Lufthansa nach Deutschland gebracht werden sollte. Dafür wurden eigens für seinen Transport ein Notarzt und ein Rettungsassistent des Deutschen Roten Kreuzes in die Südsee eingeflogen, die bei unserer Ankunft in Papeete vier Tage später schon vor Ort waren und uns in Empfang nahmen.

Kurz darauf stand ich am Kai und verabschiedete mich von Annelis. »Pass gut auf ihn auf, den Dickschädel.«

Sie nickte. »Keine Sorge. Ich werde ihn nicht aus den Augen lassen.« Dann wurden ihre Augen glasig. »Danke, Fritz. Das hat mir sehr viel bedeutet, dass du mir nicht auch noch das Herz gebrochen hast.« Annelis lächelte verlegen, dann drehte sie sich um und stieg in den Wagen, der die kleine Reisegruppe an den Flughafen bringen würde.

Hajo trat vor mich. Er sah ein wenig verlegen auf seine Schuhspitzen.

»Hör mal, Fritz, was ich da gesagt habe, von wegen Kurpfuscher und so ...«

»Ich weiß, Hajo, ich weiß.«

»Danke. Dass du mich nicht umgebracht hast.«

Ich musste lachen. »Bedank dich nicht bei mir, bedank dich bei deiner Krankenversicherung. Du schuldest ihr fünfzigtausend Euro.«

Er riss die Augen auf. »So viel kostet deine Gage?«

»Unsinn.« Ich winkte ab. »So viel kosten der Aufwand mit dem Notarzt und dem Sani sowie die Flüge für euch vier. Von den fünftausend Euro für unsere Lyse-Therapie mal abgesehen.«

»Hm-hm. Uns geht es schon ganz schön gut, oder?«, sagte er nachdenklich.

»Da hast du recht«, nickte ich. »Und nun mach, dass du nach Hause kommst. Du Unverwüstlicher.«

Zwei Tage später erhielt ich eine lange E-Mail von Annelis, die mir schrieb, dass der Rückflug nach Deutschland hervorragend geklappt habe. Der Arzt und der Sani hätten einen leichten Job gehabt, schrieb sie. Von Frankfurt sei es im Krankenwagen direkt in die Klinik gegangen, wo man festgestellt habe, dass in den vergangenen zehn Tagen seit dem Infarkt das Gewebe des Herzens zum Teil vernarbt sei. Dennoch rechne man Hajo eine sehr gute Chance aus, nach einer vierwöchigen Reha wieder zurück auf dem Damm zu sein.

Ihre Nachricht endete mit folgenden Worten:

»Einer der behandelnden Ärzte sagte wörtlich zu der Lyse-Therapie: Der Bordarzt hat beide Arschbacken zusammengekniffen, und dann durch! Viele deiner Kollegen haben großen Respekt vor dir und vor dem, was du für Hajo getan hast. Dem darf ich mich an dieser Stelle anschließen. Du hast diesen alten Dickkopf und sein großes Herz

durch deinen Einsatz gerettet. Ich hoffe, dass ich das irgendwann mal wiedergutmachen kann. Und ach ja, ich soll dir von Hajo etwas ausrichten: Er sagt, du wärst als Arzt mindestens so gut wie als Kuppler. Weißt du, was er damit meint?«

Is was, Doc?

*Auf Tonga gibt es zwar angeblich Menschenfresser,
aber keine Ärzte*

Etwa ein halbes Jahr nach dem Vorfall mit Hajo war ich wieder
in der Südsee unterwegs, diesmal auf einer zweimonatigen Reise
auf der MS Nabucco von Miami nach Sydney. Die ersten zwei
Wochen verliefen verdächtig ruhig – bis wir Tonga erreichten.
Der kleine Inselstaat mit einer Gesamtfläche von knapp sieben-
hundertfünfzig Quadratkilometern ist eine konstitutionelle Mo-
narchie und wird von König Tupou VI., der wie all seine Vorgän-
ger der Familie der Tupou entstammt, regiert. Das polynesische
Archipel, das aus hundertsechsundneunzig Inseln besteht, liegt,
eingebettet zwischen Samoa im Norden, Neuseeland im Süden
und Fidschi im Westen, im südlichen Pazifik und wurde als einziger Inselstaat dieser Region nie von den Europäern koloniali-
siert. Das wunderbare kleine Land besteht hauptsächlich aus
Vulkaninseln, um die herum sich zahlreiche Korallenriffe gebildet haben, wie beispielsweise auf Tongatapu, der Hauptinsel des
Inselstaats Tonga, mit der Hauptstadt mit dem unaussprechli-
chen Namen Nuku'alofa und dem einzigen Flughafen des Archipels. Auf Tonga leben circa einhunderttausend Menschen, und
unter ihnen traf ich einen ganz besonderen.

Unser Schiff war am Morgen im Hafen von Nuku'alofa gelandet. Von den circa fünfhundert Passagieren hatten fast alle die verschiedenen angebotenen Ausflüge gebucht, einige nur halb-, andere auch ganztags. Schon kurz nach dem Frühstück war auf der MS Nabucco so gut wie kein Passagier mehr zu sehen. Einer der beliebtesten Ausflüge führte zu einer nicht allzu weit entfernten Stelle auf der Insel, an welcher man ein gewaltiges Naturschauspiel bewundern konnte, die sogenannten Blow Holes. Das sind unter dem Meeresspiegel gelegene Löcher und Kanäle im vulkanischen Fels, der hauptsächlich aus erkalteter Lava besteht. Diese Kanäle führen aufsteigend einige Meter weit landeinwärts und enden in einem Spalt an der Oberfläche. Jedes Mal, wenn eine große Welle ankommt, flutet das Meerwasser durch diese Gänge, wird immer mehr beschleunigt und schießt am Ende schließlich in einer gigantisch hohen Fontäne aus der Öffnung im Vulkangestein, ähnlich den isländischen Geysiren, nur eben nicht mit heißem, sondern salzigem Meerwasser.

Dazu muss man wissen, dass viele Inseln vulkanischen Ursprungs sind. Durch Eruptionen befördern unterseeische Vulkane flüssiges Gestein aus dem Inneren auf den Meeresgrund – so wachsen die steinspeienden Berge kontinuierlich, bis sie eines Tages an die Wasseroberfläche gelangen und die Basis für eine Insel bilden, wie zum Beispiel Hawaii. Rings um die vulkanische Gesteinsgrundlage siedeln sich Korallen an und bilden immer größer werdende Riffe, welche oft bis knapp an die Meeresoberfläche reichen. Erlischt der Vulkan im Inneren der Insel oder des Archipels, erhärtet die »Hauptinsel« in der Mitte. Das vulkanische Gestein im Zentrum wird im Laufe der Jahrmillionen durch Wind, Regen und Wellen immer mehr abgetragen. Es bildet sich eine Lagune, und ringförmig drum herum das eigentliche Korallenriff.

Ich hätte mir das Naturschauspiel von Tonga gern mit eigenen Augen angesehen, hatte jedoch am Abend vorher erfahren, dass während des Landgangs der Paxe eine Rettungsübung anstand – eines der lästigsten Dinge, wenn man als Crewmitglied an Bord ist. Alle naslang wird man zu Feuereinsatzübungen, Bergungsszenarien und Drills gebeten, und natürlich darf der Bordarzt niemals fehlen. So auch an dem Einsatz, der während unseres Aufenthalts in Tonga geplant war.

Missmutig schloss ich in aller Früh gegen halb acht die Tür zum Hospital auf, da stand auch schon die erste Patientin vor der Tür. Eine ältere Dame mit sorgfältig onduliertem Haar, in senfgelber Weste und taubenblauer Funktionshose mit abnehmbaren Beinen, die violett gefärbte Sonnenbrille mit den riesigen Gläsern und dem goldenen Kettchen um den Hals auf der Nasenspitze.

»Herr Doktor, ich habe eine Frage«, sagte sie, und hielt mir zur Begrüßung ihre faltige Hand hin, die von zahlreichen Altersflecken übersät war. »Aber nicht medizinischer Natur.«

Mit ähnlichen Formulierungen kommen auch oft die Crewmitglieder auf mich zu – allerdings wollen die in den meisten Fällen eine Großpackung Kondome oder die Pille danach. Unwahrscheinlich, dass meine frühmorgendliche Besucherin Ähnliches von mir verlangen würde. Die GV-Rate auf Kreuzfahrtschiffen steigt nämlich entgegengesetzt proportional mit Verlassen der oberen Stockwerke, in denen Besserbetuchte in ihren Suiten residieren, in Richtung Katakomben im Schiffsrumpf, in denen die Bordangestellten untergebracht sind.

»Immer raus damit«, forderte ich die rüstige Dame auf und bat sie, im Behandlungszimmer Platz zu nehmen.

»Herr Doktor«, fing sie nun zögerlich an und spielte verlegen an dem Goldkettchen ihrer funkelnden Sonnenbrille herum. »Sagen Sie, gehen Sie heute auch an Land?«

Ihre Frage verwunderte mich nicht. Oft schon hatten sich gerade die gebrechlicheren Passagiere vor einem Landgang an mich gewandt und mich indirekt um eine helfende Hand beim Ausflug gebeten. Ich war es also gewohnt, als eine Art mobiler Altenpfleger bei Exkursionen in Beschlag genommen zu werden.

»Nein, leider«, musste ich dennoch antworten. »Die Crew hat heute eine Übung und muss an Bord bleiben.«

»Ach je«, sagte die Dame und sah nun ernstlich besorgt aus. »Aber wenn Sie könnten, würden Sie – nicht wahr?«

»Ja«, erwiderte ich lächelnd, »wenn ich könnte, würde ich. Auch wenn ich die Frage nicht ganz verstehe.«

»Na, aber Sie wissen das doch«, sagte sie verschwörerisch, und hinter den getönten Sonnenbrillengläsern konnte ich die weit aufgerissenen Augen erkennen. »Wegen der Kannibalen.«

»Welcher Kannibalen?«

»Na, der Kannibalen, die auf diesen Inseln leben. Erinnern Sie sich nicht an diesen Deutschen, der vor ein paar Jahren gefressen wurde?«

Ich erinnerte mich. An Stefan Ramin, den Weltumsegler, der mit seiner Lebensgefährtin auf Nuku Hiva, einer kleinen Marquesas-Insel, die zu Französisch-Polynesien gehören, an Land ging und dort auf einen einheimischen Wildjäger traf. Der unterbreitete dem deutschen Paar den Vorschlag, sie einmal quer über die hoch vor ihnen aufragende Gebirgskette auf die andere Seite der Insel zu bringen. Ramins Freundin lehnte das Angebot ab, der Vierzigjährige selbst machte sich jedoch kurz darauf auf den Weg und verschwand mit dem Einheimischen im Dschungel. Die Frau wartete auf dem Segelkatamaran auf die Rückkehr der beiden Männer, doch zurück kam nur der Wildjäger, der der Lebensgefährtin von Ramin berichtete, ihr Freund habe sich unterwegs verletzt und könne nur mit ihrer Hilfe geborgen werden. Sie ging mit dem fremden Mann, doch plötzlich bedrohte sie der Einheimische mit einer Waffe, fesselte sie an einen Baum und belästigte die junge Frau sexuell. In einem unbeobachteten Moment konnte sich die Gefangene jedoch befreien und flüchten. Sie informierte die Behörden vor Ort, Stefan Ramin jedoch blieb weiter vermisst.

Erst einige Tage später wurden in der Nähe verkohlte Überreste über einem Lagerfeuer gefunden: Knochen, Zähne und die verbrannten Fetzen von Kleidung. DNA-Tests, die kurz darauf durchgeführt wurden, bestätigten, dass es sich bei den Proben um die menschlichen Überreste von Stefan Ramin handelte. Nur wenige Wochen später legte der beschuldigte Mörder ein umfangreiches Geständnis ab: Er gab zu, den deutschen Unternehmensberater, der sich seit gut drei Jahren mit seiner Frau auf Weltumseglung befunden hatte, heimtückisch erschlagen zu haben – den Verzehr des Mannes leugnet er trotz erdrückender Beweislast aber bis zum heutigen Tag.

Mord auf der Kannibalen-Insel titelte damals die Gazette mit den vier großen Buchstaben (Die einzige Zeitung übrigens, die man tatsächlich an jedem Punkt der Welt käuflich erwerben kann, selbst in einer völlig abgelegenen Tipi-Siedlung in Alaska!), und ich erinnerte mich, dass ich zu dieser Zeit selbst unterwegs war und mich fragte, ob es in unserem Jahrhundert tatsächlich noch so etwas wie »Menschenfresser« gab.

»Würden Sie mir denn empfehlen, der Insel einen Besuch abzustatten?«, fragte mich meine Besucherin und brachte mich zurück ins Hier und Jetzt.

»Wegen der Menschenfresser, meinen Sie?«

Mir fiel ein, dass es damals eine weltweite Diskussion gegeben hatte, als der Fall Stefan Ramin bekannt geworden war, denn die Einwohner von Nuku Hiva hatten sich sehr darüber echauffiert, gemeinsam mit dem Einzeltäter in den sprichwörtlichen Suppentopf geschmissen und verurteilt zu werden.

»Auf Tahiti zeigen sie mit dem Finger auf unsere Kinder«, beschwerte sich der Bürgermeister der Marquesas-Inseln in einem Interview. Obwohl auf Tahiti, wenn man den Augenzeugenberichten einiger namhafter Entdecker Glauben schenken darf, einst tatsächlich Kannibalen gelebt hatten.

Ich warf der alten Dame, die mir mit immer noch weit aufgerissenen Augen gegenübersaß, ein breites Lächeln zu. Dann schob ich das in meinem Kopf entstandene Bild beiseite, auf dem mein Gegenüber wie ein Spanferkel auf einem Spieß über dem Feuer brutzelte, und sagte: »An Ihnen ist doch eh nicht viel dran.«

Sie kicherte.

»Ich glaube, Sie können fahren, ohne dass Sie etwas zu befürchten haben – es sind ja auch genug Leute dabei, die auf Sie aufpassen werden.«

Sie seufzte zufrieden. Offensichtlich hatte ich das Richtige gesagt. »Nun, dann werde ich dem netten Herrn Schmieder aus Kabine 109 einfach sagen, dass er besonders gut auf mich achtgeben soll.« Sie lächelte mich spitzbübisch an, verabschiedete sich und marschierte davon.

Ich sah ihr wehmütig hinterher – ich würde auch gern Kannibalen jagen gehen. Dann setzte ich meine zweistündige Sprechstunde fort, bevor ich zum Frühstück eilte, um mich im Anschluss auf der Brücke zur Übung zu melden. Doch noch bevor ich mir die erste Tasse Kaffee eingeschenkt hatte, erhielt ich eine Meldung auf dem Pieper: In wenigen Minuten würde der Shuttlebus eine Teilnehmerin des Landgangs zurück zum Schiff bringen, die während eines frühen Ausflugs auf dem scharfkantigen Vulkangestein gestürzt sei und einige leichte Verletzungen davongetragen habe.

Immerhin: So konnte man der lästigen Übung mit der Besatzung auch entkommen.

Über die Gangway gelangte ich auf die Pier und wartete dort auf den Bus, der die Leichtverletzte bringen sollte. Als der Wagen mit quietschenden Reifen vor mir zum Stehen kam und ich einen Blick ins Innere werfen konnte, stockte mir der Atem: Eine Frau um die fünfundsiebzig saß auf einem der vorderen Plätze, ihr Fuß stand im Fünfundvierziggradwinkel vom Bein ab – er war eindeutig ausgerenkt, das konnte man schon von hier aus und sogar ohne medizinische Ausbildung sehen. Und auch das rechte Handgelenk der Dame hatte einiges abbekommen, denn es wies die sogenannte Bajonett-Stellung auf, eine Dislokation des gebrochenen Gelenks, das heißt eine Verschiebung der Bruchstücke. Wenn ein gesunder Arm, bestehend aus intaktem Unterarm und anschließender Hand, eine vollständige Gerade bildet, hat sich bei der Bajonett-Stellung die Hand, ausgehend vom gebrochenen Handgelenk, um einige Zentimeter nach oben »verschoben«. Das Ganze ähnelt damit einem altertümlichen Bajonett-Aufsatz, wie wir ihn aus im 17. Jahrhundert spielenden Historienfilmen kennen.

Mir war sofort klar, dass es sich bei den vorliegenden Verletzungen keineswegs um eine Bagatelle handeln konnte und dass unser Schiffshospital nicht in der Lage war, diesen schweren Unfall zu behandeln – ganz zu schweigen von den anstehenden chirurgischen Eingriffen, die unweigerlich folgen mussten. Ist ein Gelenk derart luxiert (und dazu noch gebrochen), sind die Bänder in den meisten Fällen entweder an- oder ganz gerissen, eine Operation ist meist also unausweichlich.

Ich traf augenblicklich eine Entscheidung, meldete mich bei der Gangway-Kontrolle ab, stieg kurzerhand in den Shuttlebus und sagte dem Fahrer, er solle mich und die Verletzte auf dem kürzesten Weg in das nächste Krankenhaus bringen. Wahrscheinlich war das nächstgelegene sowieso das einzige Krankenhaus auf Tonga, dachte ich mir, aber die vernünftige Notfallversorgung sollte dort doch wohl möglich sein. Oder?

Auf dem zwanzigminütigen Transport stellte ich der erstaunlich ruhigen und sehr gefassten, beinahe schon heiteren Frau Knack aus Berlin etliche Fragen zum Unfallhergang – wichtige Informationen, die ich später für das Gespräch mit dem Versicherungsagenten benötigen würde. Nach einem derartigen Befund werden Patienten in aller Regel »ausgebootet« – so bezeichnet man den Transport und die Einweisung in ein örtliches Krankenhaus, und abhängig von der Schwere der Verletzung die Weiterverlegung in ein Krankenhaus mit westlichem Standard. Das kann dann auch schon mal auf einem anderen Kontinent sein. Für Frau Knack würde es wohl Sydney oder Auckland werden, und ich gab ihr mit behutsamen Worten zu verstehen, dass vermutlich auch ihre Reise demnächst ein vorzeitiges Ende finden würde.

»Ärjerlich«, sagte Frau Knack in breitem Berlinerisch. »Wir sind ja vor'n paar Tajen erst anjekommen!«

Das war in der Tat ärgerlich, besonders weil Frau Knack und ihr Mann eine vierwöchige Tour durch den Pazifischen Ozean gebucht hatten, vorbei an Neuseeland, Australien und Polynesien, Papua-Neuguinea, den Marshall-Inseln, Japan und Taiwan bis auf die Philippinen, wo ihre Reise enden sollte. Es war also umso wichtiger, dass mein Bericht an die Versicherung niet- und nagelfest war, sodass das Ehepaar Knack den vollen Reisepreis erstattet bekäme.

Nichtsdestotrotz gab es momentan ganz andere Probleme, die es zu lösen galt. Frau Knacks rechte Hand und ihr linker Fuß standen nach wie vor in schiefem Winkel vom Gelenk ab, und außerdem habe sie sich, wie sie mir in ruhigem Ton berichtete, wohl auch »unjünstig ditt Knie anjeschlagen«.

Ich betrachtete den krummen Fuß. Frau Knack trug einen sehr stabilen Outdoor-Treter, am falschen Schuhwerk konnte es, im Gegensatz zu den meisten Verletzungen, die derlei Expeditionen an Land zur Folge hatten, also nicht gelegen haben.

Wir fuhren vom Hafen quer über die Insel, durch paradiesisch anmutende Natur, vorbei an reich behangenen Kokospalmen, die sich unter der Last der Nüsse bogen, und Orchideenwäldern, deren Blüten in den Farben des Regenbogens erstrahlten. Anders als auf Samoa oder den Fidschi-Inseln ist das Klima auf Tonga sehr angenehm – weniger schwül als normalerweise im Pazifik, bei wohltemperierten 26 Grad im Durchschnitt.

Während der Fahrt berichtete mir Frau Knack von der sehr unglücklichen Folge von Geschehnissen, die infolge eines ganz lapidaren Hängenbleibens am erkalteten Lavagestein vonstattengegangen seien. Ihr Fuß, festgeklemmt zwischen dem Gestein, habe sich nicht aus der Klemme lösen lassen, daraufhin habe Frau Knack das Gleichgewicht verloren und sei vornübergefallen. Da der Schuh wirklich bombenfest saß, knickte ihr Gelenk dank der guten alten Hebelwirkung wie ein trockener Ast einfach ab – Frau Knack versuchte, den Sturz mit den Händen abzufangen, und brach sich daraufhin kompliziert das rechte Handgelenk. Bei der ganzen Kettenreaktion sei sie, laut eigener Aussage, noch dazu »blöde« auf dem Knie aufgekommen.

Ich schnitt mit einer Schere, die sich im Bestand des Notfallkoffers befindet, welchen der Bordarzt stets bei sich zu tragen hat, Frau Knacks Hose am rechten Schienbein auf. Als ich am Knie ankam, musste ich mir einige Mühe geben, mir meinen Gesichtsausdruck nicht entgleiten zu lassen.

»Na, Frau Knack, ein bisschen ungünstig gefallen ist das aber nicht …«

Vor mir lag das Knie von Frau Knack, das von einer fünfzehn Zentimeter großen, quer unter der Kniescheibe verlaufenden Platzwunde geziert wurde. Die Wunde war so tief, dass der Schleimbeutel eröffnet war, außerdem sehr verdreckt. Und sie blutete natürlich.

Zum Glück kamen wir in dem Moment, in dem mir klar wurde, dass es auch in diesem Fall keineswegs mit einer oberflächlichen Wundversorgung getan war, am Krankenhaus an, das, zumindest auf den ersten Blick, einen sehr ordentlichen Eindruck machte.

Manchmal komme ich auf meinen Reisen in Krankenhäuser, die ihrem Namen wirklich keine Ehre machen. Verschmutzte Mehrbettzimmer, versiffte Behandlungsräume, in denen sich die Sterilität schon seit Jahren nicht mehr hat blicken lassen, unordentliche Labors, rostige chirurgische Bestecke – in diesen Krankenhäusern bucht man garantiert einen längeren Aufenthalt, denn dort wird man alles, nur nicht gesund.

Doch das Spital von Nuku'alofa war keines dieser Kategorie, sondern ein anständiges, ein bisschen in die Jahre gekommenes Haus, vergleichbar mit einer deutschen Klinik aus den Achtzigerjahren. Der Aufnahmebereich war sauber und übersichtlich und verfügte, wie alle Anmeldungen in diesen Ländern, über ein nicht wegzudenkendes Requisit, das den entscheidenden Unterschied zwischen oberflächlicher Kosmetik und ernst zu nehmender Medizin ausmachte: den Kreditkartenleser.

Nachdem die Karte von Frau Knack der obligatorischen Prüfung unterzogen worden war, wurden wir zur weiteren Untersuchung in ein Aufnahmezimmer gebeten. Dort trafen wir auf einen sehr dicken Mann – zur Verteidigung der Tongaer sei gesagt, dass auf Tonga nahezu alle Einwohner dick sind. Das Land leidet unter einer kulturell bedingten und offensichtlich nicht heilbaren Fettsucht, da Übergewicht als Zeichen des Wohlstands nach wie vor das Schönheitsideal des Königreiches darstellt. Man kennt das vielleicht aus afrikanischen oder südamerikanischen Ländern, insbesondere bei Frauen. So werden junge Mädchen in Mauretanien mit Maisbrei, Kamelmilch und Mahlzeiten alle zwei Stunden geradezu gemästet, um dem gängigen Klischee des wohlhabenden, runden Weibs zu entsprechen. Auf Tonga jedoch sind nicht nur die Frauen von diesem »Schönheitswahn« betroffen, auch die Männer müssen möglichst rund sein, um als attraktiv zu gelten, ironischerweise sogar das Gesunde zu verkörpern.

Später habe ich erfahren, dass der tongaische König Taufa'ahau Tupou IV., der von 1965 bis 2006 regierte und stolze zweihundertzehn Kilogramm auf die Waage brachte, selbst mit gutem Beispiel voranging und in den Neunzigerjahren rund siebzig Kilo abspeckte, um die Bevölkerung vor dem Verfettungstod zu bewahren. Doch auch zahlreiche staatliche Diätprogramme haben die Tongaer bislang nicht dazu bewegen können, sich in Bewegung zu setzen und auf Kokosöl und Yams zu verzichten – zugegebenermaßen fällt das Abnehmen besonders schwer, wenn Essen zur Tradition eines Landes gehört.

Der Krankenpfleger, der sich nun um uns kümmerte, war den weltlichen Genüssen wohl auch eher zu- als abgeneigt. Das blaue OP-Hemd spannte über seinem stammfettsüchtigen Rumpf, der Bauch ragte mir und Frau Knack entgegen. Mit einem breiten, ja beinahe euphorischen Lächeln, kam der Pfleger auf uns zu und stellte sich uns als Fernando oder Fernandez vor. Zu meiner Schande muss ich gestehen, dass ich mir seinen Namen nicht gemerkt habe. Es ist kein Kavaliersdelikt, passiert uns Ärzten aber häufig, insbesondere dann, wenn wir uns in einer außergewöhnlichen Situation befinden oder es ums Ganze geht: Namen sind wie Schall und Rauch. Bei Frau Knack ging es zwar nicht um Leben oder Tod, wohl aber um die kommenden Stunden, denn ein ausgerenktes Gelenk muss so schnell wie möglich wieder eingerenkt werden, um Langzeitschäden zu vermeiden.

Unglücklicherweise passierte in der kommenden Stunde aber nichts. Der Pfleger, den ich in Anlehnung an Robin Crusoes Abenteuer Freitag nannte, weil er mir in einer schwierigen Lage wie ein wahrer Freund zur Hand ging und darüber hinaus der einzige Tongaer war, den ich näher kennenlernen sollte, kam in viertelstündlichen Abständen mit der immerzu gleichen Aussage in bestem Englisch zu uns: »*There's no doctor in the house.*«

Das war ein Problem, und es wurde immer größer. Von drei der Ärzte, die in dem Krankenhaus arbeiteten, befand sich einer in Urlaub, einer war nach der Nachtschicht zu Hause, und ein dritter war, wie ich verstanden hatte, gerade im OP. Der vierte Arzt, ich, der zumindest rein technisch in der Lage gewesen wäre, Frau Knack zu helfen, durfte die Behandlung aus juristischen Gründen nicht durchführen, denn kein Arzt der Welt kann einfach so in ein fremdes Krankenhaus, insbesondere auf der anderen Seite der Welt, marschieren, und einen Patienten behandeln – selbst wenn der Arzt den Patienten eigenhändig mitgebracht hat. Nur in absoluten Notfällen oder akuter Lebensgefahr wird von dieser Regel abgesehen, ansonsten gilt es, die Etikette zu bewahren. So waren Freitag, Frau Knack und ich zum Nichtstun verdammt und sahen dem Knöchel von Frau Knack dabei zu, wie er dicker und dicker wurde. Andere Patienten sahen wir keine. Ohnehin wirkte das Krankenhaus ziemlich ausgestorben – ob der einzige behandelnde Arzt in dieser Geisterklinik wohl wirklich gerade operierte?

Nach einer Stunde kam Freitag wieder, und erneut setzte er sein breites, bedauerndes Lächeln auf und sagte: » *There is still no doctor in the house.* «

Frau Knack seufzte vernehmlich, denn mittlerweile war ihre zunächst noch gute Laune einer frustrierten Resignation gewichen. Ich nahm dieses Seufzen als Anlass, mich zum wiederholten Mal ihrem Knie zu widmen. Als ich sah, dass die Wunde immer noch nässte, und mir auch die Verunreinigung der Wundränder wieder ins Auge fiel, wandte ich mich an Freitag. » *We have to do something. Can we do this together?* «

Freitag grinste von einem Ohr zum anderen und sagte: » *Yes, we can.* «

Ich blickte Frau Knack an. »Rein rechtlich gesehen bin ich nicht befugt, Sie zu behandeln, aber wir können nicht mehr länger warten, wenn wir keine Folgeschäden für die Durchblutung, das Nervensystem und die Weichteile riskieren wollen.«

Frau Knack, ganz die tapfere alte Dame, die ich kennengelernt hatte, strich mir mütterlich über die Hand und sagte: »In Ordnung, meen Jung.«

Dann ging alles ganz schnell. Zuerst versorgten mein begeistert wirkender Assistent und ich die Wunde von Frau Knack, die die Behandlung ohne eine Miene zu verziehen über sich ergehen ließ. Als dies erledigt war, wendeten wir uns dem Knöchel und dem Handgelenk zu. Wir fuhren Frau Knack zum Röntgen. Die Bilder, die das analoge Gerät, das mindestens aus dem vorherigen Jahrhundert stammte, ausspuckte, bestätigten meine erste Vermutung: Beide Gelenke waren nicht nur gebrochen, sondern auch luxiert, im Volksmund ausgekugelt.

»Frau Knack, Sie müssen ja fürchterliche Schmerzen haben – tut das nicht weh?«, fragte ich sie.

»Nee, nee«, winkte da Frau Knack mit dem gesunden Arm

ab, »mir tut überhaupt nüscht weh. Nur mein Po wird langsam taub, von der janzen Liejerei.«

Trotzdem: Das Sprunggelenk wollte ich ohne ein Narkotikum nicht einrenken, denn selbst wenn Frau Knack momentan keine Schmerzen zu haben schien, so ist die Reposition eines ausgerenkten Gelenks bei vollem Bewusstsein doch ein ganz anderes Kaliber. Ich drehte mich zu Freitag um, dem die ganze Sache gehörigen Spaß zu bereiten schien, und bat ihn, den Anästhesisten kommen zu lassen.

Daraufhin verging Freitag zum ersten Mal das Lachen. »*There is no anesthetist*«, wiederholte er und sah mich an, als hielte er mich für ein bisschen plemplem.

»*Just for today?*«, fragte ich.

»*No – we have only one and he is also in the operation room.*«

Ich schluckte. Es war Ewigkeiten her, dass ich selbst eine Narkose gemacht hatte, und ich war natürlich vollkommen aus der Übung.

Wieder wendete ich mich meiner furchtlosen Patientin zu. »Frau Knack, ich sage es Ihnen, wie es ist: Anästhesie ist nicht unbedingt meine Paradedisziplin – aber ich befürchte, mein Halbwissen ist das Beste, was Ihnen am heutigen Tag noch passieren kann. Wollen wir es also wagen?«

»Na, aba imma doch!«, sagte Frau Knack mit einem breiten Lächeln, in das auch Freitag, der die Situation wohl zumindest in Grundzügen zu verstehen schien, einfiel.

Natürlich teilte ich Frau Knack meine Bedenken nicht nur aus reiner Nächstenliebe mit, sondern auch, weil ich mich rechtlich zumindest halbwegs absichern wollte. Eine Narkose zu geben, noch dazu mit beschränkten Mitteln und ohne eine vollständige Anamnese mit Vorerkrankungen, Medikamentenunverträglichkeiten und so weiter, ist kein Pappenstiel. Immerhin hatte ich Frau Knacks mündliche Zusage erhalten, und für weitere Grübeleien blieb auch gar keine Zeit, weil Freitag schon mit Infusionsbesteck, einem mobilen EKG und einer kleinen gläsernen Ampulle, die er aus der stolzgeschwellten Brusttasche zog, zurückkam.

Ich betrachtete die kleine Glasflasche. Das gläserne Köpfchen war bereits abgebrochen, die Öffnung war mit Tesafilm zugeklebt. Die Flüssigkeit, die in dem Fläschchen von links nach rechts schwappte, war bereits deutlich reduziert. Der Inhalt musste wohl ein Morphin-Präparat sein, zumindest konnte ich auf dem verblichenen Aufkleber noch so etwas lesen wie »Pethidin Hydro«. So ein Mist, fluchte ich innerlich, denn damit war das Präparat unsteril und unbrauchbar. Ich konnte, nicht einmal in diesem Notfall, einer Patientin kein angebrochenes Medikament intravenös verabreichen – und damit unzählige Erreger, die sich in der Flüssigkeit vermutlich schon ausgebreitet hatten.

»I'm sorry«, sagte ich zu Freitag, dem es das Lächeln automatisch aus dem Gesicht verschlug. »I cannot use this. Do you have anything else?«

Der Pfleger sah erst mich, dann die Ampulle in seiner Hand, dann wieder mich an, und ich befürchtete, er würde jeden Moment in Tränen ausbrechen. Doch stattdessen nickte er entschieden, machte auf dem Absatz kehrt und verschwand.

Kurz darauf kam er mit seinem mir mittlerweile lieb gewonnenen breiten Grinsen im Gesicht und einer weiteren, jetzt aber wenigstens intakten Ampulle in der Hand zurück. Ich nahm das Fläschchen entgegen und mit einem Schulterzucken zur Kenntnis, dass das Mindesthaltbarkeitsdatum seit sechs Monaten überschritten war, dann spritzte ich das starke Schmerzmittel fraktioniert, also in mehreren kleinen Dosen.

Frau Knack wurde langsam schläfrig, blieb jedoch bei Bewusstsein. Nach fünf Minuten kniff ich sie einmal beherzt in den Arm, und da sie sich nicht beschwerte, setzte ich meine Behandlung fort.

Zuerst wollte ich ihr das Fußgelenk wieder einrenken. Dafür stellte ich mich vor sie an die Liege und zog ihr Bein an meinen Bauch. Als ich die richtige Position gefunden hatte und der Meinung war, dass Frau Knack wirklich nichts mitbekommen würde, zog ich mit einem kräftigen Ruck an ihrer Ferse. Das Gelenk reagierte spontan und glücklicherweise so, wie ich es geplant hatte: Mit einem lauten Schnappen, fast wie bei einer Tür, die ins Schloss fällt, renkte sich das Gelenk wieder ein, und der Fuß ging in seine natürliche Stellung zurück. Unglücklicherweise wollte er da jedoch nicht bleiben und drängte stattdessen wieder in die Fehlstellung. Ich wandte mich an Freitag und bat ihn, mir etwas zum Schienen zu besorgen.

Kurz darauf kam mein Assistent mit Polstermaterial und einigen Verbandsbinden auf dem Arm zurück in unser Behandlungszimmer geeilt – doch leider erwiesen sich die gerade mal zwei Kunststoffbinden als vollkommen ungeeignet, weil überlagert, furztrocken und dadurch absolut unbrauchbar. Wie auch meine Möglichkeiten zerbröselten die Binden in seinen Händen.

Ich stand immer noch am Fußende der Liege, auf der Frau Knack vor sich hin döste, und hielt das Gelenk im Klammergriff. Mittlerweile war es mir richtiggehend peinlich, Freitags Bemühungen jedes Mal wieder aufs Neue als nicht ausreichend bezeichnen zu müssen. Er raste offenbar wie ein Derwisch durchs Krankenhaus (die Schweißperlen, die auf seiner Stirn glänzten, waren verräterisch), klaubte alles zusammen, was er zwischen die Finger bekam, und dem weißen europäischen Arzt war nichts gut genug. Ich schämte mich – gleichzeitig dachte ich aber an das Wohl meiner Patientin und wusste: Mit Kunststoffbinden, die mir zwischen den Fingern zerfallen, kann ich keinen stabilen Stützverband legen, egal ob bei einer Patientin vom Kreuzfahrtschiff oder einem Kranken aus Tonga.

Freitag aber ließ sich nicht unterkriegen. Er machte wieder kehrt und kam nach einigen Minuten mit zwei neuen Kunststoffbinden in der Hand ins Zimmer – diese waren natürlich auch abgelaufen, aber immerhin noch nicht so ausgetrocknet, als dass man sie nicht hätte verwenden können. Also begannen Freitag und ich mit dem »Eingipsen« (so sagt man auch, wenn man anstelle der früheren Gipsbinden heute Kunststoffbinden benutzt), und mein tongaischer Freund bewies dabei großes Geschick, was ich ihm mehrfach attestierte. Er beantwortete mein Lob mit seinem schon bekannten charakteristischen breiten Lächeln.

Als es zum zertrümmerten Handgelenk ging, war ich erneut auf Freitags Fingerspitzengefühl und seinen Einfallsreichtum angewiesen. Bei der Reposition von Handgelenken sind zwei Personen vonnöten, da einer den Oberarm festhalten, der andere mit aller Macht an der ausgerenkten Hand ziehen muss, um die gebrochenen und verschobenen Knochen wieder in die richtige Stellung zu bringen. Nach dem Einrichten muss das Gelenk natürlich geschient werden, und wie schon zuvor gab es kein Schienenmaterial – jedenfalls keines, wie ich es kannte.

Wieder war es Freitag, der mir aus der Patsche half: Er wuselte aus dem Behandlungszimmer und kam nur kurze Zeit später mit einem großen Bogen Karton zurück. Diesen faltete er u-förmig, sodass er an Stabilität gewann, und schnitt ihn anschließend passgenau zu.

Mir blieb die Spucke weg. Ich war von dem Improvisationstalent meines Assistenten ohnehin schon begeistert gewesen, jetzt aber versetzte er mich in namenloses Staunen. Ich bin als Arzt, der in Deutschland ausgebildet wurde und sich dort niedergelassen hat, gewohnt, dass all das Material, das ich zur Behandlung meiner Patienten benötige, vor Ort ist – zumindest aber lieferbar ist oder gebracht werden kann. Niemals war ich vorher in der Situation, dass mir die sprichwörtlichen Mittel ausgingen und ich gezwungen war, mit derart primitiven Materialien zu behandeln – und dabei dennoch so gute Ergebnisse erzielte.

Als Freitag die Schiene am lädierten Handgelenk von Frau Knack anlegte, musste ich unweigerlich darüber nachdenken, wie verwöhnt wir Europäer doch mit unserem Equipment sind, wie schonungslos wir mit unseren Ressourcen umgehen. Und ich begann langsam zu begreifen, was Medizin in einem Umfeld wie diesem, in dem ich mich momentan befand, bedeutet. Keine Kosmetik, keine Augenwischerei, sondern der reine Wunsch zu helfen und zu heilen. Ich war beeindruckt davon, mit wie wenig man auskommen kann, wenn man es muss, und nahm mir vor, in Zukunft an der ein oder anderen Stelle ein wenig mehr Bescheidenheit zu zeigen.

Nach meinem überschwänglichen Lob, mit dem ich Freitag überschüttete, brachten wir Frau Knack erneut zum Röntgen, um die korrekte Position der Knochen zu überprüfen. Glücklicherweise war alles genau so, wie es sein sollte, und wir kamen endlich zum finalen Arbeitsschritt, der eine gelungene Reposition vervollständigen sollte: dem Aufschneiden des gerade gemachten Verbandes, um Durchblutungsstörungen zu vermeiden.

In unseren Breitengraden verwendet man zu diesem Zweck eine sogenannte oszillierende Gipssäge. Diese Gipssäge verfügt über einen besonderen Mechanismus, der sie von normalen Kreissägen unterscheidet und sie damit für den Einsatz in der Medizin qualifiziert: Im Gegensatz zur herkömmlichen Kreissäge rotiert das Schneideblatt der oszillierenden Gipssäge nicht um die eigene Achse, sondern bewegt sich in hoher Frequenz nur um wenige Grad vor und zurück. So wird weiches und träges Material nicht durchtrennt, sprödes und hartes Material hingegen schon. Außerdem verhindert der geringere Schneideradius des Blattes, dass die Klinge mit der Haut unter dem Gips in Berührung kommt, und mindert so das Risiko, dass der Arzt den Patienten beim Aufschneiden des Verbandes verletzt.

Mir war klar, dass in einem Krankenhaus, in dem es nur anderthalb Ampullen Schmerzmittel, nur einige ausgetrocknete Rollen Kunststoffbinden und keinen einzigen sichtbaren Arzt gab, vermutlich weit und breit keine oszillierende Gipssäge zu finden war. Nicht nur das: Es war mir peinlich, danach zu fragen.

Aber Freitag, der aufmerksamste und freundlichste Krankenpfleger von ganz Tonga, grinste nur breit, als ich meine schüchtern vorgetragene Bitte formulierte, eilte aus dem Zimmer und kam nur Minuten später mit einer nigelnagelneuen und vollkommen unbenutzt aussehenden oszillierenden Gipssäge in der Hand zurück, die er mir wie Reichsinsignien des tongaischen Königs persönlich übergab.

Nach dem Aufschneiden des Gipses verabreichte ich Frau Knack, die langsam wieder Herrin über ihre Sinne wurde, eine Dosis Heparin, um das Thromboserisiko zu senken, und sah dann mit einem erschrockenen Blick auf mein Handgelenk, dass es bereits vier Uhr war – in zwei Stunden würde das Schiff von Tonga ablegen, und ich musste dringend zurück. Also verabschiedete ich mich von Frau Knack, die ich guten Gewissens in die Hände ihres gerade eintreffenden Gatten geben konnte, und machte mich auf den Weg in Richtung Hafen.

Als ich im Schiffshospital ankam, erzählte ich meinen beiden Bordkrankenschwestern kurz, was in der Zwischenzeit passiert war, und teilte ihnen mit, dass Frau Knack nicht in dem tongaischen Krankenhaus operiert, sondern nach Sydney ausgeflogen werden würde. Ich dachte an Freitag, meinen dickbäuchigen Helfer in der Not, und ich dachte an all die vielen Medikamente und Materialien, von denen ich gerade umgeben war. Da fasste ich einen Entschluss.

»Ich möchte, dass ihr all die Präparate und Materialien, die in den kommenden drei Monaten ablaufen werden, zusammenpackt.«

Auf Schiffen muss das Bordhospital in regelmäßigen Abständen ausgemistet werden, da laut den behördlichen Bestimmungen nur die Medikamente und Materialien an Bord mitgeführt werden dürfen, deren Haltbarkeit noch mindestens drei Monate garantiert ist. Ein absoluter Unsinn in meinen Augen, da ein Verband, eine Mullbinde oder ein Infusionsschlauch erst Jahre, vermutlich Jahrzehnte später »ablaufen« und daher mit bestem Gewissen noch verwendet werden könnten. Aber: Vorschrift ist Vorschrift – zumindest an Bord der MS Nabucco. Das bedeutet ja noch lange nicht, dass dieselbe Vorschrift auch in einem Krankenhaus in Nuku'alofa gelten muss …

Dem Hafenagenten von Tonga, also der Kontaktperson im jeweiligen Land, die für verschiedene Reedereien die länderspezifischen Bestimmungen kennt und unterschiedliche Dienstleistungen, von der Lieferung von Lebensmitteln über den Ausflug spezieller (meist kranker) Passagiere oder die Organisation von Transporten eigens engagiert wird, überreichte ich am selben Abend zwei große Kisten voller »aussortierter« medizinischer Güter, inklusive mehrerer Ampullen Narkotikum. Ich gab ihm den

Auftrag, die Kisten ins Krankenhaus nach Nuku'alofa zu bringen und dort abzugeben. Die kleinen Ampullen mit den Schmerzmitteln jedoch sollte er einer bestimmten Person aushändigen, nach Möglichkeit persönlich.

Als wir den Agenten ein paar Wochen später am Hafen von Sydney wiedersahen, erzählte er mir, dass Freitag die Tränen in den Augen gestanden hatten, als er ihm das Narkotikum überreichte, und er richtete mir die besten Wünsche für ein langes, erfülltes Leben, einen stets wohlgefüllten Lebensmittelvorrat und viel Gesundheit von ihm aus. Außerdem erfuhr ich, dass in grauer Vorzeit, lange bevor gigantische Kreuzfahrtschiffe mit viertausend Passagieren an Bord die Weltmeere bereisten, das kleine Königreich Tonga auch »Freundschaftsinseln« genannt wurde.

Ich musste, als mir der Agent das erzählte, an Freitag, meinen medizinischen Assistenten denken und lächeln.

Hochzeit unter Palmen

*Ein ungewöhnliches Paar läuft unter erschwerten
Bedingungen in den Hafen der Ehe ein*

Neben den aufsehenerregenden Orten, die man auf einem
Kreuzfahrtschiff bereist, und den zahlreichen Abenteuern, die
man während der Landgänge, aber auch an Bord erlebt, sind
es vor allem die Menschen, die das Kreuzfahren so herrlich abwechslungsreich machen.

Seitdem ich als Schiffsarzt arbeite, sind mir schon die unterschiedlichsten Typen untergekommen. Reiche und Arme, Dünne
und Dicke, einfacher und komplizierter Gestrickte. Das Kreuzfahrtschiff ist zwar einerseits genau wie die »normale« Welt, aber
doch auch ganz anders. Alles ist viel komprimierter – dadurch fallen Besonderheiten viel mehr auf. In einer Großstadt wie Berlin,
Hamburg und München wird ein einzelner Spinner, der durch
die Fußgängerzone schlendert und Selbstgespräche führt, meist
nicht weiter beachtet. In kleineren Städten hingegen schon, hier
kennt man sich und vermutlich auch den Spinner, nur dass man
dort nettere Namen für die findet, die außerhalb der Reihe tanzen: bunte Hunde, schwarze Schafe und Paradiesvögel. (Seltsam
eigentlich, was das besonders Anderssein wohl mit der Fauna zu
tun hat?) Je kleiner die menschliche Stätte, desto auffälliger die

Macke, könnte man demnach ableiten, und genau das gilt auch für ein Schiff, auf dem bis zu eintausend Personen dicht an dicht auf engstem Raum nebeneinander leben. Das Schiff, so entsteht der Eindruck, ist eine Miniaturausgabe der Gesellschaft, mit all den Schichten, Statisten und Sonderlingen, die es in der Welt »da draußen« eben auch gibt.

Wenn nun ein Paar an Bord kommt, das nicht nur aufgrund seines schrillen Äußeren, sondern vor allem dank des immensen Altersunterschieds die Aufmerksamkeit der Passagiere und infolgedessen auch der Crew erregt, ist das schon einen zweiten Blick wert.

Wir waren mit der MS Costa Gloria von Ecuador in Richtung Neuseeland und Australien unterwegs, an den Galapagosinseln, Französisch-Polynesien und den Fidschis vorbei bis nach Brisbane. In Quito hatte die Reise begonnen, genau genommen in Manta, das in Ecuador zum Einbooten benutzt wird, da die Hauptstadt sehr hoch und weit im Landesinneren gelegen ist.

Anhand der geplanten Zwischenstopps und der sehr kostspieligen Hin- und Rückflüge nach Quito und von Australien nach Deutschland zurück lässt sich schon erkennen, dass es sich bei dieser Reise nicht um ein günstiges Vergnügen handelte. In den letzten Jahren sind Kreuzfahrtreisen, insbesondere in der Ost- und Nordsee, dem Mittelmeer und der Karibik, nicht nur erschwinglich, sondern zum Teil fast schon billig geworden. Seit die Reedereien verstanden haben, dass sie auf ihren Zehntausend-Euro-Suiten hocken bleiben und die Kosten nicht reinbekommen, sind viele dazu übergegangen, neben den hochklassigen Reisen auch einige Schiffsfahrten mit reduziertem Service und damit günstigeren Preisen auf die Meere zu schicken. Mittlerweile sind Pauschalangebote unter tausend Euro für zehn Tage Vollverpflegung keine Seltenheit mehr. Damit sind Kreuzfahrten für jedermann erschwinglich geworden. Und wie so oft, wenn irgendetwas auf einer Seite billiger wird, muss es auf der anderen Seite einen hochpreisigen Ausgleich geben. Deshalb war es nur eine Frage der Zeit, bis die sehr exquisiten und luxuriösen Kreuzfahrten am Markt etabliert wurden. Das Motto für diese Fahrten lautet: viel Personal und wenig Gäste, europäischer Fünf-Sterne-Standard, beste Restaurants, ein sehr abwechslungsreiches Unterhaltungsprogramm, ein halbes Dutzend Bord-Lektoren und die entlegensten und exklusivsten Hotspots, die unser Erdball zu bieten hat. Der ganze Spaß ist dann ab fünfundzwanzigtausend Euro zu haben. Für einundzwanzig Tage Urlaub. Wenn das kein Schnäppchen ist ...

Galapagos, Fidschi, Bora-Bora, Neukaledonien und Neuseeland – noch erstklassiger geht es kaum, wenn man reisen will. Daher war ich nicht überrascht, als in Manta einige sehr elitär wirkende Damen und Herren eincheckten, deren teuer aussehende Kostüme und Maßanzüge nicht eine einzige Falte im Stoff aufweisen konnten – bei achtzehn Stunden regulärer Anreisezeit ab Deutschland der beste Beweis, dass man first class geflogen ist – oder eben immer eine zweite Garnitur im Handgepäck mitführt.

Zwischen den Hermès-Handtaschen, blinkenden Rolex-Uhren und handgemachten Budapestern fiel das schrille Pärchen aus Köln daher auf wie eine Horde Ballettröcke tragender Schimpansen. Die etwa Mitte Zwanzigjährige war groß und gut gebaut, wenn auch mit einer offensichtlichen Volumenverlagerung im Bereich des Oberkörpers. Sie trug die höchsten Absätze, die ich je gesehen hatte, einen eng anliegenden Blazer, der ihre aufgeblasenen Brüste (un)vorteilhaft einzwängte, außerdem roch sie nach Chanel No. 5, dass es einem die Sinne benebelte.

Ihr Begleiter, den ich zunächst für ihren Vater hielt, war gute zwanzig Jahre älter und knappe fünfzehn Zentimeter kleiner als sie, ihre hohen Hacken einmal nicht eingerechnet. Er war ebenfalls blond, ebenfalls langhaarig, und seine Haut zeugte von exzessiven Solariumbesuchen. Er sah aus wie ein Lude, ein Hamburger Zuhälter, wie er so über die Gangway schlenderte, die Gucci-Sonnenbrille auf der Nase, einen Kaugummi in der rechten Backe. Allerdings einer mit sehr viel Geld und einem streitbaren Modegeschmack. Wie ich aus der Passenger-Liste erfuhr, die mir einige Tage zuvor ausgehändigt worden war, war Ronny Meißen mit Spielautomaten der große Wurf gelungen. Vor ein paar Jahren, brachte ich in Erfahrung, hatte er mit irgendeinem genialen Coup seine sehr günstigen Automaten in den Spielhöllen der Republik platzieren können und musste sich seitdem keine Sorgen mehr um die Altersvorsorge machen.

Neureiche. Bislang war ich mit ihnen nur über die Mattscheibe in Berührung gekommen. Aber wenn mich das Schifffahren eines gelehrt hatte, dann dass sich hinter der schönen Fassade oft hässliche Szenen abspielten – und umgekehrt. Menschen, die ich auf den ersten Blick vollkommen falsch eingeschätzt hatte, waren in den letzten Jahren zu echten Freunden geworden. Daher war ich gespannt, wie sich das Pärchen zwischen den handverlesenen oberen Zehntausend, die sich außerdem an Bord tummelten, schlagen würde.

»Da sind ja unsere Honeymooner!«, riss mich der Kapitän, neben dem ich in der großräumigen Lobby stand, um die Gäste zu begrüßen, aus den Gedanken.

Er lief mit großen Schritten auf die beiden Paradiesvögel zu und schüttelte dem Mann die Hand. »Herr Meißen, ich freue mich sehr, Sie an Bord begrüßen zu dürfen! Und das muss Ihre bezaubernde Gattin sein?«

Der Kapitän wandte sich dem blonden Busenwunder zu und küsste die Hand, die sie ihm hinstreckte.

»Mer freuen uns ooch, dat mer endlich do sinn«, sagte sie in breitestem Kölner Dialekt.

Da war er. Der beste Beweis, dass man Reiner Calmund im Körper von Pamela Anderson verstecken konnte.

»Käpt'n«, schnurrte die frischgebackene Frau Meißen, »mer han jrad en Köln jehierotet, d'r Ronny un isch.« Sie nickte in Richtung ihres Ehemanns. »No wollen mer dat noh einmal wiederholen. Am Strand von Bora-Bora. Dat geht doch, jo?«

»Aber natürlich geht das«, jubelte der Kapitän, und offensichtlich war ich der Einzige, der die Anspannung in seiner Stimme hörte. »Das ist eine ganz hervorragende Idee! Ich werde gleich mit den zuständigen Behörden Kontakt aufnehmen, damit sie alles vorbereiten.«

Natürlich reagierte der Kapitän so. Er *musste* so reagieren. Die Meißens hatten fünfzigtausend Euro für diese Reise bezahlt, der Kapitän würde ihnen aus Zahnseide eine Leiter zum Mond knüpfen, wenn sie danach verlangen würden.

Mit einem schiefen Seitenblick auf mich beauftragte er einen der Butler, das schrille Paar auf seine Suite zu geleiten. Dann stellte er sich wieder neben mich, ließ seinen Blick auf den zwei Gepäckwagen von den Meißens ruhen, die gerade über die Gangway aufs Schiff gerollt wurden, und sagte: »Na, wenn das mal gutgeht …«

Nachdem wir in Ecuador abgelegt hatten, standen uns zunächst zwei Seetage bevor, zum Akklimatisieren nach dem langen Flug und weil die Galapagosinseln nun mal nicht direkt um die Ecke von Südamerika liegen. Die Zerstreuung, die sich die Reederei für diese Tage auf See ausgedacht hatte, war umwerfend. Je teurer die Reise, desto hochklassiger auch das Unterhaltungsprogramm. Man hatte wirklich keine Kosten und Mühen gescheut und die besten Lektoren eingeladen, die man sich vorstellen konnte. Einen Kultur-Anthroposophen, der spannende Referate über die Entwicklung der mikronesischen Völker hielt. Einen Biologen, der einen großartigen Film über die Schildkrötenpopulation auf Galapagos zeigte. Und zahlreiche brillante Musiker und Sänger, die sich jeden Abend auf der Bühne des Schiffes die Klinke in die Hand gaben und mit Dreißigerjahre-Revüen, Jazzkonzerten und Klavierabenden mit Liedern aus der Romantik begeisterten. Kurzum: Es hätte noch ewig so weitergehen können, und viel schneller, als wir gucken konnten, waren wir zuerst auf Galápagos und dann auf Bora-Bora angekommen.

Die Meißens hatten sich erstaunlich gut integriert. Entgegen der Erwartung des Kapitäns aus den ersten Tagen fielen sie kein einziges Mal durch in irgendeiner Art sonderliches Benehmen auf, sondern wären beinahe in der Flut der Schönen und Reichen untergegangen – wenn sie nicht so bunt angezogen gewesen wären.

Immerhin, beim Brautkleid hatte sich Frau Meißen an die gängigen Konventionen und ein schlichtes Weiß gehalten. In einem Traum aus Tüll und Seide schwebte sie am fünften Tag unserer Reise wie eine in Geschenkpapier eingewickelte XXL-Barbiepuppe über das Deck. Ihr Gatte wuselte hinter ihr her. Er trug einen ebenso weißen Frack, Krokodillederschuhe in Perlmutt und einen Zylinder, dessen Sinn sich mir einfach nicht erschließen wollte. Immerhin sollte es eine Strandhochzeit werden. Reduziert, romantisch, ruhig. Aber gut, jeder hatte schließlich eine andere Vorstellung davon, wie der schönste Tag im Leben aussehen sollte.

Vor Bora-Bora mussten wir in angemessener Entfernung von der Insel und den vorgelagerten Korallenriffen ankern, auf seemännisch »auf Reede liegen«. Daher musste das heiratswillige Paar samt beordertem Schiffsfotografen, dessen Assistent, der

Chefhostess und dem Staff-Kapitän, der die ganze Aktion beglei-ten würde, in einem Tenderboot an Land gefahren werden. Der Kapitän und ich standen an der Reling und halfen der kleinen Hochzeitsgesellschaft in das Boot einzusteigen. Was nicht gerade einfach war. Denn ausgerechnet an diesem Tag machte die Süd-see ihrem Namen keine Ehre: Es war bewölkt, der Himmel wol-kenverhangen, und es blies ein starker böiger Wind. Das Tender-boot hob und senkte sich neben dem Sidegate je nach Welle und Schwell um einen guten Meter und vollführte regelrechte Bock-sprünge.

»Un dat ess wirklich secher?«, wollte Frau Meißen wissen und strich sich besorgt den Stoff ihres Tülltraums glatt.

»Absolut«, sagte der Kapitän. »Wir werden Sie wohlbehalten ans Ufer bringen, und dort wartet dann schon der französische Pfarrer, der Sie trauen wird.«

»Auf Französisch«, sagte Frau Meißen.

»Jawohl. Es war auf Bora-Bora leider niemand aufzutreiben, der Deutsch spricht und Sie trauen darf.«

»Wat ess met Ihnen?«, mischte sich nun Herr Meißen in die Unterhaltung ein.

Was er nicht zu wissen schien: Entgegen dem hartnäcki-gen Gerücht dürfen Kapitäne zwar ein hochzeitswilliges Paar trauen – die Zeremonie ist aber für die Katz, weil sie vor dem deutschen Gesetz keinen Bestand hat. Es sei denn, der Kapi-tän ist gleichzeitig auch ein staatlich anerkannter Standesbeam-ter. Von dieser Besonderheit hat aber noch nie jemand gehört. Es gibt ein Gesetz aus dem Jahr 1950, das offenbar Nottrauungen durch den Kapitän erlaubt. Davon konnte im Fall von den Mei-ßens aber keine Rede sein.

»Ich?« Der Kapitän schüttelte den Kopf. »Solange es einen echten Geistlichen gibt, überlasse ich ihm das Wort. Und zum

Französisch: Sagen Sie an der entscheidenden Stelle einfach ›*Oui, je veux*‹. Dann wird das schon.« Er lächelte.

Doch so weit sollten die Meißens gar nicht erst kommen. Von der Reling aus beobachteten der Kapitän und ich sowie die halbe Besatzung des Schiffes und nahezu alle Passagiere, wie das Tenderboot in Richtung Ufer aufbrach. Einige hatten sich sogar Liegestühle und Ferngläser organisiert und genossen das Schauspiel aus bequemer Position und mit dem heutigen Cocktail des Tages »*Sex on the beach*« in der Hand.

Besorgt sah ich aufs Wasser. Der Wellengang war in den vergangenen zwanzig Minuten, die wir gebraucht hatten, um die Braut mitsamt Tüllmassen unbeschadet ins Boot zu bringen, stärker geworden, und am Himmel brauten sich dicke graue Wolken zusammen.

»Ein blöder Tag zum Heiraten«, sagte der Kapitän nachdenklich. »Aber ist ja auch das zweite Mal.«

Wir verfolgten die Route des Tenderbootes, das seinen Weg durch die Wellentäler suchte. Das Weiß des Brautkleides strahlte bis zu uns herüber und bildete einen hübschen Kontrast zu den immer dunkler erscheinenden Wellen. Seltsamerweise sah es so aus, als würde das Boot dem Land gar nicht wesentlich näher kommen. Immer wieder schien es sich mit aller Gewalt gegen Wind und Wellen aufzulehnen, manches Mal konnte man sogar den Propeller des Bootsantriebes sehen, wenn das Tenderboot wieder einmal von einer besonders hohen Welle hochgehoben wurde. Dabei war der Traumstrand so nah. Auch mit bloßem Auge konnte ich die herrliche, von Palmen gesäumte Küstenlinie sehen, das türkisblaue seichtere Wasser, den hellgelben Sand. Doch so schön die Aussicht war, der Strand blieb für das Tenderboot unerreichbar.

Nach einer guten halben Stunde beobachteten wir, dass der

Bootsmann des Tenders eine Hundertachtzig-Grad-Kurve drehte und zu uns zurückkehrte.

»Doch keine Hochzeit?«, fragte ich.

»Vermutlich brauchen sie noch mehr Beistand von oben.«

Wir hatten ja keine Ahnung. Als das Tenderboot langsam auf Höhe des Oberdecks gezogen wurde und seinen Inhalt preisgab, musste ich ein hysterisches Auflachen unterdrücken. Alle Insassen waren weiß wie die Wand, selbst der Bootsführer. Nur das Kleid der Braut hatte an Strahlkraft eingebüßt.

»Wir mussten durch die Kanäle zwischen den vorgelagerten Korallenriffen durchfahren, um zur Insel zu kommen«, keuchte der Bootsführer und zeigte nach draußen zur Insel, »aber dann war da dieser hohe Seegang und eine wahnsinnige Strömung …«

Er sah auf die Braut, und wir folgten seinem Blick. Auf ihrem Rock hatte sich eine sehr unschöne hellgelbe Flüssigkeit ausgebreitet, in der ich meinte, das köstliche Fischcurry vom Mittagessen wiederzuerkennen. Sie hatte sich von oben bis unten vollgekotzt.

»Mir ess su schlääsch«, jammerte sie, die offensichtlich von schwerer Seekrankheit heimgesucht worden war.

Unterstützt von ein paar Crewmitgliedern halfen wir ihr aus dem Tender und brachten sie schließlich auf einer Trage ins Hospital hinunter. Ich verabreichte ihr sofort intravenös ein Mittel gegen das Erbrechen, außerdem spendierte ich ihr, quasi als Hochzeitsgeschenk, fünfhundert Milliliter physiologische Kochsalzlösung, die sie garantiert gut gebrauchen konnte. Dann verordnete ich ihr strenge Bettruhe, gab ihr noch ein leichtes Beruhigungsmittel und ließ sie von ein paar Stewards in die Kabine bringen.

Das Brautkleid, das wir ihr vor der Behandlung mit Mühen

ausgezogen hatten, trug ich höchstpersönlich in die schiffseigene Wäscherei und nahm den dort arbeitenden Damen das Versprechen ab, es so schnell wie möglich zu reinigen.

Erst zwei Tage später sah ich Frau Meißen im Bordrestaurant wieder. Sie sah schmaler aus, ein wenig blasser als zuvor, was ihr aber gut zu Gesicht stand. Bora-Bora hatten wir inzwischen verlassen, denn das Wetter hatte sich auch in den vergangenen Tagen nur wenig verbessert, und lediglich ein paar Hartgesottene hatten sich mit den Tenderbooten an Land gewagt. Nun waren wir wieder unterwegs, unser nächstes Ziel war Fidschi. Hier sollte der Sturm, der nun irgendwo ein paar Hundert Seemeilen nördlich von uns sein Unwesen trieb, bereits vorbeigekommen sein. Die Chancen standen also gut, dass das Wetter sich dort wieder gebessert hatte.

Frau Meißen beschloss, auf Fidschi einen weiteren Versuch zu wagen. Als wir Tags darauf im Hafen von Suva, der Hauptstadt des kleinen Atolls, einfuhren, seufzte sie tief. »En Hafen!«, jubelte sie. »Un en Pier. Dann können mer zo Fuß an Land jonn un brauchen keen Boot.«

In Windeseile wurde sich hergerichtet, und schon am Nachmittag durfte die geneigte Zuschauerschar die Braut 2.0 auf dem Oberdeck bestaunen. Frau Meißen sah hinreißend aus, und die Wäscherinnen hatten wirklich ganze Arbeit geleistet. Kein einziger Flecken war mehr auf dem wogenden Rock zu sehen.

Gemeinsam mit ihrem Mann, der sich wieder in Frack und Krokodilleder geworfen hatte, und dem altbekannten Team verabschiedete sich Frau Meißen von uns. Und auch der Kapitän war dieses Mal mit von der Partie.

»Ich dachte, Sie dürfen nicht trauen«, sagte ich zum Abschied.

»Darf ich auch nicht«, entgegnete er, »also, darf ich schon, bringt nur nichts. In diesem Fall jedoch«, er sah in Richtung des rauschenden Tüllbergs, »ist es nur eine symbolische Trauung, die ohne Geistlichen und ohne Standesbeamten auskommt. Und wenn ich ihnen meinen Segen gebe, was soll da schon schieflaufen?«

Eine Menge, wie ich gute vier Stunden später herausfinden sollte, als der kleine Trupp abgekämpft, in Schweiß gebadet und wieder unverheiratet zurück an Bord kam.

»Zuerst haben wir die Limousine vor uns verloren«, keuchte der Kapitän und trank gierig einen Schluck von der eilig gereichten Wasserflasche. »Die, in der der Bräutigam saß. Dann, als wir sie nach einer Stunde wiedergefunden haben, ging es endlich los zum Strand, den der Local Scout für uns herausgesucht hatte. Aber es war Ebbe! Der ganze Strand war nicht nur voller Algen, sondern auch Quallen, die das Unwetter vor ein paar Tagen an Land gespült hat. Mal ganz abgesehen von den umgeknickten Palmen und Baumstämmen überall.« Er seufzte.

Wie aufs Stichwort trampelte da Frau Meißen über die Gangway und stiefelte, ohne ein Wort zu sagen, an uns vorbei in Richtung Suiten.

»Wir haben dann noch versucht, einen anderen Strand zu finden, aber die verdammte Insel sieht aus, als hätte eine Bombe eingeschlagen.«

Die Kulisse für eine Traumhochzeit unter Palmen, stellte ich an diesem Tag fest, konnte man sich, egal wie viel Geld man besaß, eben nicht kaufen.

Als wir drei Tage später vor Neukaledonien den Anker warfen, war Frau Meißen zu allem entschlossen.

»Isch werde en d'r Südsee hierote!«, rief sie und krallte sich an der Reling des Oberdecks fest. »Un wenn ed dat Letzte ess, wat isch tue.«

Dann raffte sie den Rock ihres Brautkleids, das sie nun schon zum dritten Mal innerhalb von einer Woche übergestreift hatte, warf die ondulierten Haare in den Nacken und stapfte mit Todesverachtung im Blick in Richtung Tenderboot.

»Bess do secher, dat do noh einmal en su ene Kahn steigen willst?«, fragte ihr Mann mit zitternder Stimme.

»Halt de Schnüss un kumm her, sonst mach isch dir Beine!«, fauchte sie ihn an, was allerdings dazu führte, dass sich alle männlichen Teilnehmer der Gruppe beeilten, in das Boot einzusteigen.

Auch ich. Frau Meißen war am Vorabend, als sie erfahren hatte, dass wir wieder nur auf Reede liegen würden, zu mir ins Hospital gekommen und hatte mich darum gebeten, sie bei ihrem waghalsigen Unterfangen zu begleiten. Weil ich Frauen, insbesondere solchen in Brautkleidern, Gefallen nicht abschlagen kann, stimmte ich zu, packte eine Familienpackung Vomex-Zäpfchen, kreislaufstabilisierende Präparate und jede Menge Brechtüten ein und fügte mich meinem Schicksal.

Die Passage an Land war dieses Mal ein Kinderspiel. Frau Meißen musste nicht einmal aufstoßen, so ruhig lag die See vor uns.

Am Ufer angekommen, wartete eine weiße Stretchlimousine, die Frau Meißen irgendwie organisiert bekommen hatte, und in die wir uns alle quetschten.

»Isch jonn keen Risiko mih en«, raunte sie mir zu, als ich ihr einen fragenden Blick zuwarf.

Wir fuhren ein paar Kilometer durchs Landesinnere, eine rumpelige und schlecht asphaltierte Straße entlang. Ich rechnete schon mit dem Schlimmsten und malte mir im Geiste gerade aus, wie ich mich durch den Tüll kämpfen würde müssen, wenn der Einsatz des Zäpfchens bevorstand – dann jedoch lichtete sich urplötzlich der grüne Vorhang aus Farnen, Palmwedeln und Büschen, und wir hielten an einem Strand, wie ich ihn in meinem Leben noch nicht gesehen hatte. Kristallklares Wasser. Eine sanfte Strömung. Schneeweißer Sand. Palmen, die sich dem Wasser zuneigten. Es war wie eine Fototapete. Zu perfekt, um wahr zu sein.

Alle Anwesenden zogen sich die Schuhe aus. Dann liefen wir durch den lauwarmen Sand bis zu einer kleinen hellblau gestrichenen und blumengeschmückten Pergola. Wie hatte Frau Meißen das hinbekommen? Mit Geld konnte man sich offenbar doch etwas mehr kaufen, als ich bislang angenommen hatte.

Es war eine wunderschöne Zeremonie. Der Kapitän sagte ein paar wirklich bewegende Worte, die der Braut die Tränen in die Augen steigen ließen. Vielleicht war sie aber auch einfach nur erleichtert, dass sie endlich am Ziel ihrer Träume angekommen war. Der Fotograf knipste wie verrückt ein Foto nach dem anderen, die Chefhostess reichte die Ringe, und einer der Musiker, den man spontan um Mithilfe gebeten hatte, zückte die Ukulele und gab eine sehr ergreifende Version von *Somewhere over the rainbow* zum Besten.

Meine Zäpfchen wurden an diesem Tag nicht mehr gebraucht. Erst einen Tag später, als die Meißens total verkatert nach einer rauschenden Nacht, in der sie das halbe Schiff auf ihre Rechnung eingeladen hatten, in das Hospital getorkelt kamen.

Das Glück, so stellte ich fest, besteht manchmal aus den kleinen Dingen: ruhiger Seegang, ein bisschen Sonne und die entscheidenden drei Worte zur richtigen Zeit.

Blackbeard an Bord

Im Roten Meer rüstet ein Windjammer gegen Piraten auf

Wenn ich gefragt werde, was das Verrückteste ist, was mir je auf See passiert ist, dann muss ich eindeutig sagen: als wir im Golf von Aden *nicht* auf Piraten stießen.

Seeräuber in der heutigen Zeit, das klingt zu erfunden, um wahr zu sein. Dennoch gibt es sie. Und sie haben mit den romantischen Geschichten über wilde Seefahrer, die das Gold der englischen Krone auf den offenen Gewässern einkassieren, rein gar nichts am Hut.

Vor langer Zeit galten Freibeuter zwar als Feinde der zivilisierten Welt, immerhin jedoch als Ehrenmänner. Nur so ist es zu erklären, warum die Geschichten von diesen Figuren, seien sie erfunden oder an die Wirklichkeit angelehnt, in so vielen verschiedenen Stoffen der Kulturgeschichte der Welt verarbeitet wurden. Störtebeker, der rote Korsar, Kapitän Hook oder Captain Singleton von der Schatzinsel, sie alle prägten auf die eine oder andere Art meine Kindheit und die Millionen anderer. Und spätestens mit Kapitän Ephraim Langstrumpf, dem Seeräubervater der starken Pippi, und Captain Jack Sparrow aus *Fluch der Karibik* hielten Piraten auch in den Kinderzimmern meiner Töchter Einzug.

Doch was ist dran am Piratenmythos? Es ist der Hauch des Abenteuers, der sie umweht, die krummbeinigen, einäugigen Ganoven, und die vollkommene Ignoranz jeglicher legaler und geografischer Gesetze. Seeräuber pfeifen nicht nur auf die Etikette, sie scheren sich auch einen Dreck um all jene, die ihnen auf den Fersen sind.

Damit haben sie eine Menge mit einem handelsüblichen Kapitän zu tun. Insbesondere einem, der kurz vor der Rente steht.

Captain Ruben Hull war ein Seebär der ganz alten Schule. Er sah aus wie Captain Iglo, doch er konnte fluchen wie Captain Haddock aus den *Tim und Struppi*-Comics. Außerdem war er sauer.

»Beim Barte des Klabautermanns«, wetterte er, als ich ihn zum ersten Mal an Bord des größten Segelschiffes der Welt traf, »nun fahre ich seit mehr als fünfzig Jahren zur See, habe große Ozeane, kleine Tümpel und zwei Ehen hinter mir gelassen, aber kein einziges Mal bin ich auf echte Piraten gestoßen! Einmal, in der Straße von Malakka, da hab ich sie kommen sehen, die elenden Halunken. Aber das war 1972. Da war ich noch ein kleines Licht in der maritimen Hackordnung, und der feige Kapitän dieses elenden Kreuzers machte lieber schnell kehrt, anstatt sich dieser Saubande zu stellen. Damals hab ich mir geschworen, wenn ich irgendwann noch einmal auf diese hundsgemeinen Kerle treffe, dann werde ich sie jagen und eigenhändig am Rahsegel aufknüpfen!«

So weit würde es hoffentlich nicht kommen. Obwohl ich zugeben musste, dass mir ein bisschen mulmig bei der Vorstellung war, was uns nach dem Suezkanal im Golf von Aden so alles erwarten würde. Geschichten gab es viele. Von Mord und Totschlag auf dem Weg zum Indischen Ozean. Von Überfällen, gerade auf Segelschiffe wie auf unseres, denn die waren wesentlich kleiner als die großen Luxusliner und konnten leichter gekapert werden.

Lässt man die Romantik, das Freiheitsgefühl und das Säbelrasseln weg, verwandelt sich jeder handelsübliche Pirat recht schnell in einen Verbrecher übelster Sorte. Grund genug, einem solchen Zeitgenossen, insbesondere dann, wenn er seine Freunde mitbrachte, weiträumig aus dem Weg zu gehen.

Kapitän Hull sah das natürlich ganz anders. Er war Engländer und hatte seine Karriere auf See in den Sechzigerjahren begonnen. Genau zur richtigen Zeit, um den Kalten Krieg an vorderster Front mitzubekommen. Seit dieser Zeit war zwar viel Seemannsgarn gesponnen worden, doch in dem großen Seesack voller Erfahrungen, den Kapitän Hull mit sich herumschleppte, war immer noch Platz für die Feindbilder, die er sich in jener Ära angeeignet hatte.

»Russen, Reisfresser und Piraten«, sagte er mit zusammengekniffenen Augen und zog den Schnupftabak in der Nase hoch, »das ist alles dasselbe.«

Na, da konnte ich ja froh sein, dass er die Deutschen und ihre zeitgeschichtlichen Errungenschaften nicht hautnah miterlebt hatte. Ansonsten hätte er mich vermutlich stante pede über die Planke gehen lassen.

Als Kapitän Hull so zu mir sprach, hatten wir gerade an der Pier von Alexandria, direkt am Mittelmeer Ägyptens angedockt. Wir waren auf der Sun Clipper unterwegs, einem viermastigen Luxussegelschiff, auf dem bis zu einhundertsiebzig Passagiere Platz fanden. Unsere Reise hatte im Mittelmeer begonnen und würde in Kalkutta enden – sofern wir dort jemals ankamen.

Denn Kapitän Hull hatte vor ein paar Minuten einen Funkspruch der Reederei erhalten, dass in den letzten Tagen vermehrt Überfälle auf Kreuzfahrtschiffe und Yachten stattgefunden hätten.

Die Gewässer um das Horn von Afrika gelten seit jeher als Piratennest. Derzeit sollen rund tausend Piraten von der Küste Somalias aus im Indischen Ozean und im Roten Meer ihr Unwesen treiben. Schuld daran ist der Bürgerkrieg in Somalia, der bewaffneten Milizen die Möglichkeit gibt, vorbeifahrende Schiffe in aller Seelenruhe anzugreifen. Der Regierung des Landes, die immer noch nur übergangsweise an der Macht ist, fehlen die Mittel und Wege, um die Piraten, die vom eigenen Ufer aus zu ihren Raubzügen aufbrechen, zu stoppen. Das übernehmen teilweise die Marinen anderer Staaten, aber auch Streitkräfte der »Weltpolizei« USA.

»Diese Raffzähne haben es vor allem auf die amerikanischen Passagiere abgesehen«, sagte Hull. »Die eignen sich besonders gut für Entführungen aller Art. Die Schweine wissen, dass die Vereinigten Staaten das nötige Kleingeld besitzen, um ihre Leute freizukaufen. Verdammte Hunde!«

»Und was bedeutet das für uns?«

Ich ging davon aus, dass wir die Amerikaner nicht widerstandslos ausliefern würden, wenn wir es wirklich mit Seeräubern zu tun bekämen.

»Wir sollen alle US-amerikanischen Staatsbürger an Bord der Sun Clipper fragen, ob sie damit einverstanden sind, wenn sie noch vor der Passage des Suezkanals ausgeschifft und in den Oman geflogen werden. Dort hat die Reederei ein Fünf-Sterne-Ressort reserviert, in dem die Paxe die nächsten Tage verbringen können. Am Ende der Woche sollen wir sie dort wieder einsammeln.«

Er kramte in seiner Hosentasche und zog ein kleines metallenes Döschen hervor. Darin befand sich sein Schnupftabak, von dem er sich gleich darauf eine ordentliche Portion genehmigte.

»Und was denken Sie über den Vorschlag, Captain?«, fragte ich.

»Dass die Amis ihn niemals annehmen werden.«

Natürlich behielt Kapitän Ruben Hull recht. Die Passagiere aus Amerika – die zahlenmäßig größte Gruppe an Bord – hatten für die Reise bezahlt, und sie wollten sie antreten, insbesondere den Suezkanal wollten sie sich nicht entgehen lassen. Dass im dahinter liegenden Gewässer Piraten auf sie warteten, war in ihren Augen nicht nur zu verkraften, sondern geradezu aufsehenerregend spannend. Wer bitte ließ ein richtiges maritimes Abenteuer sausen, wenn es einem quasi vor der Nase vorbeifuhr? Was würden die Daheimgebliebenen nur zu diesen großartigen Urlaubsfotos sagen?

Kapitän Hull rieb sich die Hände. »Nun denn, ihr Lumpen, dann kommt nur her. Lasset die Spiele beginnen!«

Als ich den Glanz in seinen Augen sah, musste ich an einen anderen bekannten Kapitän der Weltgeschichte denken: Ahab, der in Melvilles Roman Jagd auf den weißen Pottwal Moby Dick macht, der ihm einst das Bein abgerissen hat. Wenn mich meine Erinnerung nicht trügt, sterben am Ende alle Besatzungsmitglieder einschließlich des rachsüchtigen Kapitäns. Nur der Matrose Ismael überlebt und kann die Geschichte im Anschluss erzählen.

Das waren ja glänzende Aussichten …

Am Abend, wir lagen immer noch im ägyptischen Alexandria im Hafen und warteten auf unsere Weiterreise am darauffolgenden Tag, spielten sich seltsame Geschehnisse auf der Pier ab. Ein großer Lastwagen der amerikanischen Marine hielt neben unserem Schiff, von ihm wurden mehrere große Kisten entladen. Das Ganze wurde von mit Maschinenpistolen bewaffneten Soldaten und Kapitän Hull höchstpersönlich überwacht.

»Damit machen wir sie platt«, knurrte er immer wieder, und er machte einen so furchteinflößenden Eindruck dabei, dass ich mich nicht traute, ihn zu fragen, was er damit meinte.

Am nächsten Morgen konnte unsere Reise durch den Suezkanal endlich beginnen. Da die Passage recht schmal ist, müssen sich alle Schiffe, die durch dieses Nadelöhr hindurchwollen, von einem komplizierten Verkehrsleitsystem navigieren lassen. Die Fahrt besteht aus insgesamt vier Abschnitten, die allesamt von Lotsenschiffen begleitet werden: die nördliche Einfahrt bis Port Said, Port Said bis Ismailia, Ismailia bis Port Taufiq und von dort bis ins Rote Meer. Es wird in Konvois gefahren, die von der Suez Canal Authority nach bestimmten Kriterien wie Gefahrenklassen, Schiffskategorien und Anmeldezeitpunkt zusammengestellt werden. Jeden Tag legen zwei Konvois mit einer Höchstgeschwindigkeit von sechzehn Stundenkilometern in Port Said ab, um ans andere Ende des Kanals zu gelangen. Insgesamt dauert die Durchfahrt je nach Gezeitenströmung zwischen zwölf und sechzehn Stunden.

Kaum hatten wir den Suezkanal hinter uns und waren wieder auf dem Roten Meer angekommen, blies Kapitän Hull zum Angriff. »Alle Mann an Deck«, ließ er durch die Lautsprecher an Bord verlautbaren, und als sich alle der rund einhundertfünfzig Passagiere und einhundert Crewmitglieder dort versammelt hatten, teilte er dem geneigten Auditorium seinen Plan mit.

»Matrosen, Passagiere! Ihr alle steht kurz vor einem historischen Moment. Denn wir werden im Roten Meer Piraten jagen gehen!«

Die Menge grölte und applaudierte, vereinzelt erhellten Fotoblitze die Szenerie.

»Deswegen gilt ab heute Alarmstufe Rot. Ich will niemanden von euch Landratten ohne kugelsichere Westen und Helmen auf Deck sehen.«

Eine stark übergewichtige Frau juchzte.

»Die Sun Clipper wird mithilfe von modernster Technik und

der freundlichen Unterstützung der amerikanischen Marine zur uneinnehmbaren Festung verwandelt. Ich möchte Sie bitten, sich nur mit äußerster Vorsicht an Deck zu bewegen. Und noch eins: Sollten Sie Piraten entdecken, sind Sie dazu verpflichtet, umgehend Meldung bei mir zu machen. Verstanden?«

»Verstanden«, krähte es aus zweihundertfünfzig Stimmen zurück, und ich schwöre, die kugelrunde Frau schlug die Hacken zusammen.

Ich betrachtete die ganze Situation mit Skepsis. Was sollte dieses militärische Aufrüsten? Ganz im Ernst, warum hatte man die Amerikaner nicht einfach von Bord gehen lassen? Ich fand es übertrieben, dass nur wegen einer Handvoll Amis das ganze Schiff in eine Festung verwandelt wurde.

Andererseits: Ich konnte nicht einschätzen, welchen Einfluss Kapitän Hull an dieser Mobilmachung hatte. Wer weiß, vielleicht winkte die amerikanische Botschaft bei solchen Aktionen sogar nur müde ab, und Hull hatte die Aufrüstung selbst zu verantworten?

Aber noch viel weniger als alles andere konnte ich mir vorstellen, wie es war, wirklich von Piraten überfallen zu werden. Daher hielt ich den Mund und die Füße still und beobachtete mit größtem Erstaunen, was sich in den folgenden vierundzwanzig Stunden an Bord abspielte.

Zuerst kamen die elektrischen Zäune. Um sie einmal rund um das Schiff zu befestigen, mussten sogar horizontale, etwa fünfzig Zentimeter lange Metallstangen am Schiff angebracht werden. An ihnen wurde dann der stromleitende Draht verlegt. Wer die Sun Clipper entern würde, bekäme also ordentlich eine gewischt.

Wenn der feindliche Angreifer überhaupt so weit kam. Denn ebenfalls an den Metallstangen befestigt wurden sehr große, feinmaschige Schleppnetze, die, wie mir Kapitän Hull, der die Herrichtung des Schiffes mit einem zugekniffenen Auge kritisch beäugte, sich in den Schiffsschrauben der Piraten verheddern und diese zum Kentern bringen würden.

Weiterhin befestigte die Crew die Löschschläuche so an der Reling, dass sie zu einer Art Wasserwerfer umfunktioniert wurden. Ich hoffte inständig, dass es in den kommenden Tagen nicht zu einem Brand an Bord kommen würde, denn dann wären die Schläuche bombenfest an der Reling festgebunden, und es würde ewig dauern, sie davon wieder wegzubekommen.

Zum vorläufigen Abschluss des ersten Tages wurde kilometerweise Natodraht um die Reling gewickelt. Falls sich doch einer der Ganoven an Schleppnetz und Elektrozaun vorbei aufs Schiff mogeln konnte.

Am zweiten Tag ließ Kapitän Hull die Molotowcocktails an Bord verteilen. Die Crew hatte mithilfe des »War Kits«, einer Art improvisiertem militärischen Notfallbausatz für Kreuzfahrtschiffe, das in Alexandria geliefert worden war, und nach der Plünderung der Schiffsbar die halbe Nacht damit zugebracht, einige Quadratmeter ausrangierter Bettwäsche in leere Flaschen zu stopfen und mit Benzin zu tränken.

Am Vormittag übte das gesamte Schiff den Gefechtsfall. Kapitän Hull, der fortan nur noch mit einer Pistole im Gürtel gesehen wurde, krähte militärische Befehle durch die Lautsprecher, woraufhin Passagiere und Crew verschiedenste Flucht- und Angriffsszenarien durchexerzierten. Ich und die Küchencrew, die traditionsgemäß zum medizinischen Notfallteam gehörten, sahen uns das Spektakel aus sicherer Entfernung an. Alle schienen ihren Spaß an dem kleinen Theater zu haben, ganz besonders Kapitän Hull. Der war, man konnte es sehen, ganz in seinem Element. Bei den Amerikanern stieß er mit seiner Euphorie auf großen Zuspruch, denn die waren ja immer für die große Show zu haben.

Nur die Piraten, die schienen sich noch zu zieren. Denn bislang hatten wir keinen einzigen von ihnen sehen können, selbst als der Kapitän ein Besatzungsmitglied ins Krähennest abkommandierte.

Doch am Horizont blieb es ruhig.

Am dritten Tag, die Passagiere zeigten erste militärische Ermüdungserscheinungen, und auch die Crew stand nicht mehr so stramm wie zu Beginn der ganzen Aktion, schrie es plötzlich von ganz weit oben: »Da ist ein Schiff. Backbord, backbord!«

Wir waren gerade an der Meerenge von Bab al-Mandab angekommen, wo das Rote Meer in den Golf von Aden mündete. Hier galt es als besonders gefährlich, da die Piraten sehr schnell an Land setzen und in der unendlichen Wüste von Somalia verschwinden konnten.

Im Nullkommanichts war das Deck gerappelt voll. Den Anblick wollte sich natürlich niemand entgehen lassen. Da saß man nun schon seit Tagen auf einem Schlachtsegelschiff fest und bekam dank der Molotowcocktails nur noch Gänsewein serviert, da durfte man dieses Spektakel doch nicht verpassen.

Alle suchten wie wild den Horizont ab, sogar auf beiden Seiten des Schiffes, da der gewöhnliche Schiffsreisende Steuerselten von Backbord unterscheiden kann. Dabei ist es ganz einfach, sich den Unterschied zu merken: Wenn der Matrose Backbord und Steuerbord verwechselt, läuft die linke Backe rot an. Die andere Seite ist dann die Steuerbordseite. Zugegeben, die Eselsbrücke funktioniert nur, wenn der Kapitän Rechtshänder ist.

Irgendwann hatte man sich aber auf eine Seite geeinigt, und

nun standen, allen Gesetzen der Gravitation zum Trotz, die Passagiere versammelt an der Reling und starrten aufs offene Meer.

Dahinten am Horizont war tatsächlich etwas. Ein schwarzer Punkt, der sich stetig näherte. Waren das die Piraten? Niemand konnte etwas erkennen, selbst die Leute mit Ferngläsern nicht.

»Ich sehe einen Totenkopf auf dem Segel!«, rief ein Mann.

»Quatsch! Das Schiff hat gar keine Segel«, ein anderer.

»Helmut, werden wir jetzt überfallen?«, kicherte die übergewichtige Frau, die mal wieder mit von der Partie war.

»Ich geb dich nicht her«, sagte ihr Mann und tätschelte ihr den ausladenden Hintern.

Ob ihm klar war, dass es die Piraten am allerwenigsten auf adipöse Europäerinnen in den späten Fünfzigern abgesehen hatten?

»Entwarnung«, knarzte es da durch die Lautsprecher. Kapitän Hull war dran. »Das sind keine Piraten, das ist ein Kriegsschiff der US-Marine, das vom Verteidigungsministerium eigens zu unserer Bewachung abgestellt wurde. Ich habe soeben den Funkspruch erhalten. Es wird uns bis zum Horn von Afrika begleiten – und sollten die Piraten kommen, natürlich eingreifen!«

Die Passagiere applaudierten, und im Nu fanden sich ein paar Freiwillige, die aus einem Laken und etwas Schiffsfarbe ein Willkommens-Plakat gestalteten, das die Marine mit den Worten »*Welcome Warship!*« begrüßte.

Es dauerte nicht lange, bis das Schiff der Marine so nah gekommen war, dass man erkennen konnte, was sich an Bord abspielte. Mir blieb spontan die Spucke weg, als ich nach meiner späten Sprechstunde wieder an Deck kam. Das war ein echtes Kriegsschiff, mit allem, was dazugehörte. Überall auf dem Deck waren Panzerwaffen verteilt. Der gesamte Kahn war mausgrau angemalt, und überall an Deck patrouillierten die Soldaten. Ich kam mir vor wie im falschen Film.

Kapitän Hull jedoch schien vollkommen unbeeindruckt. Wie er mir kurz darauf mitteilte, war er sogar an Bord der Fregatte eingeladen worden und beabsichtigte nun, diese Einladung anzunehmen. Dafür würden er und einige Auserwählte übersetzen. Die Leitung des Schiffes in der Zeit von Hulls Abwesenheit hatte der Erste Offizier, dessen Gesichtsfarbe um zwei Nuancen heller wurde, als er von seinem unverhofften Glück erfuhr.

Selbstverständlich passierte während des zweistündigen Besuchs des Kapitäns nichts an Bord der Sun Clipper. Selbst die Passagiere sahen irgendwann ein, dass kein Pirat dieser Welt, und war er noch so kampfeslustig, es mit einem Flottenschiff der US-Marine aufnehmen wollte, das ein aufgerüstetes Segelboot durch den Golf von Aden eskortierte. Und deswegen den Nachmittagskaffee verpassen? Nein, das war das Rumstehen an der Reling nicht wert.

Dass nichts wirklich Erwähnenswertes geschehen war, konnte der Begeisterung von Kapitän Hull jedoch keinen Abbruch tun. Als er zurückkam, brachte er ein Gastgeschenk zu uns, das fortan wie die Vorhaut Jesu Christi herumgereicht und bestaunt wurde. Dabei war es nicht mehr als eine Basecap von der US-Marine, mit allerlei eingestickten Wappen und Wimpeln. Dennoch wurden in der Folge unzählige Fotos von Besatzung und Passagieren mit eben jener Kappe auf dem Haupte geschossen. Wenn es sonst schon nichts Aufregendes zu erleben gab, wollte man zumindest von diesem heiligen Kuchen ein Stücklein abhaben.

Als wir am Ende eines weiteren langen Tages das Horn von Afrika passierten, kam es dann doch noch zu einer kleinen Schießerei – wenn auch zu einer absolut harmlosen und sehr beabsichtigten. Denn wie vereinbart machte das Kriegsschiff eine Wende und schoss drei Kanonen in Richtung Indischen Ozean ab. Vermutlich weniger, um potenzielle Angreifer abzuschrecken, sondern mehr, um zu verabschieden. Dann fuhr das Schiff wieder zurück dahin, von wo es gekommen war, und wir segelten bei einer milden Brise auf die indische Küste zu.

»Schade«, sagte Kapitän Hull, als die Fregatte am Horizont zu einem winzigen Fliegenschiss verschwamm, »wieder keine Piraten. Aber ich war verdammt nah dran!«

Ob er ahnte, dass er sich, ohne es zu ahnen, vermutlich, höchstpersönlich um eine Begegnung mit den Freibeutern gebracht hatte, indem er ganz tief in die militärische Trickkiste gegriffen hatte? Vermutlich nicht. Aber am Ende des Tages war ihm das vermutlich sowieso egal.

Ich war noch niemals in New York

Ein Ehepaar tritt seine letzte Reise an

Auf Kreuzfahrten trifft man ständig Leute wieder, weil es viele Passagiere gibt, die mit einer Reederei sehr zufrieden sind und den Service der Flotte zu schätzen gelernt haben. Diese Reisenden haben, wenn sie einen Urlaub buchen, nicht eine bestimmte Route oder Länder im Kopf, die sie unbedingt noch einmal sehen wollen. Sie reservieren »ihre« Kabine auf »ihrem« Schiff – nicht umsonst heißt ein sehr erfolgreiches Schiff ja auch »Mein Schiff«. Sie kennen den Kapitän und die Hälfte der Besatzung persönlich, und es ist eher sekundär, wohin die Reise geht. Klingt komisch? Na ja. Man fährt ja auch jedes Jahr auf denselben Campingplatz, obwohl man da garantiert wieder die Müllers von Platz 54-B trifft. Oder gerade deswegen.

Hannelore und Hubert Bergmann jedenfalls waren auf der MS Queen Ann bestens bekannt, denn sie stachen seit mehr als zwanzig Jahren mindestens zweimal jährlich für mehrere Wochen mit ihr in See. Herr Bergmann hatte als geborener Schwabe und echter Tüftler in der Zeit des Wirtschaftswunders das große Geld in der Automobilindustrie gemacht. In den Neunzigerjahren, da mussten beide kurz vor dem normalen Renteneintrittsalter gewesen sein, verkauften sie ihren Laden gewinnbringend, und seitdem unternahm das Paar, statt daheim im schönen Vaihingen an der Enz die Zierrosensträucher zu hegen, lieber Reisen, bevorzugt mit der MS Queen Ann.

»Wir haben dieses Jahr unsere eiserne Hochzeit gefeiert, junger Mann. Haben Sie eine Ahnung, wie lange man da verheiratet sein muss?«, fragte mich Hannelore Bergmann, kaum dass sie und ihr Gatte in der ersten Abendsprechstunde der Fahrt zu mir ins Hospital gekommen waren.

»Wieso denn *muss*?«, keuchte ihr Mann. »Darf.«

»Natürlich, Schatz«, sagte sie und strich ihm liebevoll über die faltige Wange. »Also, Herr Doktor, haben Sie eine Ahnung, wie lange man bei einer eisernen Hochzeit verheiratet sein *darf*?«

Eiserne Hochzeit. Das klang viel mehr nach müssen als nach dürfen, aber das behielt ich lieber für mich.

»Ich habe keine Ahnung.«

»Fünfundsechzig Jahre.« Frau Bergmann sah mich mit sichtbarem Stolz im Gesicht an.

»Donnerwetter.« Ich staunte nicht schlecht. »Sie sind länger verheiratet, als ich auf der Welt bin.«

»Und wetten, wir fahren auch schon länger als Sie zur See«, legte Frau Bergmann nach.

»Lass gut sein, Liebchen«, seufzte Herr Bergmann tief und fiel noch ein bisschen mehr in sich zusammen.

Er sah gar nicht gut aus. Selbst für einen Neunzigjährigen nicht. Der ohnehin schon schmächtige Mann bestand fast nur noch aus Haut und Knochen, war zittrig und blass.

Oje, oje, schon das erste Sorgenkind, und wir hatten Hamburg gerade erst verlassen. Elf Tage würden wir bis nach New York brauchen und unterwegs nur in Southampton und St. John's auf Neufundland haltmachen. Die MS Queen Ann war anlässlich des hundertsten Jahrestags des Titanic-Untergangs auf derselben Route unterwegs, auf der das damals größte Schiff der Welt sein Glück versucht hatte – dieses Mal hoffentlich mit mehr Erfolg. Mich hatte die Reederei gefragt, ob ich die Reise ärztlich begleiten wolle. Auch wenn ich die Strecke schon kannte und sie aufgrund der vielen Seetage fast ein bisschen langweilig fand, hatte ich hinsichtlich des Jubiläums und der besonderen Attraktionen an Bord einfach nicht ablehnen können.

Ganz anders meine Gerdi. Die hatte mir einen Vogel gezeigt, als ich sie gefragt hatte, ob sie mitwolle. »Sieben reine Seetage, und dann soll ich ausgerechnet dahin fahren, wo der bekannteste Luxusliner der Welt untergegangen ist? Vermutlich willst du auch ein Foto von mir und dem Eisberg. So ein Unsinn kann auch nur dir einfallen.«

Offenbar war es mit ihrer Sorge um mich, die sie kurz nach der Lungenembolie beinahe überwältigt hätte und in deren Zuge sie mir ihr künftiges Mitreisen in die Hand versprochen hatte, nicht mehr so weit her. In Wahrheit war vermutlich nur wieder irgendeine Pflanzsaison, die meine bessere Hälfte keinesfalls verpassen wollte, wenn die Ernte so reichlich ausfallen sollte wie in den letzten Jahren. Auch wenn ich es schade fand, dass sie mich nicht mehr so häufig begleitete wie noch vor ein, zwei Jahren, und sehr viel seltener, als ich es mir eigentlich wünschte: Sie ließ mich reisen, ich ließ sie bleiben. Eine Win-win-Situation, auf die ich nach meinem Ausrutscher in Shanghai nicht mehr hatte hoffen dürfen. Wie viele andere Frauen hätten mich zu Hause angekettet? Würden mir Vorwürfe machen, ich lasse die Familie allein? Nicht so meine Gerdi, und so gönnte ich ihr das Vergnügen zwischen ihren Tomatenstauden, so wie sie mir das meine gönnte.

Die Bergmanns, erfuhr ich im Gespräch, betrachteten die Angelegenheit eher wie ich. Sie würden auf dieser Reise die goldene Ehrennadel der Reederei überreicht bekommen, für ihre jahrelange Treue, die sie dem Schiff und der Besatzung entgegengebracht hatten. Und weil der Reeder ein werbewirksames Händchen hatte, hatte er die Bergmanns eingeladen, die Reise in der besten Suite auf dem Schiff zu genießen – kostenlos.

»Wir mussten nur den Rückflug zahlen«, verriet mir Frau Bergmann mit leuchtenden Augen.

Ihr Mann hustete trocken. Dann zog er einen Umschlag aus der Jackentasche und reichte ihn mir.

»Doktor«, sagte er mit leiser Stimme, »es gibt da noch etwas, das Sie wissen sollten.«

Er gab mir mit einem Kopfnicken zu verstehen, ich möge das Kuvert öffnen und das gefaltete Papier darin entnehmen.

Ich überflog den dreiseitigen Arztbrief, der vor zwei Tagen in einer internistischen Gemeinschaftspraxis in Stuttgart verfasst worden war. Dabei stolperte ich insgesamt viermal über das hässliche Wort »dekompensiert«, dreimal über »Insuffizienz«. Dazu muss man wissen, dass Dekompensation so viel wie Entgleisung heißt, natürlich nur im übertragenen Sinne. Ist ein Organsystem dekompensiert, kann der Körper die Fehlfunktion, die vorherrscht, nicht mehr ausgleichen, also kompensieren – die Symptome der Störung treten offen zutage. Eine Insuffizienz beschreibt die eingeschränkte Funktionsfähigkeit eines Organs oder Organsystems. Bei einer Niereninsuffizienz arbeiten die Nieren zum Beispiel nicht mehr vorschriftsmäßig, der Körper ist aber bis zu einem gewissen Rahmen in der Lage, die Funktionsstörung auszugleichen. Wird das Adjektiv »dekompensiert« vor die Insuffizienz gestellt, bedeutet das nie etwas Gutes. Dann kann nichts mehr ausgeglichen werden – es geht nur noch steil bergab.

Herr Bergmanns Arztbrief wimmelte nur so von Hiobsbotschaften. Sein Herz, die Nieren und die Leber waren allesamt im Eimer und arbeiteten maximal in Kurzzeit – quasi im Vorruhestand. Dazu hatte er Prostatakrebs und ein inoperables Aneurysma im Hirn, außerdem war er stark anämisch, litt also unter Blutarmut.

Um es kurz zu machen: Er war ein Wrack. Und er würde die elf Tage nie und nimmer überleben. Es war schon ein Wunder, dass er den Weg bis zum Schiffshospital hatte selbstständig laufen können, ohne zusammenzubrechen.

»Ich glaube«, sagte Frau Bergmann mit sanfter Stimme und tätschelte mir den Arm, »wir könnten Ihre Hilfe brauchen, Herr Wittmann.«

»Warum in aller Welt haben sie die Reise überhaupt angetreten, wenn er so schlecht beieinander ist?«

Der Hoteldirektor der MS Queen Ann war wütend. Gerade hatte ich ihn über den Zustand von Herrn Bergmann aufgeklärt.

»Wir werden sie ausschiffen, in Southampton.«

Ich schüttelte den Kopf. »Das können Sie unmöglich machen. Die beiden wurden mit großem medialem Trommelwirbel in Hamburg verabschiedet. Was meinen Sie, was hier los ist, wenn sie nach zwei Tagen wieder von Bord gehen?«

»Ja«, der Hoteldirektor schnaufte, »aber wir können doch keinen Todsterbenskranken mitnehmen. Wenn Sie sagen, dass er nicht mehr lange durchhält, dann bleibt uns nichts anderes übrig, als zu handeln!«

Natürlich hatte der Hoteldirektor recht. Grundsätzlich war es besser, die Lahmen und Kranken vor Atlantiküberquerungen von Bord gehen zu lassen, bevor man sich eine Menge Probleme aufhalste. Ich dachte an mein erstes Crossing und meine anfängliche Sorge zurück, und ich dachte daran, wie ich die Passagiere im Vorbeigehen gescannt hatte, um die schwarzen Schafe noch rechtzeitig auszusortieren. Gebracht hatte es mir nicht viel. Und außerdem: Man konnte nie wissen, was die Zukunft brachte. Was würde es mir bringen, wenn ich die Bergmanns in Southampton an Land setzte? Dann würde garantiert jemand anderes mitten auf dem Atlantik das Zeitliche segnen, und ich würde mich ärgern, das Paar um die Reise gebracht zu haben.

»Sie bekommen auf dieser Fahrt die goldene Ehrennadel der Reederei überreicht«, gab ich zu bedenken. Das war mein Joker. Da hatte er kein Gegenargument.

»Verdammter Mist«, schimpfte der Hoteldirektor. »Wie viele Kühlkammern haben Sie denn frei, Doc?«

Ich schluckte. Bislang war ich noch nie in die Verlegenheit gekommen, auch nur eine davon nutzen zu müssen.

»Zwei.«

»Dann sorgen Sie dafür, dass die beiden Kammern leer bleiben, bis wir den Atlantik überquert haben.«

In den kommenden Tagen ließ ich die Bergmanns nicht aus den Augen. Außerdem verdonnerte ich Herrn Bergmann zum Rollstuhlfahren, auch wenn ich die Ödeme, die sich an seinen Beinen bildeten, damit ungünstig unterstützte.

Auf dem Schiff, genau wie im Flugzeug, aber auch, was die wenigsten wissen, im Zug, kann sich leicht Wasser beziehungsweise Flüssigkeit in den Extremitäten, vor allem den Beinen, ansammeln. Das hängt mit dem mal mehr, mal weniger merklichen Rütteln zusammen, das entsteht, wenn die Motoren laufen. Bei einem Flug kennt man das ja: Man sitzt stundenlang in derselben Position, die Blutzufuhr zum Unterschenkel ist abgeklemmt, der Luftdruck niedrig, und langsam, aber sicher schwellen die

Beine an, wenn man keine Kompressionsstrümpfe trägt. Die feinen Bewegungen, die Flugzeug, Zug oder Schiff während ihrer Fahrt machen, sind in etwa vergleichbar mit Sand in einem Sieb. Je länger man das Sieb rüttelt, desto mehr feines Gestein rieselt durch die Löcher nach unten.

Nun müsste man schon eine ziemlich lange Zeit Zug fahren, um echte Stauungsödeme an den Unterschenkeln zu bekommen. Zum Beispiel nach Istanbul mit dem Orientexpress. Wobei, bei der schlechten Konstitution von Herrn Bergmann hätte er ab Paris sicher nur bis Wien gebraucht, um notfallmäßig behandelt zu werden. Ich jedenfalls tat mein Bestes, um ihm die Leiden, so gut es eben ging, zu erleichtern, indem ich ihm Kompressionsstrümpfe und ein abschwellendes Medikament verschrieb und die Masseurin auf ihn losließ, die in grauer Vorzeit einmal Physiotherapeutin gewesen war und sich mit Lymphdrainage ein wenig auskannte.

Der Kapitän hatte, als er von dem Fall hörte, einen Butler eigens für die Bergmanns abgestellt. Normalerweise ist ein Butler für mindestens zehn Kabinen und damit fast zwanzig Personen zuständig. Im Gegensatz zum Kabinensteward, der sich um mindestens doppelt so viele Kabinen zu kümmern hat. Was ist normalerweise die Aufgabe von einem Butler? Nun, er sieht in den Suiten und den teuersten Kabinen nach dem Rechten und erfüllt die kleinen und großen Wünsche der Passagiere. Während das normale Housekeeping die Betten macht, Handtücher austauscht, Mülleimer leert und putzt, ist der Butler dafür verantwortlich, dass die Minibar immer gut gefüllt ist, dass es jeden Tag frische Blumen und Obst auf dem Zimmer gibt und dass alles zur vollsten Zufriedenheit der meist sehr gut betuchten Paxe ist. Darüber hinaus kümmert er sich um die Wäsche, organisiert private Landgänge, empfiehlt Menüs, reserviert Plätze in Bordrestaurants und schiebt auch mal den Rollstuhl, wenn man ihn darum bittet. Aber nur, wenn der darin befindliche Passagier Träger der goldenen Ehrennadel ist. Klar.

Es ging Herrn Bergmann also den Umständen entsprechend gut – sogar besser als an Land, möchte ich meinen, denn auf der MS Queen Ann genoss er einen vierundzwanzigstündigen Rundum-Dienst, Leibwächter und medizinische Fünf-Sterne-Betreuung inklusive.

»Sie wissen, dass Sie dennoch sterben müssen?«, fragte ich ihn, als wir, wie es selten genug vorkam, am vierten Tag nur zu zweit im Behandlungsraum waren.

Normalerweise begleitete ihn seine Frau überallhin. Sie hütete ihn wie ihren Augapfel, als befürchtete sie, dass er klammheimlich das Zeitliche segnen würde, wenn sie nur einen Moment lang nicht hinsah. So hatte sie auch gestern nicht Southampton besucht, sondern war bei ihrem Mann auf dem Schiff geblieben.

»Natürlich weiß ich das«, sagte er. »Die Frage ist nur wann.«

»Das kann ich Ihnen leider auch nicht sagen.«

»Ich aber. So schnell wird das sicher nicht passieren. Hanni lässt mich ja keine Sekunde aus den Augen.«

Er machte eine wegwerfende Bewegung mit der Hand. Ich sah, wie durchsichtig seine Haut schon geworden war. Fast wie Papier. Man konnte jede einzelne Ader darunter sehen.

»Das ist doch nett von Ihrer Frau, dass sie sich um Sie kümmert.«

»Natürlich ist es das«, murrte er. »Aber wie soll man in Ruhe sterben, wenn man ständig dabei beobachtet wird?«

Von der Seite hatte ich die ganze Sache noch nicht betrachtet.

»Wollen Sie denn sterben?«

»Was glauben Sie denn? Selbstverständlich will ich das. Es

macht keinen Spaß, wenn man die ganze Zeit bemuttert und umsorgt wird. Wissen Sie, früher, da war ich ein ganz schön knackiger Kerl.« Er hob die Augenbrauen und sah mich herausfordernd an. »Ich war sehr aktiv. Habe viel gearbeitet und war oft auf Reisen. Die ganze Welt habe ich schon gesehen. Nur in New York, da war ich noch nie.«

»Was? Sie haben die goldene Ehrennadel der Reederei, Sie müssen doch schon mal im Big Apple gewesen sein.«

Das konnte ich mir fast nicht vorstellen, wie das logistisch machbar war – bei so vielen Kreuzfahrten nie nach New York reisen? Unglaublich.

Er zuckte mit den Schultern. »Tja, was soll ich sagen. Es hat sich nicht ergeben.«

Irgendwie brachten wir die fünf Tage auf See hinter uns. Da ansonsten nicht viel los war, hatte ich alle Zeit, um mich um Herrn Bergmann zu kümmern. Mit meiner Hilfe schaffte er es auch, am fünften Tag der Reise die Zeremonie zur Vergabe der goldenen Ehrennadel und das Captain's Diner zu überstehen.

Er sah so winzig aus, wie er da in seinem Rollstuhl saß, zusammengesunken und schmal wie ein Fünfjähriger. Seine Frau hielt tapfer dagegen. Sie war für eine Frau Anfang achtzig noch äußerst mobil, sah locker zehn Jahre jünger aus und kleidete sich sehr galant und geschmackvoll. Außerdem kümmerte sie sich rührend um ihren Mann.

Das, dachte ich ein ums andere Mal, wenn ich sie beobachtete, während sie ihm ein wenig verkleckerte Suppe vom Kinn tupfte, muss wahre Liebe sein. Und wahre Liebe rostet nicht. Selbst wenn sie aus Eisen ist.

»Land in Sicht«, sagte Herr Bergmann mit dünner Stimme.

Wir saßen auf dem Sonnendeck, er in eine dicke Decke eingemummelt, seine Frau daneben. Ich stand an der Reling und schirmte die Augen gegen die grelle Sonne ab. Wir hatten wunderbares Wetter für April. Es war der 15., der Tag, an dem die Titanic gesunken war. Wir befanden uns seit mehr als einer Woche auf dem Wasser, und Herr Bergmann lebte immer noch.

»Das ist Neufundland, Liebling«, sagte Frau Bergmann. »Da kam unsere Miezi her.«

Katzen aus Neufundland?

Ich wollte gerade anheben, um zu widersprechen, da sagte Herr Bergmann: »So ein Quatsch, Miezi kam aus Tuttlingen.«

»Ja, aber ursprünglich, meine ich«, erklärte seine Frau.

»Sie hatten einen Neufundländer mit dem Namen Miezi?«

Ich kannte die riesigen Hunde, die nur aus Haaren zu bestehen schienen und bis zu siebzig Kilo schwer werden konnten. Fast doppelt so schwer wie Herr Bergmann.

»Na ja, er mochte halt Katzen so gern.«

»Miezi war ein Er?«

Die Geschichte wurde immer kurioser.

»Ja.« Frau Bergmann ließ den Kopf sinken. »Und wir haben ihn geliebt wie ein Kind. Als wir ihn einschläfern lassen mussten, war das der schwärzeste Tag meines Lebens.«

Das kannte man ja. Menschen, die nur wenige enge Bindungen zu anderen Menschen eingingen, dafür aber ihr Haustier liebten wie ihr eigen Fleisch und Blut.

»Ich habe mich immer gefragt, wie das Land wohl aussieht, aus dem Miezi stammte«, sagte Frau Bergmann nachdenklich.

»Warum schaust du es dir dann nicht einfach an?«, fragte ihr Gatte.

»Und dich allein lassen? Niemals!«

Ich fing einen Blick von Herrn Bergmann auf. Und da wusste ich, worum er mich bat. Es war viel verlangt. Andererseits, wie konnte ich einem ohnehin Sterbenden seine letzte Bitte abschlagen? Ich schluckte schwer, dann traf ich eine Entscheidung.

»Frau Bergmann, ich finde, wir beide sollten heute einen kleinen Ausflug machen.«

Sie sah auf. In ihren Augen standen die Tränen. »Einen Ausflug?«

»Jawohl. Sie haben das Schiff seit acht Tagen nicht verlassen, es wird Zeit, dass wir beide uns ein wenig die Beine vertreten.«

»Das ist vollkommen ausgeschlossen«, meinte sie und schüttelte entschieden den Kopf. »Ich kann Hubert doch nicht allein lassen!«

»Er wäre doch nicht allein«, gab ich zu bedenken. »Krankenschwester Tina bleibt an Bord und wird ihn bewachen, außerdem ist der Butler ja auch noch da.«

»Das kommt ja überhaupt nicht in die Tüte! Wer soll ihn denn wiederbeleben, wenn ihm etwas passiert? Ja wohl nicht Ihre Assistentin.«

Da hatte sie zwar unrecht, denn sie traute meiner tüchtigen Nurse viel weniger zu, als diese konnte, aber die Diskussion würde in eine Sackgasse laufen. Tatsache war, dass Frau Bergmann mir vertraute. Also würde ich hier bleiben müssen, während sie in Begleitung von Schwester Tina einen Landgang machen musste.

Ich schlug ihr diese Möglichkeit vor, und nach einigen weiteren Minuten brach ihr Widerstand schließlich. Hubert Bergmann hatte die ganze Zeit über geschwiegen, und jetzt, als seine Gattin sich dazu bereiterklärt hatte, Neufundland einen Besuch abzustatten, schien er zufrieden, ja beinahe heiter.

Sie verabschiedete sich kurz in die Kabine, um ihre Sachen zu holen und sich auf den kleinen Trip vorzubereiten.

Als wir allein waren, schaute ich zu Herrn Bergmann. Er sah Richtung See, hielt die Augen aber geschlossen. »Danke«, sagte er ganz leise.

Frau Bergmann ging in Begleitung von Schwester Tina von Bord. Der Butler und ich blieben bei Herrn Bergmann. Seinem Wunsch entsprechend, hatten wir ihm einen Liegestuhl auf das Sonnendeck gestellt, ihn mit mehreren Kissen ausgepolstert, Herrn Bergmann dann in seinen dicksten Wintermantel gewickelt und mit zahlreichen Decken überhäuft. Eingepackt wie ein Eskimo saß er nun bei milden siebzehn Grad auf dem Deck und sah auf die Bucht von St. John's, wo sich die bunten Fassaden der Häuser dicht an dicht an den Hügel drängten, der sich hinter der Lagune erhob.

»Wissen Sie, was sie gesagt hat, bevor sie gegangen ist?«, fragte er mich.

Ich schüttelte den Kopf.

»Dass sie mich umbringt, wenn ich es wage zu sterben.«

Er kicherte, und ich konnte ein kurzes Auflachen nicht unterdrücken.

Dann blickten wir wieder auf die sanften Hänge der kanadischen Insel vor uns. Ich hing meinen eigenen Gedanken nach. Die Bergmanns hatten mich berührt, ihre aufopferungsvolle Liebe zueinander, die nun schon so viele Jahre hielt. Obwohl ich selbst hoffte, einmal viel früher den Abgang zu machen und niemals zu einem Pflegefall wie Herr Bergmann zu werden, zollte ich den beiden meinen größten Respekt, dass sie es schafften, auf eine derart liebevolle und von gegenseitiger Hochachtung geprägte Art und Weise miteinander umzugehen.

Ob Gerdi und ich so auch mal sein würden? Ich wusste, wir beide hatten sehr unterschiedliche Auffassungen davon, wie unser gemeinsames Leben irgendwann einmal zu Ende gehen sollte. Ich würde gern mit einem großen Tusch von der Bühne gehen, Gerdi lieber sanft und in aller Ruhe. Ich würde gern meine Asche auf dem Meer zerstreuen lassen, Gerdi ihre neben dem Apfelbaum in unserem Garten begraben lassen. Wir sind, das wurde mir wieder einmal deutlich, sehr, sehr unterschiedlich. Aber Gegensätze ziehen sich eben an. Und sowohl mit ihr als auch mit mir wurde es sicher nie langweilig.

Vielleicht, so dachte ich dann, sollte ich trotzdem ein wenig kürzertreten und die eine oder andere Reise in der Zukunft nicht unternehmen. Dann würde ich zwar weniger Geschichten zu erzählen haben, aber mehr Zeit mit meiner Gerdi verbringen, der Frau, die mich in all den Jahren zu ertragen, ja sogar zu lieben wusste.

Als ich etwa fünfzehn Minuten später zu Herrn Bergmann sah, hatte er die Augen geschlossen.

Ich trat an ihn heran und fühlte seinen Puls.

Doch ich spürte nicht mehr als seine samtweiche, papierdünne Haut.

»Das hast du gut gemacht, alter Knabe«, sagte ich, dann ging ich ins Innere, um nach dem Butler zu rufen.

»Hat er gelitten?«

Frau Bergmann saß kerzengerade auf dem Stuhl im Hospital. Gleich als sie von ihrem Ausflug zurückgekommen war, hatte ich ihr mitgeteilt, dass ihr Hubert die Gunst der Stunde genutzt habe, um sich heimlich davonzuschleichen.

»Nein. Er ist ganz friedlich eingeschlafen.«

Sie senkte den Kopf. »Das ist schön. Ich war froh, dass Sie den Vorschlag gemacht haben, den Ausflug zu unternehmen. Ich wusste, solange ich da bin, wird er sich das nicht trauen.«

»Was nicht trauen?«

»Zu sterben.«

Ach so. Warum einfach, wenn es auch kompliziert ging?

Sie sah mich an. Ihr Blick war offen. »Was passiert als Nächstes?«

»Nun, wir werden die kanadischen Behörden informieren müssen. Sie werden Sie beide ausschiffen und mit dem nächsten Flugzeug nach Deutschland bringen.«

»Aber nein, das geht nicht«, rief Frau Bergmann plötzlich. »Können wir ihn nicht wenigstens bis nach New York mitnehmen?«

Ich schüttelte den Kopf. »Nein, tut mir leid, das ist wirklich nicht möglich.«

»Aber er war doch noch niemals in New York. Und ich habe gehofft, wenn wir ihn wenigstens einmal mit dorthin nehmen könnten …«

Der Kapitän sah mich über die Ränder seiner Brille hinweg an. »Ihnen ist klar, dass das gegen die Vorschriften ist? Der Tote muss dort ausgeschifft werden, wo er gestorben ist beziehungsweise im nächsten Hafen.«

»Das ist mir bewusst, Captain. Aber die Witwe, nun, sie hat den Wunsch geäußert, die Reise mit ihrem Mann zusammen zu beenden.«

»Mit seiner Leiche.«

»Äh … Ja.«

»Das ist ausgeschlossen. Sie wissen doch, wie streng die Amerikaner und die Kanadier bei solchen Sachen sind.«

Ich nickte. »Das habe ich ihr auch gesagt. Aber dann ist mir eingefallen, wie umfangreich die Untersuchungen der Behörden sein werden, wenn sie erst mal zu uns an Bord kommen, um den Leichnam mitzunehmen. Das gibt wieder Berge von Papierkram. Unsere Abfahrt wird sich damit sicher verzögern.«

Der Kapitän guckte mich misstrauisch an. »Und damit auch die Ankunft in New York.«

»Passagiere könnten ihre Flüge verpassen«, gab ich zu bedenken.

»Die entstehenden Umbuchungen würde die Reederei dann übernehmen müssen«, sagte der Kapitän.

»Gigantische Kosten, die auf uns zukämen.«

»Und Papierkram.«

»Und Papierkram.« Ich nickte.

»Wann sagten Sie, ist er gestorben?« Der Kapitän sah auf seine Uhr.

Ich tat es ihm nach. Jetzt war es halb vier. Um fünf würden wir nicht nur abgelegt, sondern auch die Fünfmeilenzone erreicht haben. Internationale Gewässer.

»Um Punkt siebzehn Uhr. In gut anderthalb Stunden«, schwindelte ich.

»Dann lichten wir mal schleunigst die Anker«, sagte der Kapitän und machte sich eilig am Funkgerät zu schaffen.

Als wir in New York einliefen, stand ich neben Frau Bergmann an der Reling. Ein Tag war seit dem Tod ihres Mannes, mit dem sie fünfundsechzig Jahre verheiratet gewesen war, vergangen. Sie wirkte ganz ruhig, so gar nicht die Witwe in Trauer, die man sich vorstellt, wenn man in meinem Alter ist.

Sie legte ihre Hand auf meine und tätschelte sie. »Wissen Sie, Herr Doktor, wenn man so lange verheiratet ist, wie Hubert und ich es waren, hat man eine Menge Zeit, um sich mit der Ewigkeit auseinanderzusetzen.«

Und während wir an der Freiheitsstatue vorbei in den Hafen von New York einliefen, summte sie ein Lied von Udo Jürgens, das mir sehr bekannt vorkam.

Junge, komm bald wieder

Nachwort

Immer, wenn ich an Bord eines Schiffes komme, wird mir dieselbe Frage gestellt: »Hallo, Doc! Hatten Sie einen schönen Urlaub?«

Dann muss ich immer schmunzeln, denn in Wahrheit komme ich direkt aus dem stressigen und teilweise wenig erfreulichen Alltag eines deutschen Kassenarztes und freue mich darauf, endlich wieder da arbeiten zu können, wo andere Leute Urlaub machen, und dabei auch neue Kraft für das Leben an Land zu schöpfen.

Es stimmt: Ich habe einen Traumjob. Ich fahre auf ganz wunderbare Art und Weise über die Meere und lerne die extremsten Regionen unseres Erdballs kennen. Mittlerweile habe ich über einhundert Länder angesteuert, und es werden wohl noch ein paar weitere dazukommen, bevor ich das Ruder beziehungsweise das Stethoskop aus der Hand gebe.

Ich habe den Globus von Norden nach Süden, von Westen nach Osten und wieder zurück bereist, war in der Arktis, in den Tropen, in der Wüste und am Südpol, bin auf den Pfaden der großen Entdecker gewandelt und habe mehr gesehen, als ich wohl jemals werde verarbeiten können. Dabei habe ich so viel erlebt und gelernt, dass ich mich wie ein sehr reich beschenkter Mann fühle.

»Reisen veredelt den Geist«, stellte Oscar Wilde einmal fest. Recht hat er. Und so hoffe ich, dass ich auch Ihnen, liebe Leser, ein wenig Lust gemacht habe, bald einmal wieder über den Tellerrand zu blicken und zu neuen Ufern aufzubrechen. Ob auf einem Kreuzfahrtschiff oder auf dem Sattel eines Fahrrads ist dabei vollkommen gleich.

Die angenehmsten Reisen als Schiffsarzt sind natürlich immer die, in denen möglichst wenige Passagiere erkranken. Viel lieber spiele ich Schach oder Bridge mit ihnen und sorge für die Unterhaltung der alten Damen und Herren, als dass ich an ihren Betten sitze und ihre Vitalfunktionen überwache, selbst wenn ich damit keinen Heller mehr verdiene. Was kann es Besseres geben, als auf diese komfortable Art und Weise einmal rund um den Globus geschippert zu werden?

Fast nichts.

Außer vielleicht die selbst eingekochten Früchte und Marmeladen meiner lieben Gerdi.

Eine Seefahrt, die ist lustig

Ein Wort zum Berufsbild des Schiffsarztes

Sicherlich hat sich der ein oder andere Kollege, der dieses Buch gelesen hat, gefragt, wie man überhaupt zur Schiffs- und Reisemedizin kommt. Wie bei allem anderen auch gilt hier: Interesse, Übung und Erfahrung machen den Meister!

Voraussetzung Nummer eins sind ganz sicher eine gewisse Neugier und das Fernweh, das einen in regelmäßigen Abständen packt. Wenn man lieber daheim bleibt und Urlaub auf Balkonien macht, wird einem der lange Flug zum Beispiel nach Neuseeland oder nach Patagonien sicher zu mühsam sein, selbst wenn danach eine Kreuzfahrt der Extraklasse wartet.

Ich verspüre diese Reiselust, seit ich denken kann. Ich verbringe meine Tage gern in der Praxis (auf jeden Fall viel lieber als in der Klinik), dennoch hörte ich schon in jungen Jahren den Ruf, die Welt zu bereisen und zu neuen Ufern aufzubrechen.

Mitte der Neunziger, als die Praxis gut angelaufen war und ich mir in der kleinen Stadt, aus der wir kommen, einen Namen als Allgemein- und Hausarzt gemacht hatte, galt meine Sehnsucht nach dem Unbekannten vor allem den Bergen. So bestieg ich den Mont Blanc, den Aconcagua und den Mount McKinley, kletterte im Tien Shan und im Himalaya und begleitete als Expe-

262

ditionsarzt einige vorwiegend wissenschaftliche Höhenexpeditionen, bei denen ich nicht nur einmal in brenzlige Situationen geriet. In dieser Zeit lernte ich das Leben in der Höhe lieben, denn hier konnte ich meine Passionen »Arztsein« und »Bergsteigen« perfekt miteinander verbinden.

Dann, als ich mit großem Bedauern feststellen musste, dass die Kraxelei mit zunehmendem Alter immer beschwerlicher wurde, verlegte ich meine Entdeckungsreisen auf das Wasser. Im Rahmen einer reisemedizinischen Fortbildung in München, die ich kurz nach der Nilkreuzfahrt besuchte, hatte ich nämlich einen Kollegen kennengelernt, der einen Vortrag über Schiffsmedizin gehalten hatte. Ich erfuhr, was das Aufgabengebiet eines Schiffsarztes ist, welche Ausbildung dafür nötig ist und vor allem, dass die meisten Schiffsärzte nur nebenberuflich auf Honorarbasis tätig sind.

Da ich während meiner klinischen Ausbildung auch als Notfallmediziner gearbeitet hatte, brachte ich, wie ich herausfand, neben einem umfangreichen Wissen als Allgemeinarzt die idealen Voraussetzungen mit, um mich bei verschiedenen Reedereien zu bewerben. Eine Weiterbildung in der Reise- und Tropenmedizin sowie die erforderliche Röntgenermächtigung konnte ich ebenfalls vorweisen – eine sehr gute Grundlage, um sowohl auf Deck wie auch an Land, in arktischen wie in tropischen Gefilden auf Magen-Darm, Malaria und Meningitis vorbereitet zu sein.

Dass nicht jeder, der ein Stethoskop in der Hand halten kann, für den Einsatz an Bord geeignet ist, versteht sich von selbst. Es gibt keine offiziellen Verordnungen, die den Weg über die Gangway versperren, doch in der Praxis setzt sich seit einigen Jahren durch, dass nur Ärzte mit notfallmedizinischer Erfahrung und sehr guten Kenntnissen in der allgemeinen Medizin anheuern dürfen.

Nachdem ich mit meiner lieben Frau Gerdi darüber gesprochen hatte, stand mein Entschluss fest: Ich wollte unbedingt auch schiffsärztlich tätig werden. Also suchte ich die erforderlichen Unterlagen zusammen, schickte meine Bewerbung an verschiedene Reedereien und war guter Dinge, dass man mich mit Handkuss direkt auf die MS Deutschland einladen und vermutlich sofort in den Stand des ranghöchsten Offiziers befördern würde.

Ich bekam prompt Rückmeldung. Man freue sich sehr über mein Interesse, aber ganz so einfach sei es dann doch nicht. Das Seepferdchen allein befähige mich noch nicht dazu, auf einem Schiff anzuheuern, und auch mein Tauchschein war, wie ich mit Bedauern feststellen musste, nicht das Papier wert, auf dem er gedruckt war – jedenfalls in dieser Branche. Stattdessen hieß es: Paragraphen büffeln. Reisemedizin auffrischen. Sich auf nicht enden wollenden Seminaren den Hintern plattsitzen. Ich musste, wie alle anderen, die meine Leidenschaft für große Kähne und tiefe Gewässer teilen, eine seemännische Grundausbildung sowie diverse Fortbildungen absolvieren, die nur zu bestimmten Zeiten und immer nur in Küstennähe angeboten wurden. Außerdem musste meine Seetauglichkeit attestiert werden. Deswegen zog sich die ganze Ausbildung auch über mehrere Monate hin, obwohl ich schon ungeduldig mit den Füßen scharrte.

Als es dann endlich so weit war und ich in den Pool einiger Reedereien aufgenommen wurde, musste ich mich zuerst auf den kleinen Tümpeln beweisen, bevor ich aufs offene Meer gelassen wurde. »Wer dem Flusse folgt, kommt einmal an die See«, heißt ein altes Sprichwort der Seemänner. Genauso wird man auch Arzt auf einem Kreuzfahrtschiff. Zuerst fängt man mit den eher unspektakulären Fahrten auf den Flüssen und Binnengewässern an, steigert sich langsam und darf dann beispielsweise auf Mittelmeer oder Ostsee herumschippern und behandeln, bis man schließlich, wenn man sein Portfolio anständig gefüllt und ein paar repräsentable Stempel im Reisepass gesammelt hat, die Weltmeere kennenlernen darf.

Was tut ein Schiffsarzt genau an Bord? Vieles. Er ist Haus- und Unfallarzt der Crew und dazu verpflichtet, diese kostenlos zu behandeln. Darüber hinaus fungiert er als Arbeitsmediziner und muss die Bedingungen im Arbeitsumfeld der Crew permanent stichprobenartig kontrollieren. Nicht zuletzt ist er auch als Hygieniker für die Sauberkeit an Bord, die Wasser- und Luftqualität sowie die Lebensmittelhygiene zuständig. Und damit nicht genug: Es sind tiefgreifendes Wissen in der Reisemedizin (zum Beispiel über tropische Krankheiten, fremdartige Erreger und spezielle Bestimmungen im Ausland) und der Epidemiologie (also der Verbreitung von hochansteckenden Krankheiten) vonnöten, darüber hinaus muss man sowohl medizinisches und maritimes Englisch beherrschen als auch die Bereitschaft zeigen, sich über Sprachbarrieren hinweg mit Patienten verschiedenster Herkunft und Nationalität sowie den außergewöhnlichsten wie alltäglichsten Erkrankungen auseinanderzusetzen. Auf hoher See ist nichts normal, und ein einfacher Bienenstich durch ein im Laderaum als blinder Passagier mitgereistes Insekt kann im Nullkommanichts zum lebensbedrohlichen anaphylaktischen Schock führen.

Manchmal werden vom Schiffsarzt aber auch ganz andere Qualitäten verlangt. Menschliche, soziale, emotionale. Auf See geht es oft um Einschätzungen und Abwägungen, um Risikominimierung und Schadensbegrenzung, aber auch eine mögliche Katastrophensituation, wie sie sich auf dem Wasser sehr leicht ereignen kann, frühzeitig zu erahnen und großräumig zu umschiffen. Der Schiffsarzt ist viel mehr als nur der Doc an Bord, er ist der Mittler zwischen Passagieren und Crew, Admiralität und Maschinenraum. Er soll ein offenes Ohr für alle haben und ohne Rücksicht auf Rang und Namen da sein, für jedermann. Er soll allen gerecht werden, muss Streits schlichten, Konflikte verhindern und Probleme lösen. Und manchmal darf er sogar ein bisschen Halbgott in Weiß spielen, vor allem dann, wenn er mit einem Liebespfeil bewaffnet zwei einsamen Seelen auf die Sprünge helfen will.

Auf jedem Schiff mit einer bestimmten Passagieranzahl gibt es einen, manchmal sogar zwei begleitende Schiffsärzte sowie mindestens eine Krankenschwester, die dem Arzt mit Rat und Tat zur Seite steht. Und der Bedarf wird wachsen. Über sechs Millionen Kreuzfahrtpassagiere gab es im Jahr 2012 in Europa – das sind über sechs Millionen potenzielle Schienbeinfrakturen, Nasennebenhöhlenentzündungen und Hitzschläge, die es allesamt zu versorgen gilt. Diese Zahlen werden noch weiter ansteigen, denn in den kommenden Jahren werden sich eine große Anzahl von mobilen und vor allem liquiden Senioren aus dem Arbeitsleben verabschieden, die nun den Globus erkunden wollen. Diese Leute verfügen über das nötige Kleingeld und die körperliche Tauglichkeit, um ihre Siebensachen zu packen und auf zu neuen Abenteuern zu ziehen – demnach sind die meisten Schiffsreisenden keine Jungspunde mehr, sondern oft schon etwas betagter und müssen deswegen öfter betreut werden.

Ist der Beruf des Schiffsarztes ein erträglicher? Es kommt darauf an. Auf die Patienten, aber auch, wie oft man reist. Sicherlich kann man keine Millionen damit scheffeln, aber in Anbetracht dessen, dass man nur Privatrechnungen stellt, hat man doch sehr viel mehr von seinem Geld, als wenn die Kassenärztliche Vereinigung dazwischengeschaltet wird.

Auf dem Kreuzfahrtschiff verhält es sich mit der Bezahlung folgendermaßen: Die Patienten kommen für ihre Behandlung selbst auf, können die Rechnungen im Anschluss an die Reise jedoch bei ihrer Auslands- oder Privatkrankenkasse einreichen, welche die Kosten in der Regel übernimmt. Neben meiner Heuer, die feststeht und vertraglich geregelt ist, bekomme ich demnach auch ein anteiliges Honorar für die jeweiligen Behandlungen pro Reise. Wenn ich nun also an einer Reise teilnehme, während der es wenige Kranke gibt, ist das zwar schön für die Passagiere und für mich, weil ich relativ wenig zu tun habe und viel Zeit bei den Landgängen verbringen kann, aber weniger gut für meinen Geldbeutel. Des einen Freud, des anderen Leid, und natürlich bin ich glücklich, wenn es wenige Erkrankungen gibt. Aber es kann zuweilen ganz schön langweilig in einem Hospital werden, wenn sich kaum ein Mensch dort blicken lässt. Von der Crew mal abgesehen, aber die wird sowieso kostenlos behandelt.

Das soll nun nicht so klingen, als wäre ich nur am schnöden Mammon interessiert – dem ist natürlich nicht so –, und ich möchte auch niemandem empfehlen, aus diesem Grund Schiffsarzt zu werden. Der Wunsch, die Welt zu bereisen und kennenzulernen, und die sehr angenehme Verquickung von Beruf und Reiselust sind es, die diese Tätigkeit in meinen Augen so überaus interessant werden lassen.

Was ich aber uneingeschränkt zugeben muss: Das Arztsein bereitet mir an Bord mehr Freude als in der Praxis. Egal, ob ich Expeditionen begleitet oder Schifffahrtspassagiere behandelt, ob ich in der sengenden Hitze Südamerikas oder der klirrenden Kälte Alaskas praktiziert habe, immer habe ich die Erfahrung gemacht, dass die Patienten bei der Behandlung aktiver mitarbeiten, die verschriebenen Medikamente verlässlich regelmäßig einnehmen, eher Diäten einhalten, wie besprochen zu vereinbarten Untersuchungsterminen kommen und ihr Leiden meist eher herunterspielen.

Ich möchte natürlich nicht, dass ein Patient mir gegenüber irgendetwas verschweigen muss, trotzdem gefällt mir als Arzt die Vorstellung, dass sich Patienten für ihre eigene Gesundheit mitverantwortlich fühlen. Die Reisemedizin, sei es die Vorsorge vor Auslandsaufenthalten inklusive der umfangreichen Beratung in puncto Impfungen und der Zusammenstellung von Reiseapotheken oder mein Begleiten von Reisen oder Expeditionen, trifft in der Regel auf sehr kooperative und vernünftige Patienten mit dem Wunsch, schnell wieder den Status vom Erkrankten zum Urlauber zu wechseln. Auf diesem Gebiet fühle ich mich als Arzt wohler als zwischen den gelben Krankschreibungsscheinen und grippalen Infekten in meiner Hausarztpraxis.

Seit meiner ersten Fahrt als Schiffsarzt ist viel Wasser die Moldau, den Nil, den Mississippi und den Amazonas hinabgeflossen, und die Schiffe, auf denen ich seitdem praktizierte, wurden im Laufe der Zeit immer größer, die Verantwortung immer gewichtiger. Das Reisen zur See ist eine meiner größten Leidenschaften geworden – es sorgt dafür, dass ich die kleinen Fluchten aus dem manchmal etwas eintönigen Praxisalltag eines Provinzmediziners antreten und meinen Patienten immer wieder neue aufsehenerregende Geschichten erzählen kann.

Das ist der Grund, warum ich es ihnen kein bisschen übel nehmen kann, wenn sie mich nach meiner Heimkehr in der Praxis antreffen und fragen: »Hallo, Doc! Hatten Sie einen schönen Urlaub?«

Danksagung

Die in diesem Buch geschilderten Geschichten haben sich so oder ähnlich während meiner Seereisen auf Kreuzfahrtschiffen verschiedener Reedereien ereignet. Ohne die Großzügigkeit und das Vertrauen meiner lieben Gattin, die mich bei vielen dieser Reisen begleitet, wäre eine solche Arbeit nie möglich. Daher möchte ich mich an erster Stelle bei ihr dafür bedanken, dass sie mir dieses wunderbare, aber letztlich doch »egoistische« Hobby ermöglicht.

Aus demselben Grund bedanke ich mich bei meinen langjährigen MitarbeiterInnen und KollegInnen, die die Praxis während meiner Abwesenheiten in hervorragender Weise weiterführen.

Ich bin ganz sicher kein medizinischer »Überflieger«, weder besonders gescheit noch besonders talentiert, vielleicht etwas couragierter als mancher meiner Kollegen. Ohne die hervorragende Unterstützung meiner Nurses und der Medical Teams auf den Schiffen wäre so mancher hier geschilderte Notfall nicht so glimpflich verlaufen.

Letztlich kam es zu diesem Buch, da ich die interessantesten und eindrucksvollsten Ereignisse per E-Mail vom Schiff aus meiner Familie mitgeteilt habe, auch meiner Tochter Carolin. Sie brachte mich auf die Idee, meine Erlebnisse auf den sieben Weltmeeren zu Papier zu bringen. Ehrlich gesagt wäre ich selbst nie darauf gekommen, und die sprachlichen Mittel dazu hätten mir auch gefehlt. Daher gebührt mein besonderer Dank meiner Tochter Carolin, die sowohl initiativ als auch fachlich den größten Anteil am Gelingen dieses Buches hat.

Bekanntlich genügt eine gute Geschichte allein – so interessant geschrieben sie auch sein mag – nicht, nur durch einen engagierten Agenten und einen guten Verlag kann aus dem »erlebten Geschriebenen« ein Buch werden. Daher danke ich insbesondere der Agentur Oliver Brauer sowie dem Lübbe Verlag Köln für den Mut, einem schriftstellerischen Nobody wie mir die Möglichkeit zu geben, meine Kreuzfahrtgeschichten zu veröffentlichen.

Ramona Jäger und Sylvia Gredig, die mit ihren Einfällen und ihrem Engagement dafür gesorgt haben, dass aus den Episoden ein lesbares Manuskript wurde, danke ich ebenfalls. Außerdem Theda Bader und Anne Nuber für ihre Hilfe beim Dialekt, Anne Drummer, Walter und Karin Rauhut, Gerjet Groeneveld und meinem Kollegen Dr. Christian Lentrodt für ihre Erlaubnis, ihre Geschichten hier aufzuschreiben.

Ich möchte mich bei meinen Lesern dafür bedanken, dass sie dieses Buch gekauft haben, und hoffe, dass meine Erzählungen sie nicht verschrecken, sondern im Gegenteil für die Seefahrt begeistern. Gerade für ältere Menschen sind Kreuzfahrten – und führen sie auch in noch so entlegene Gebiete unserer Erde – die wunderbarste und angenehmste Art zu reisen.

Zuletzt hoffe ich auf Verständnis bei den Reedereien und Kreuzfahrtunternehmen, mit welchen ich seit Jahren erfolgreich zusammenarbeite. Das Team des Schiffshospitals ist immer das kleinste Departement auf einem Kreuzfahrtschiff, mag dieses noch so riesig sein. Meistens wird über ihre Arbeit, schon aufgrund der ärztlichen Schweigepflicht, nicht oder nur wenig gesprochen. Die geschilderten Erlebnisse mögen mir also auch meine Auftraggeber nicht verübeln. Die Schiffshospitäler sind hervorragend ausgestattet und bieten uns Ärzten beste Möglichkeiten, oft bessere als in so mancher Praxis auf dem Lande.

Meine Familie, meine Freunde, meine Patienten und meine Gesundheit ermöglichen mir hoffentlich noch viele Jahre lang, diese fantastische Beschäftigung, bei welcher ich den Arztberuf mit meiner Leidenschaft, dem Reisen, in so hervorragender Weise verbinden kann. Ich bin von Herzen dankbar für dieses Privileg.

Fritz Wittmann